U0566593

◆ 安徽省哲学社会科学规划项目研究成果，项目批准号：AHSKQ2016D24

◆ 江苏师范大学科研基金项目研究成果，项目批准号：17XLW017

Research on Consumer Preferences and Public Policy of Traceable Food

可追溯食品消费偏好与公共政策研究

侯博 / 著

社会科学文献出版社
SOCIAL SCIENCES ACADEMIC PRESS (CHINA)

序　言

频发的食品安全事件引发了全球消费者的恐慌，当前消费者高度关注食品安全问题，迫切需要市场能够提供信息透明、有安全保障的高质量食品。目前，食品可追溯体系已被公认为是能够有效消除信息不对称、科学识别食品安全风险责任并对问题食品实施有效召回的主要工具之一，欧美等发达国家和地区普遍建立了食品可追溯体系，这在加强食品安全、控制食源性疾病和保障消费者利益方面发挥了重要作用。近年来中国制定了一系列法律法规，尤其对肉、菜等大众化食品逐步建立起食品可追溯体系。2015 年和 2016 年的中央一号文件更是明确提出“建立全程可追溯、互联共享的农产品质量和食品安全信息平台”，为食品可追溯的建设提供政策支持。事实上，商务部、财政部等 2010 年起至今分五批在全国范围内选择了 58 个城市作为猪肉等肉类可追溯体系建设试点。然而，多年来的实践证明，中国可追溯猪肉市场体系建设并未取得实质性进展。

与普通食品相比，生产具有安全信息的可追溯食品必然增加生产成本，成本的高低取决于所包含的可追溯信息是否完整，并最终体现在可追溯食品的市场价格上。虽然可追溯食品有助于消费者识别食品安全风险，但由于受到个体特征、消费偏好、风险感知差异的影响，消费者对具有不同层次可追溯信息组合的可追溯食品的偏好并不相同。向消费者提供部分可追溯信息，虽然成本较低但可能不能覆盖消费者所关注的全部风险节点；若向消费者提供完整的可追溯信息，虽然可追溯性强但额外成本高，可能超出多数消费者的购买能力。如何基于客观现实，在市场上形成具有不同可追溯信息组合的可追溯食品体系以满足不同消费者的需求，成为食品安全监管部门实施相应政策的基点。

作者在大量调查数据的基础上，运用信息经济学、实验经济学和计量经济学等多学科理论与方法，重点从支付意愿和消费偏好两个方面，深入研究消费者对可追溯食品信息属性的支付意愿和偏好，进而基于个体消费偏好估计不同类型猪肉的市场份额，并据此研究提出了具有中国特色的扩大可追溯食品有效供给范围的公共政策，以推动中国可追溯食品的市场普及。

值得鼓励与肯定的是，作者坚持研究和借鉴国际先进经验，运用国际上较为前沿的研究方法，立足国情，研究我国可追溯食品市场体系的发展问题。如引入额外猪肉品质检测属性以及质量管理体系认证属性作为可追溯猪肉事前质量保证功能的信息属性，并依据猪肉全程可追溯系统中基本流程与关键节点分析，以监控猪肉生产过程与流向且通过追溯来识别风险和实施召回为基本功能，并以有效实现可靠且连续的信息流控制、多向反馈和确保具备可追溯性为基本特征，引入供应链追溯属性以及供应链 + 内部追溯属性作为可追溯猪肉事后追溯功能的信息属性。此外，还引入国际先进的菜单选择实验方法研究在多信息属性自主选择情境中消费者偏好动态传递的理性和非理性特征，修正了陈述性消费偏好的测度偏差，得出了“猪肉品质检测属性与供应链 + 内部追溯属性分别是消费者最偏好的事前质量保证与事后追溯属性，当市场无法实现个性化定制时，在预算约束条件下，由猪肉品质检测属性与供应链 + 内部追溯属性构成的信息组合可成为市场上首选的可追溯猪肉产品信息”等研究结论，对完善我国可追溯猪肉市场体系具有较大的参考价值。

诚然，正如作者所言，由于受到研究工具、研究资料以及研究能力的限制，目前本书研究中尚存在一些不足之处，尤其是由于受到人力、物力的限制，仅以江苏省无锡市为实验地点以及仅以猪肉为例，可能导致研究范围相对有限，影响样本的覆盖性与代表性。尽管如此，这部专著在国内可追溯食品市场研究方面还是做出了富有创新性的努力和尝试。

愿作者继续努力，在可追溯食品的消费者认知、偏好和消费行为研究领域不断探索、砥砺前行，取得更好的成绩！

胡武阳

2017 年 10 月

前　言

食品安全风险是世界各国普遍面临的共同难题，21 世纪以来中国食品安全问题尤为严峻。《中国发展信心调查（2015）》报告显示，食品安全问题已经成为中国公众最为担心的社会问题。政府努力探索有效的治理方法。食品可追溯体系已在欧美等国家和地区普遍实施并发挥了重要作用，为借鉴国际经验，自 2010 年起，商务部与财政部在全国分五批共选择了 58 个城市作为食品可追溯体系建设的试点。2015 年 10 月国家实施的新食品安全法进一步明确提出建立食品可追溯制度，为食品可追溯体系的建立提供了法律保障。

欧盟在其实施的 EC178/2002 条例中严格界定了食品可追溯信息的内涵，要求完整的可追溯信息必须涵盖食品供应链体系的全部环节，并明确了各个环节应包含的信息属性。Hobbs（2004）的研究指出，完整的食品可追溯体系应具有事前质量保证与事后追溯的基本功能。目前在中国市场上试点的可追溯食品仅具有事后追溯功能，学者们认为这可能是中国可追溯食品市场体系建设难以成功的重要原因。然而，生产同时具有事前质量保证与事后追溯功能的可追溯食品必然会增加成本，并反映到市场价格上，消费者未必具有支付意愿，所以在中央大力支持食品可追溯体系建设的政策背景下，如何从实际出发，研究对具有事前质量保证与事后追溯功能的可追溯信息相对完整的可追溯食品的消费偏好，引导厂商通过生产要素的新组合，调整可追溯食品的生产与供应结构，生产丰富多样的可追溯食品以满足消费需求就显得尤为重要。

当前对消费者偏好和支付意愿的研究采用的方法仍以选择实验法、联合分析法与条件价值评估法为主，难以揭示真实的消费偏好。比如，条件价值评估法具有假想性质，存在夸大支付意愿的策略性偏误；联合分析法虽可模拟真实市场环境中的消费偏好，但此方法并不符合随机效用理论，缺乏严格的微观经济基础；选择实验法以随机效用理论为基础，具有成熟的微观经济学基础，但该方法中属性与层次所构成的轮廓是给定的，即使属性间存在替代关系，消费者也将被迫选择，且消费者从预先设定好的带有一个总价格的产品轮廓中做出某个选择，往往由于对虚拟轮廓价格的不敏感而导致实验结果的偏差。

菜单选择实验方法则是由消费者自主选择产品属性，更精确地模拟了消费者在现实市场中基于大规模定制的产品购买情形，不仅可测度消费者对价格的敏感性，而且形成了远多于选择实验法或联合分析方法研究框架中的虚拟产品轮廓数，可有效避免属性间的替代效应与多任务的反应误差，但菜单法仍存在假想性实验方法下的测度偏差。虽然拍卖实验等非假想性实验通过模拟真实的市场交易环境，采用市场竞拍机制和真实支付手段达到激励相容效果，较好地克服了假想性实验偏差（Hypothetical Experiments Bias）与社会期望偏差（Social Desirability Bias），但实验拍卖成本高，且不同的拍卖机制适用于不同的实验环境，组织难度高，受样本量限制，难以测度属性间的交互关系。故结合非假想性与假想性实验方法各自的优势构建新型的研究框架，可以更精确地度量消费者的消费偏好。

本研究就是努力完善可追溯食品信息属性的含义，构建包含事前质量保证功能和事后追溯功能的复合型可追溯食品信息属性框架，并尝试性地提出实验拍卖法（Becker-DeGroot-Marschak，BDM）和菜单选择实验法（Menu-based Choice Experiment，MBC）相结合的序列估计方法，探讨消费者对可追溯食品事前质量保证功能和事后追溯功能的信息属性偏好。深入研究消费者对具有事前质量保证与事后追溯功能的可追溯信息相对完整的可追溯食品的消费偏好与需求弹性，进而基于个体消费偏好研究不同类型猪肉的市场份额，并据此研究具有中国特色的扩大可追溯食品有效供给的政策，推动可追溯食品的市场普及。本研究对推进中国可追溯食品市场体系建设与农产品、食品工业的结构性改革具有重要意义。

本书的创新之处体现在以下三个方面。①研究方法上的创新，构建序列估计方法研究可追溯食品信息属性的消费偏好。由于假想性实验方法和非假想性实验方法各有优缺点，本研究提出序列估计方法，即首先运用非假想性实验法进行基本产品属性估值以避免任何假想问题都会遇到的虚拟误差问题，然后利用假想性实验样本易获取的优势测度基于这些基本属性的变化以及多属性间的交互作用。②将消费偏好理论研究框架应用于可追溯食品消费偏好的研究中，构建消费者对可追溯食品信息属性偏好研究的分析框架。本研究以猪肉为例，以可追溯猪肉信息属性和层次构成可追溯猪肉轮廓为前提，围绕可追溯猪肉轮廓决定消费者效用的逻辑主线展开研究。基于“偏好－选择行为”的模型化方法，从消费者偏好满足理性公理出发，根据消费者选择估计消费者偏好，再基于消费者个体偏好预测消费者行为。本研究将此消费偏好研究的理论框架应用于可追溯猪肉研究中，形成了具有中国特色的可追溯猪肉消费者偏好研究的分析框架。③完善可追溯食品信息属性的含义，提出包含事前质量保证功能和事后追溯功能在内的可追溯食品信息属性框架。由于消费者偏好存在异质性，单一的可追溯农产品安全信息属性难以满足多样化的市场需求，相对完善的可追溯农产品（食品）长尾市场是应对食品市场治理风险的重要手段。

可追溯食品市场是一个新兴市场，我国市场起步晚，相关研究及统计资料相对较少，这既给本研究带来了机遇，也带来了困难和挑战。受到研究工具、研究资料以及研究能力的限制，本研究也存在一些不足和后期研究需要不断完善的地方，如本书的实验地点是较为发达的城市——江苏省无锡市，实验标的物为猪肉，所以研究结论在全国范围和更多食品品种的普适性方面有待进一步验证。此外，本书实验属性的设置并未考虑可追溯信息的真实性是否经过有效认证，诚然，消费者对具有事后追溯属性的安全信息的真实性缺乏信任，也有可能是中国的食品可追溯体系建设并未取得实质性进展的原因之一。由于笔者自身学术能力有限，对理论的研究还不够深入，理解还不够透彻，实证结果的解释力不够强，不当之处，恳请各位学术同人批评指正！

目　录

第一章
导　论

第一节　研究背景、问题与研究意义

一　研究背景

20 世纪 90 年代以来，全球范围内爆发了一系列食品安全事件，不仅使食品行业的信誉度遭受重创，而且还引发了消费者恐慌。全世界范围内的消费者普遍面临不同程度的食品安全风险问题（Sarig，2003），全球每年约 1800 万人死于食品和饮用水不卫生（魏益民等，2005），这其中也包括发达国家在内。1999 年以前美国每年约有 5000 人死于食源性疾病（Mead 等，1999）。目前全球不安全的食品与每年约 200 万人的死亡有关，其中 40% 是 5 岁以下儿童。2011 年美国食源性疾病总发病数达到 4800 万人次，每年有 3000 人死亡。食品安全风险本质上是信息不对称所致（Hobbs，2004），业已成为全球性的公共卫生问题。由于正处于社会转型的特殊时期，我国食品安全问题尤为严峻。

从经济学角度来看，食品安全风险的根源在于信息不对称引发市场失灵（Hobbs，2004），生产者往往利用其与消费者之间的信息不对称做出欺诈等机会行为。沙门氏菌、大肠杆菌等食源性疾病的暴发也使得消费者高度关注食品安全问题，迫切需要市场提供信息透明、安全卫生与具有诚信保障的高质量食品（Aung 等，2014）。为了科学地识别食品安全风险的责任，对具有风险的食品实施有效召回，缩小食品安全事件发生后可能的波及范围以降低社会成本，世界各国政府与食品行业都在努力探索新颖有效的食品安全管理体系。建立信号传递机制，使信息充分披露是解决信息不对称问题的主要方法。经过20年的努力探索，食品可追溯体系在国际上被公认为能够有效解决信息不对称问题，能够有效地跨越空间实施食品质量安全监管，并通过优质优价机制或明确责任的潜在惩罚约束机制有效阻止不安全食品及原料进入食品供应链，是提高食品供应链的安全性、恢复消费者对食品安全的信心、从根本上解决信息不对称问题的主要工具之一（周洁红等，2007；Van 等，2008；Brian 等，2015）。目前，食品可追溯体系已在日本、欧美等发达国家和地区普遍实施，在加强食品安全传递、控制食源性疾病和保障消费者利益方面发挥着越来越重要的作用（Pizzuti 等，2015）。目前可追溯食品在欧美等发达国家和地区已非常普遍，且形成了满足消费者需求的多类型的可追溯食品市场体系。

近年来，中国制定了一系列法律法规来降低食品安全风险，尤其在肉、菜等大众化食品方面逐步建立起食品可追溯体系。2015 年和 2016 年的中央一号文件更是明确提出“建立全程可追溯、互联共享的农产品质量和食品安全信息平台”，为食品可追溯体系的建设提供政策支持。事实上，商务部和财政部自 2010 年起便在全国范围内甄选肉、菜可追溯体系建设的试点城市，截至目前，已分五批共选择了 58 个试点城市。2014 年 6 月工业和信息化部启动“食品质量安全追溯系统平台”，在内蒙古设立牛羊肉全产业链质量安全追溯体系建设试点，目的是在食品行业运用现代信息技术和信息管理手段探索建立质量安全追溯体系，发挥“大数据”的作用，防范食品安全风险。然而遗憾的是，十多年来的实践证明，我国可追溯食品市场建设在总体上仍未有跨越式的发展（吴林海等，2015），食品可追溯体系的建设也并未从根本上避免肉制品安全事件的发生。死猪肉、注水牛肉、老鼠肉充羊肉等肉类安全事件的集中曝光，说明用于解决信息不对称问题进而消除食品市场失灵的食品可追溯体系的效果有待进一步考量。实施食品可追溯体系既可以降低生产者因质量安全引发的风险成本，激励生产者提供更安全的食品，又能提升消费者的消费信心（吴林海等，

2012；Pouliot 等，2013）。但为什么食品可追溯体系建设在中国举步维艰、可追溯食品市场在中国发展缓慢？这是一个需要思考的重大现实问题。

二 问题的提出

从本质上看，可追溯食品市场能否可持续发展内在地取决于消费者的需求。而当前可追溯食品的市场需求不足是我国可追溯体系建设发展缓慢的重要原因（赵荣等，2011；吴林海等，2013；朱淀等，2013）。已有研究证实可追溯系统确实迎合了消费者对食品安全方面的迫切需求。比如，Uilava 等（2009）发现格鲁吉亚的消费者把产品的可追溯性视为质量认证的替代物。韩国消费者愿意多支付 39% 的价格选择带有可追溯标志的牛肉（Lee 等，2011）。我国学者对主要试点城市的调查结果均显示，加贴信息可追溯标签满足了绝大多数消费者对食品安全的需求（周应恒等，2008；吴林海等，2010）。

而可追溯食品消费行为研究也表明，一部分消费者并没有将这种意愿和需求转化为可追溯食品的实际购买行为（周应恒等，2008；韩杨等，2009；赵荣等，2011；张彩萍等，2014），其影响因素有很多，其中目前政府主导的食品可追溯体系并未充分考虑消费者的偏好，难以满足多数消费者对可追溯食品的需求，更未吸纳第三方认证机构参与建设，在可追溯食品市场上存在政府与市场同时失灵是重要因素（朱淀等，2013；吴林海等，2014a，2014c；徐玲玲等，2014；Wu 等，2015；吴林海等，2015a）。其中吴林海等（2014c）对哈尔滨、济南、无锡、宁波、郑州、长沙、成都七个试点城市 1489 个消费者对可追溯猪肉消费偏好的研究显示，由于猪肉质量安全事件在我国频繁发生、政府监管不力以及可追溯信息中的信息属性（attribute）难以满足消费者需求等，可追溯猪肉在现实市场上的需求量并不大。当前政府主导推行的可追溯食品（主要是肉菜等农产品）属于“断头追溯”，其可追溯标签中的信息在宽度和深度上均不足，消费者可以查询到的信息只涉及流通领域或加工领域，无主要风险发生环节——种植养殖环节的源头追溯信息，更无主要信息真实性验证。

目前，欧盟已经建立起了较为完善的可追溯食品安全体系。欧盟在其实施的 EC178/2002 条例中严格界定了食品可追溯信息的内涵，要求完整的可追溯信息必须涵盖食品全程供应链体系的主要环节，并明确了各环节应包含的信息及质量担保属性。Hobbs（2005）的研究指出，完整的可追溯体系应具有事前质量保证（Pre-incident Quality Assurance）与事后追溯（Post-incident Traceability）的基本功能，融合事前质量保证和事后追溯功能的可追溯食品才能从根本上解决食品安全属性的信息不对称问题，有效重塑或者增强消费者对食品质量安全的信心。其中，事前质量保证功能是指消费者在购买食品之前能通过信任属性标签确认食品质量安全，具有降低消费者质量信息的搜寻成本，起到食品安全消费预警的作用。而事后追溯功能是指一旦发生食品安全问题，能够沿着食品供应链完整的可追溯信息及时召回并科学地对事故主体进行追责，在缩小食品安全事件的波及范围与降低社会成本方面具有不可替代的作用，而且也能通过更有针对性的问题产品的召回，来避免波及规范生产的企业，也能避免不安全生产企业的搭便车行为（Pang 等，2012）。

然而，目前在中国市场上试点推广的可追溯食品仅具有并不完整的事后追溯功能（吴林海等，2015b）。事实上，缺乏事前质量保证功能的可追溯食品既难以有效消除信息的不对称问题，也难以降低消费者搜寻食品质量安全等信息属性的成本（Hobbs，2005；Olsen 等，2013），更无法解决由于信息不对称产生的市场失灵（Ortega 等，2013）。因此，缺乏事前质量保证功能的可追溯食品与其“在食品全程供应链上形成来源可追溯，去向可查询的安全信息流，有效消除食品质量安全信息的不对称”的本质特征完全背离。实际上，由于目前市场上可追溯猪肉所包含的信息属性残缺不全，比如并不包含消费者普遍关注的源头养殖环节有关质量控制与检测信息的属性（周洁红等，2013），可追溯猪肉品种单一，供给能力明显不足。同时生产经营成本的增加导致市场价格上扬，超出了普通消费者的购买能力，市场需求不足（Wu 等，2015）。

由此可见，完整的食品可追溯体系并不是简单地形成了可追溯性的二元结构关系（Hobbs，2005）。实际上，食品的可追溯性具有多种维度。宽度（breadth，记录与提供的信息数量与范围，如生猪来自哪个农场或农户、养殖使用的饲料、屠宰检验检疫方法等)、深度(depth，沿供应链向前追踪与向后追溯的长度或距离，比如处于供应链任一环节的可追溯猪肉可以向后追溯到饲料供应商，向前追踪到猪肉销售商)和精准度(precision，精确定位问题源头或食品特性的保证度，如可追溯猪肉可精确地追溯到某个养殖场甚至是某一头生猪)是三个基本维度(Golan 等，2004)。虽然现代信息技术的发展为进一步拓展食品可追溯体系的宽度、深度和精确度提供了有效的保障，但是包含所有信息的“凯迪拉克”式的可追溯食品也并非一定完全符合消费者需求。这是因为可追溯食品相较于普通食品具有额外信息属性，因而可追溯食品的生产成本也就相应较高(Buhr，2003)，并最终体现在可追溯食品的市场价格上。且可追溯体系的宽度越宽、深度越深、精确度越高，记录和提供的可追溯食品的质量安全信息就越全面，越有助于消费者识别和防范食品安全风险(Golan 等，2004)，但相应增加的额外成本和市场价格也必然越高。但是作为食品安全质量改善的主要受益者，基于收益与责任相匹配的原则，消费者适度承担生产可追溯食品所增加的额外成本是推广可追溯食品的重要途径。事实上，受对可追溯食品的认知、态度、收入、年龄和受教育程度等的影响，不同特征的消费者对具有不同层次信息属性的可追溯食品的偏好并不相同(Angulo 等，2005；吴林海等，2010)。已有的实证研究证实，并不是可追溯信息越完整的可追溯食品市场需求量就越大(Angulo 等，2007；赵荣等，2011；吴林海等，2013a)，可追溯食品的普及最终依赖于消费者对不同属性和层次组成的多样化可追溯食品的需求。

消费者对可追溯食品的认可及对食品属性的偏好是可追溯食品市场可持续发展的基础性问题，所以考察和评估食品可追溯体系有效性的重要立足点就是消费者的偏好具有异质性。只有满足不同消费者群体的可追溯食品需求、获得消费者广泛认可的可追溯食品消费政策才是最有效的，因此，研究消费者对可追溯食品属性的偏好并提出有效的可追溯食品的消费政策，对防范食品安全风险、促进食品生产方式转变以及引领食品消费结构升级都具有促进作用。在中央大力支持食品可追溯体系建设的政策背景下，如何从实际出发，研究对具有事前质量保证与事后追溯功能的可追溯信息相对完整的可追溯食品的消费偏好，引导厂商通过对生产要素的重新组合，调整可追溯食品的生产与供应结构，形成丰富多彩的可追溯食品体系，提高可追溯食品生产体系的灵活性，以满足消费者需求就显得尤为重要。

所以本书所要研究的问题包括：如何对完整的食品可追溯体系的溯源信息应该包含的属性进行科学、规范的界定；消费者对于关注的可追溯食品的信息属性，最大支付意愿（Willingness to Pay，WTP）是多少；在包含多信息属性的可追溯食品中，在成本约束下消费者对可追溯食品的信息属性的偏好到底是怎样的；不同类型可追溯猪肉带给消费者的效用有何区别以及如何对不同类型猪肉的市场份额进行预测。

三　研究意义

本研究基于完整的食品可追溯体系的基本功能，在多维层面上规范研究可追溯食品的信息属性设置以及社会对具有不同功能的可追溯食品信息属性的支付意愿和消费偏好，研究意义主要包括以下三点。

1. 防范食品安全风险

目前我国在总体上已进入社会风险高发阶段，而食品安全则是最大的社会风险之一。推广可追溯食品无疑成为风险社会背景下政府实施食品安全管理的重要基点。因此，基于消费者偏好研究可追溯食品的消费政策，可以在确保满足社会对可追溯食品安全基本需求的同时，兼顾不同群体的不同需求，这理应成为政府防范食品安全风险的重要选择。

2. 促进食品生产方式的转型

目前我国有 40 多万家食品生产企业、320 多万家食品经营主体，以及难以计数的小作坊式的食品生产单位。信息不对称是食品行业安全事故频发的本质原因（吴林海等，2011），可追溯食品消费政策的有效实施，对生产企业加快技术改造，依靠信息技术建设食品可追溯体系具有重要的拉动效应，这既是提升全社会食品安全水平的重要举措，又是转变食品生产方式的客观需要。

3. 引领食品消费结构的升级

中国是食品消费大国，13 亿人口每天消费约 200 万吨食物。巨大的食品需求量促使食品工业成为我国最大的工业部门。“三聚氰胺”事件后，消费者高度关注食品安全，迫切需要市场能够提供信息透明、安全卫生与具有诚信保障的高质量食品，这使得食品安全消费在中国成为巨大刚性需求的消费市场。因此，研究消费者可追溯食品信息属性的偏好并提出有效的可追溯食品的消费政策，对引领中国食品消费结构转型升级具有促进作用。

第二节 研究目标与研究内容

一 研究目标

本研究的总目标是以可追溯猪肉为例，提出食品可追溯体系信息属性构建的一般原则以及消费者偏好研究的分析框架，进而提出促进可追溯食品在全社会推广与普及的消费政策。

本研究的具体目标包括以下三个。

目标一：对完整的食品可追溯体系的信息属性进行科学、规范的界定，并构建具有事后追溯功能和事前质量保证功能的可追溯猪肉信息属性的虚拟轮廓[①]（Virtual Profile）。

目标二：基于消费者个体异质性偏好，建立实验拍卖机制与菜单选择实验相结合的可追溯食品消费者偏好研究方法和框架。

---

① Lancaster 效用理论认为消费者不是直接从商品本身获得效用，而是基于商品的特性或者属性获得消费者效用。产品属性实际上就是指产品能够满足消费者某种需要而使得消费者做出购买决策的特性。产品的层次是指产品属性的不同取值。产品不同属性或层次的组合，一般在进行选择实验或者拍卖实验时被称为轮廓，因所构建的产品轮廓在市场上并不存在，所以称为虚拟轮廓（Virtual Profile）（黄璋如，1999；Ding 等，2009；张振等，2013；吴林海等，2013；Wu 等，2016）。

目标三：以消费者个体效用为依据，对不同类型可追溯猪肉进行市场模拟，进而提出促进可追溯食品消费的政策建议。

二　研究内容

由于食品种类繁多，不同食品的生产、经营、消费等环节差异较大，难以一一研究。肉及肉制品是中国最具食品安全风险的第一大类食品（吴林海等，2015），其中猪肉在我国最为大众化，其产量和消费量均占到肉类总量的60%以上。作为高风险食品的猪肉，也是国内最早试图建立可追溯体系的食品之一。因此本研究以猪肉为例，重点研究以下四个方面的内容。

1. 生鲜猪肉供应链体系关键风险点研究

与我国猪肉安全风险相关度较大的供应链环节，主要是生猪养殖、生猪运输、生猪屠宰加工、猪肉配送、猪肉销售等。作为猪肉供应链体系的源头，生猪养殖环节的安全对猪肉的质量安全意义重大，生猪养殖环节的风险，突出地表现为环境恶化和防控水平低导致的疫情频发、违规使用兽药以及在生猪饲料中加入相关添加剂等；生猪运输环节存在缺少产地检疫证、运输途中疫病传播等安全风险；屠宰加工环节的主要风险隐患为私屠滥宰，出售注水肉、注胶肉以及病死猪肉等；而包装材料使用不当、温控措施不当、环境不洁等导致的微生物滋生引起猪肉腐烂等则是猪肉流通销售环节存在的主要安全风险（吴林海等，2014）。根据相关文献并结合实际调查，基于猪肉供应链体系中的关键节点，描绘目前中国猪肉供应链体系主要环节存在的安全风险与危害表现形式。该项研究是本研究的逻辑起点，为可追溯猪肉事后追溯功能的属性内涵界定奠定基础。

2. 具有事后追溯和事前质量保证功能的可追溯猪肉信息属性及其轮廓构建

由于中国现实，引入额外猪肉品质检测属性以及质量管理体系认证属性作为可追溯猪肉事前质量保证功能的信息属性，并依据猪肉全程可追溯系统中基本流程与关键节点分析，以监控猪肉生产过程与流向且通过追溯来识别风险和实施召回为基本功能，并以有效实现可靠且连续的信息流控制、多向反馈和确保具备可追溯性为基本特征，对可追溯猪肉事后追溯功能的信息属性做出科学、规范的界定。基于我国食品安全现状对研究对象、范围做出基本界定，把握事前质量保证与事后追溯两大功能，从中国全程猪肉安全主要风险点出发，以包含信息属性多寡为标准，构建不同类型可追溯猪肉的属性轮廓。

3. 消费者对可追溯猪肉信息属性的支付意愿和偏好

由于消费者对不同层次的复合型可追溯猪肉支付意愿尚无市场实际购买数据，拟以现有的普通猪肉为对象，设定不同的安全信息，以计算机随机出价作为评判消费者出价获胜的依据，选择典型的样本城市，引入实验拍卖机制与菜单选择实验相结合的序列估计法，首先基于一对一现场实验的方式，就消费者对可追溯猪肉相关信息属性的支付意愿展开研究，同时为克服在选择实验框架下消费者对价格不敏感，且属性替代关系显著的缺陷，本研究引入菜单选择实验，以消费者存在个体差异为假设条件，研究消费者就复合功能型的可追溯猪肉不同信息属性的支付意愿及偏好，并估算出相应属性的需求价格弹性。

4. 不同类型可追溯猪肉轮廓的消费效用与市场份额估计

基于可追溯猪肉事后追溯功能和事前质量保证功能的信息属性组合的不同类型的可追溯猪肉轮廓，带给消费者的效用的差异导致消费者对不同可追溯猪肉属性轮廓偏好的异质性。但是仅仅研究消费者对可追溯猪肉信息属性的总体支付意愿对于生产者市场方案设定的实际价值有限，而基于消费者的个体偏好进行的可追溯猪肉市场份额的估计才具有实际的市场意义。因此本部分内容首先基于多项 Logit 模型研究属性价格对消费者属性轮廓选择的影响，估计消费者选择每种属性轮廓的整体概率。然后基于序列估计法下消费者支付意愿和偏好的结果，在个体消费者异质性偏好的假设下，结合分层贝叶斯（Hierarchical Bayesian，HB）估计和随机首选方法（Randomized First Choice Method，RFCM）估计不同类型可追溯猪肉和普通猪肉在不同市场方案下的市场份额。

第三节　研究方法与技术路线

一　研究方法

根据以上研究内容，本研究主要以效用理论、显示性偏好理论、消费者需求理论、需求层次理论、信息搜寻理论和长尾理论为指导，综合运用多学科分析方法，理论研究与实证分析、定性研究与定量分析相结合，辅之以定性与定量分析工具，揭示消费者对可追溯食品信息属性的偏好特点，具体运用的分析方法如下。

研究方法 1：HACCP（Hazard Analysis Critical Control Point，危害分析与关键控制点）质量管理体系是 FAO（Food and Agriculture Organization，联合国粮农组织）和 WHO（World Health Organization，世界卫生组织）大力推荐的食品供应链所有环节预防食品安全危害的重要食品安全管理方法。对于食品可追溯体系而言，单纯的可追溯性并不能改变食品的质量与安全状况，但是可追溯性是完善质量管理体系的重要方面，可追溯性与 HACCP 等质量管理工具结合能显著提高食品供应链的安全管理绩效（Fabrizio 等，2014），所以采用 HACCP 的原理来确定猪肉可追溯体系的事后追溯功能属性的猪肉生产关键控制环节和溯源信息。

研究方法 2：首先基于理论分析法和计量分析法确定食品可追溯体系、提高食品供应链的安全性、消除信息不对称问题、恢复消费者对食品安全的信心；其次以可追溯猪肉为例，研究分别代表可追溯猪肉事前质量保证功能和事后追溯功能的两种信息属性，然后采用排列组合的方法基于这四种类型的信息属性构建不同功能属性的可追溯猪肉轮廓。

研究方法 3：假想性实验法缺乏体现真实价值的经济激励，参与者往往倾向于不真实地表述自己的支付意愿（Lusk 等，2005；Yue 等，2009），但是假想性实验法形成了远多于非假想性实验方法研究框架中的虚拟产品轮廓数，可充分测度属性间的交互作用。而实验拍卖法等非假想性实验方法，通过模拟真实的市场交易环境，采用市场竞拍机制和真实支付环节达到激励相容效果，较好地克服了假想性实验偏差（Hypothetical Experiments Bias）（Ginon 等，2014），但实验拍卖成本高，且不同的拍卖机制适用于不同的实验环境，组织难度大、受样本量限制，难以测度属性间的交互关系（Jaeger 等，2004）。故结合非假想性与假想性实验方法各自的优势构建新型的研究框架，可以更精确地度量消费者偏好。本书尝试性地提出基于实验拍卖和菜单选择实验相结合的序列估计方法，探讨消费者对可追溯食品事前质量保证功能和事后追溯功能的信息属性偏好。

研究方法 4：本部分首先基于多项 Logit 模型研究属性价格对消费者属性轮廓选择的影响，估计消费者选择每种属性轮廓的整体概率。然后基于研究方法 3 中的实验拍卖结果和与菜单选择实验中价格设置的依据，在个体消费者异质性偏好的假设下，结合分层贝叶斯估计和随机首选方法估计不同类型可追溯猪肉和普通猪肉在不同市场方案下的市场份额。

二 技术路线

基于以上研究目标、研究假说与研究内容，本研究将按如图 1－1 所示的技术路线开展研究。

第四节 本书的结构安排

本书沿着“理论与文献分析—食品安全现状的宏观分析—消费者认知—支付偏好—效用评价—市场估计—政策建议”的主线，基于理论分析与实证检验相结合的方法，系统研究消费者对可追溯食品信息属性的偏好。本书具体包括九个章节，结构安排如下。

第一章：导论。本章立足食品可追溯体系发展的现实问题，基于消费者可追溯食品信息属性需求的研究视角，明确分析可追溯食品信息属性消费者偏好研究的研究目标、关键内容及研究方法；规划本研究的整体技术路线及章节的结构安排；最后分析了本研究的创新之处以及不足之处。

第二章：理论基础与文献综述。首先对消费者行为理论、效用理论、

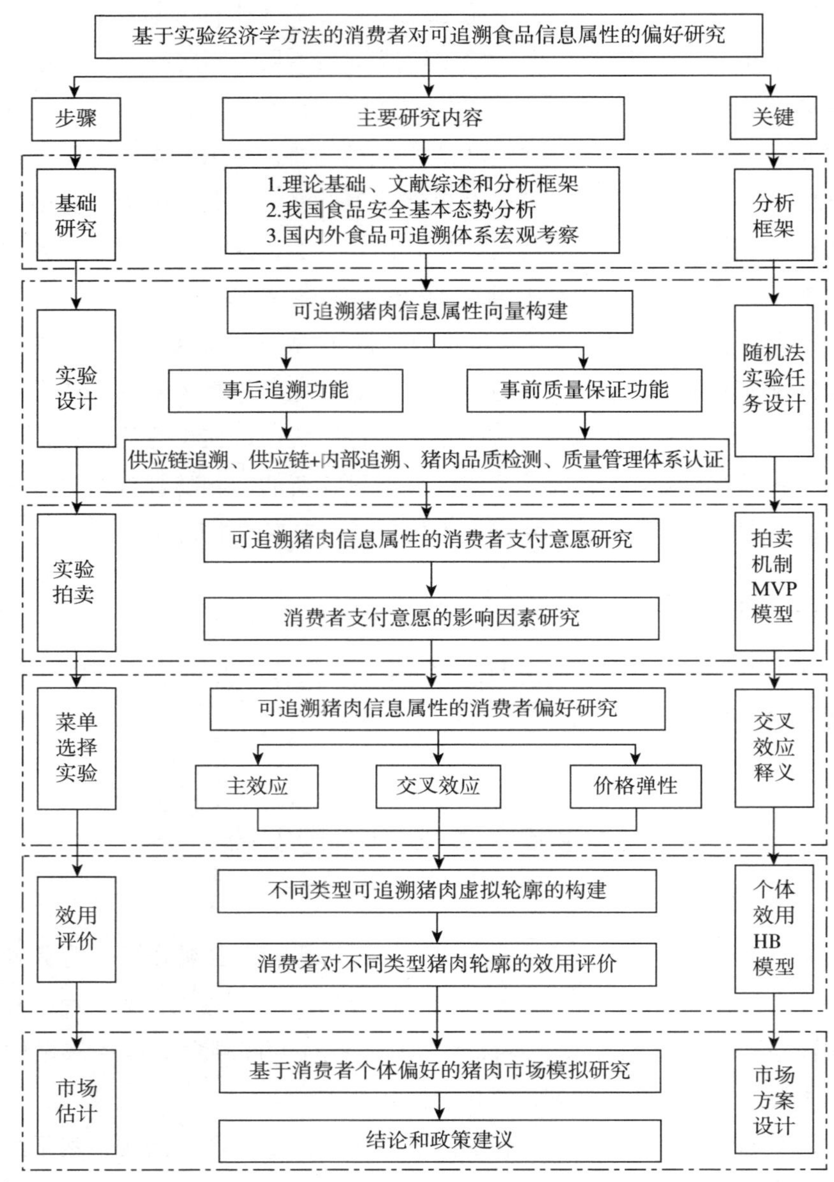

图 1－1　本研究的技术路线

显示性偏好理论、消费者需求理论、需求层次理论、信息搜寻理论、长尾理论和消费偏好理论基础等进行概述，为下文建立理论分析框架与计量模型奠定理论基础；其次，对与本研究主题相关的文献进行梳理和综述，并对文献进行了简要评述。

第三章：逻辑框架及理论分析。首先构建了本研究的逻辑分析框架，然后对食品市场中的信息不对称导致食品市场失灵进行理论分析，基于成本对企业建设食品可追溯体系动力的负面影响，指出消费者的溢价支付对食品可追溯体系建设的正面激励。

第四章：我国食品安全基本态势和国内外食品可追溯体系考察。本章基于例行监测数据、媒体曝光的食品安全事件数以及消费者对食品安全的认知和评价调查数据三种数据来源对我国食品安全的基本态势进行较为全面的评估。此外从宏观层面总结了主要发达国家可追溯食品体系的建设经验，以及我国食品可追溯体系建设中存在的问题，为下文实证分析提供宏观层面的支持。

第五章：实验标的物选择和信息属性设置。本章以我国食品安全问题频发且可追溯体系建设最早的猪肉为实验标的物，总结了猪肉质量安全事件的特征、成因并提出了治理路径，为下文可追溯猪肉信息属性的设置提供现实依据。进而基于食品可追溯体系的功能，研究能代表可追溯猪肉事前质量保证功能和事后追溯功能的信息属性设置，为后文消费者可追溯食品信息属性的支付意愿和偏好研究奠定实验标的物属性设置的基础。

第六章：消费者对可追溯猪肉信息属性的支付意愿研究：基于实验拍卖法。本章是对前文理论分析框架的实证检验，设定事前质量保证与事后追溯功能相结合的复合功能可追溯猪肉信息属性，引入实验拍卖法，研究消费者对可追溯食品事前质量保证功能和事后追溯功能的信息属性的支付意愿，以检验消费者对可追溯食品信息属性经济价值的认同。

第七章：消费者对可追溯猪肉信息属性的偏好研究：基于序列估计方法。基于假想性实验方法和非假想性实验方法，本章提出融合了两种实验方法的序列估计方法，深入研究消费者对具有事前质量保证与事后追溯功能的相对完整的可追溯食品信息属性的消费偏好、属性需求弹性以及属性间的交叉效应，实证检验消费者偏好的理论框架。

第八章：不同类型猪肉轮廓的市场份额估计。仅研究消费者对可追溯猪肉信息属性的总体支付意愿对于生产者的实际价值有限，基于消费者个体偏好进行的可追溯猪肉市场份额估计才更具有实际的市场意义。本章首先研究属性价格对消费者属性轮廓选择的影响，估计消费者选择每种属性轮廓的整体概率，然后在个体消费者异质性偏好的假设下估计不同类型可追溯猪肉和普通猪肉在不同市场方案下的市场份额。

第九章：主要研究结论和政策含义。本章对全书主要章节的研究结论进行概括性总结，并基于研究结论提出可追溯食品有效推广的政策建议。

第五节　可能的创新和不足

一　可能的创新

本研究的创新之处体现在以下几个方面。

1. 研究方法上的创新，构建了序列估计方法研究可追溯食品信息属性的消费偏好

由于样本很容易获得，在研究中假想性实验一直被大量应用。但是许多研究已证实，在假想的市场环境下推算的消费者偏好，与消费者实际购买行为并不相符。虽然非假想性实验方法通过市场竞拍机制和真实支付环节模拟商品市场中的真实交易情境、达到真实市场中的激励相容效果，从而能克服假想性实验偏差与社会期望偏差，但是非假想性实验方法通常只能对某一种产品（服务）或产品（服务）的某种属性定价，当产品（服务）具有多重属性时，受到样本量的限制，非假想性实验较小的样本量难以对多属性间的交互作用进行有效的估算。由于假想性实验方法和非假想性实验方法各有优缺点，本研究提出序列估计方法，即首先运用非假想性实验法进行基本产品属性估值以避免任何假想都会遇到的虚拟误差问题，然后利用假想性实验样本易获取的优势测度基于这些基本属性上的变化以及多属性间的交互作用，这可能是一个较优的研究思路。在实证研究中首先基于实验拍卖法测度消费者对可追溯食品信息属性的支付意愿，然后引入菜单选择实验方法深入研究消费者对具有事前质量保证与事后追溯功能

的相对完整的可追溯食品信息属性的消费偏好、属性需求弹性以及属性间的交叉效应。很少有文献把假想性实验方法和非假想性实验方法结合起来。特别的，为克服在选择实验中消费者被动选择信息属性的缺陷，本研究引入了国际先进的菜单选择实验方法，研究在多信息属性自主选择情境中消费者偏好动态传递的理性和非理性特征。事实上，菜单选择实验方法自出现以来，已被广泛应用于远程办公、互动电视、证券账户、能源服务等领域的决策研究（董汉芳，2014），但目前国内外均没有应用于食品安全领域的研究。本书对可追溯食品信息属性的消费偏好研究将可能填补这一空白。所以本研究在方法上具有一定的创新性，修正了陈述性消费偏好研究的偏差。

2. 将消费偏好理论研究框架应用于可追溯食品消费偏好的研究中，构建了消费者对可追溯食品信息属性偏好研究的分析框架

本书以猪肉为例，以可追溯猪肉信息属性和层次构成可追溯猪肉轮廓为前提，围绕可追溯猪肉轮廓决定消费者效用（utility）的逻辑主线展开研究。首先，针对市场上可追溯猪肉信息属性层次单一，难以满足消费者差异化需求的实际，着重依据我国猪肉供应链体系主要环节可能存在的风险，设定了以供应链追溯和供应链 + 内部追溯为代表的事后可追溯信息属性，进而基于国内市场上可追溯猪肉仅具有事后追溯召回功能信息属性的客观缺陷，构建同时具备事前质量保证与事后追溯召回功能信息属性的可追溯猪肉轮廓。其次，采用实验拍卖法测度消费者对可追溯猪肉信息属性的支付意愿。通过市场竞拍机制和真实支付环节模拟商品市场中的真实交易情境，达到真实市场中的激励相容效果，可激励参与者更精确更真实地表达自己的支付意愿，较好地克服了假想性实验偏差与社会期望偏差。再次，引入菜单选择实验方法研究消费者偏好特征以及属性间关系。菜单法鼓励消费者自主选择产品属性，更精确地模拟了消费者在现实市场背景下基于大规模定制的购买情形中的任务，不仅可以测度消费者对价格的敏感性，而且菜单法形成远多于选择实验法或联合分析方法下的轮廓数，可以有效避免属性之间的替代效应以及多任务的反应误差。最后，基于消费者偏好的异质性，在分层贝叶斯模型得出的个体估计参数的基础上，进一步运用随机首选法评估不同现实情景市场方案下多种类型猪肉的市场份额。上述研究基于“偏好－选择行为”的模型化方法，从消费者偏好满足理性公理出发，由消费者选择行为构造消费者偏好，再基于消费者个体偏好预测消费者行为，本研究将此消费偏好研究的理论框架应用于可追溯猪肉研究中，形成了具有中国特色的可追溯猪肉消费者偏好研究的分析框架。

3. 完善了可追溯食品信息属性的含义，提出了包含事后追溯功能和事前质量保证功能在内的可追溯食品信息属性框架

基于消费者偏好存在异质性的现实，单一的可追溯农产品安全信息属性难以满足多样化的市场需求，相对完善的可追溯农产品（食品）长尾市场是食品市场治理风险的重要手段。本研究以食品可追溯体系动力和功能的理论研究为基础，基于长尾市场个体定制化的要求，构建同时具备事前质量保证与事后追溯功能的可追溯食品安全信息属性的选择框架。国际上已有的多数研究文献并没有严格区分可追溯食品的事前质量保证与事后追溯功能的信息属性，且这些文献中所研究的信息属性大多仅具有可追溯食品的事后功能。调查发现消费者更愿意避免健康受损，而不是在健康受损后受到赔偿，所以更有可能偏好具有事前质量保证功能的信息属性。而本研究的实证研究结果也验证在食品可追溯体系中加入具有事前质量保证功能的信息属性有助于可追溯食品的市场推广。

二　不足之处

当然，受到研究工具、研究资料以及研究能力的限制，本研究也存在一些不足和需要后期研究不断完善的地方。

第一，十多年来中国的食品可追溯体系建设并未取得实质性进展，除了目前在中国市场上试点推广的可追溯食品仅具有并不完整的事后追溯功能，以及缺乏事前质量保证功能而无法满足消费者的需求的原因之外，还有可能是因为消费者对具有事后追溯属性的安全信息的真实性缺乏信任。所以在未来研究可追溯食品信息属性的设置中，除了要具备事前质量保证功能与事后追溯功能的信息属性之外，还可以加入可追溯信息的真实性是否经过有效认证的信息属性，以进一步研究消费者对信息真实性的信任度对其偏好和行为的影响。

第二，本研究中对于可追溯猪肉信息属性的消费者偏好的研究采用了能够兼顾随机性和精准性的实验拍卖法，但是实验拍卖法仍然存在组织难度高，过程复杂，招募与实际参与实验的样本量相对较少的缺陷。与此同时，目前鲜见针对中国消费者展开实验拍卖研究的文献，故本研究中实验拍卖法的机制设计以及研究结论的比较分析可能有待进一步完善。

第三，实验拍卖法和基于菜单的选择实验法都是在较为发达城市——江苏省无锡市使用，实验标的物是猪肉，所以研究结论在全国范围和更广食品品种的普适性方面有待进一步验证。

第二章
理论基础与文献综述

本章分为三部分。首先对本研究所涉及的基本概念进行界定；其次对效用理论、显示性偏好理论、消费者需求理论、需求层次理论、信息搜寻理论和长尾理论等进行概述，为下文建立本研究分析框架奠定理论基础；最后对与本研究主题相关的文献进行综述，对食品市场中消费者需求和消费者行为的研究、消费者偏好和行为的测度方法的研究、消费者对可追溯食品的偏好和支付意愿的研究，以及可追溯食品消费政策的研究四方面的文献进行梳理和综述，并对文献进行简要评述。

第一节　基本概念界定

一　属性

Lancaster（1966）的消费者效用理论认为消费者的效用源于商品的属性而非商品本身，这意味着商品的价值本质上是商品中各属性或特征所表现出来的价值，所以为商品的具体属性进行定价是可行的。理论界对普通商品的属性与属性层次内涵的认识已取得共识。某一商品不同属性的定位（positions）与属性相应层次的认识是消费者评价该商品的具体标准，商品属性实际上就是产品能够满足消费者某种需要而使消费者做出购买决策的特性（黄璋如，1999；孙健等，2010；张振等，2013；朱淀等，2015；吴林海等，2013；Wu 等，2016）。在基于实验拍卖法和选择实验法等的消费者研究中，属性就是本研究所描述的变量，其作用就是使轮廓离散且有差异。

Nelson（1970），Darby（1973）等经济学家基于消费者确定质量的能力提出了三种常见的产品分类：搜寻品、经验品和信任品。搜寻品就是消费者在购买之前能够得到有关质量的完善信息。经验品的质量只有在消费者购买和消费后才能获知。而信任品的质量即使在消费者消费后也不能直接观测到（或者需要花费很长时间才能观测到或者需要花费很高的成本才能观测到）。Caswell 等（1996）把信任品的概念引入具有事后不可观测属性的食品中，使农业经济学有了新的研究热点。食品的经验品特性或信任品特性导致食品市场中信息不对称现象的发生，而使用食品标签进行信号传递可以使消费者了解食品的有关信息。

如果没有监管信号或质量信号提示，食品安全性对消费者而言就是经验属性或信任属性。有时消费者食用受污染的食品后立即出现病症，此时可以辨别出这种疾病的来源；但是多数情况下消费者的健康受损是一个长期、缓慢的过程，难以简单、清晰地把病因归于某一种食品（Hobbs，2004），且消费者无法观测到食品的生产过程，产生信息的不对称，导致食品市场失灵。如果高质量（或者说更安全）食品的生产者不能给消费者提供信用保证，那么食品安全和质量属性的信任特性便使市场被低质量食品生产者主宰（Golan 等，2003；Hobbs，2004）。

二 信息属性

信息是用于确定、保存、传递产品质量和差异性的主要工具。对可追溯食品而言，可追溯信息同时具有传递可追溯性和安全性的根本功能（Unnevehr 等，2009）。信息的使用使得企业能够把产品质量信号和其他有增值潜力的属性信号传递给消费者。对消费者来说，信息可以让其甄别出符合自己偏好的食品。由于完整的食品可追溯体系能够为消费者提供透明的向前追踪和向后追溯的食品质量安全信息，在国际上被普遍认为是消除信息不对称，恢复消费者对食品安全的信心的有效工具（Regattieri 等，

2007；Van 等，2008；Kher 等，2010；Sterling 等，2015）。

Hobbs（2004）的研究认为，食品属性是一个内涵非常丰富的概念，除了价格等商品属性外，还包含风味、营养成分等物理性食品属性，以及生产方式、动物福利、环境标准、转基因成分等有关食品生产的过程属性。Rohr 等（2005），Grunert（2005）和 Pinto 等（2006）认为食品安全是食品质量的重要因素，但是食品安全和质量的其他属性有差异，这种差异影响了消费者对食品的选择方式。外观是食品质量的直接指示信息，Alfnes 等（2006）和 Grunert（1997）的研究发现消费者普遍愿意为色泽鲜艳和肉质鲜嫩的肉类支付额外费用，但是 Wu 等（2015）的研究也发现，当消费者产生食品消费恐慌心理或者对食品生产流程心存担忧时，外观对消费者食品选择的影响要小于食品安全属性的影响。对可追溯猪肉而言，可追溯猪肉包括价格、外观、营养等普通猪肉的信息属性，也包括可追溯性、动物福利、产地认证、质量检测、环境认证标签等额外信息属性。

食品属性与食品可追溯体系密切相关，Hobbs（2005）的研究指出，完整的可追溯体系应具有事前质量保证与事后追溯的基本功能。事前质量保证功能是指消费者在购买食品之前能通过信任属性标签确认食品质量，具有降低消费者质量信息搜寻成本的作用。而事后追溯是指一旦发生食品安全问题，政府监管部门或行业组织能够沿着食品供应链完整的可追溯信息及时召回问题食品，并科学地对事故主体进行追责，在缩小食品安全事件的波及范围与降低社会成本方面具有不可替代的作用，而且也能通过更有针对性的问题产品的召回，来避免波及规范生产的企业，避免不安全生产企业的搭便车行为（Pang 等，2012）。当前国内外食品供应商所建立的可追溯体系的主要功能是事后追溯，而动物福利、产地认证、质量检测、环境影响等额外属性一旦被纳入食品可追溯体系，即具有事前质量保证功能（Hobbs，2004；Ortega，2011；Loebnitz，2015）。本研究对可追溯食品的信息属性的界定，是基于食品可追溯体系具有的事后追溯功能和事前质量保证功能，设置可追溯食品的信息属性。以本研究的实验标的物可追溯猪肉为例，基于理论和中国实际，设置低追溯水平的“供应链追溯”属性和高追溯水平的“供应链+内部追溯”属性为可追溯猪肉具有事后追溯功能的两个信息属性，设置“猪肉品质检测”属性和“质量管理体系认证”属性为可追溯猪肉具有事前质量保证功能的两个信息属性。

三 层次

对产品属性进行不同取值构成产品的层次（黄璋如等，2009；吴林海等，2013，2014）。以猪肉为例，对于猪肉的价格属性而言，不同的定价构成价格属性的层次；对于外观属性而言，基于外观的新鲜度可以将猪肉的外观分为外观非常新鲜、外观新鲜、外观一般以及外观不好看但可以食用四个层次。对于可追溯猪肉而言，除了具有普通猪肉具有的价格、外观等信息外，还具有事后追溯功能的信息属性。通过对食品安全溯源管理和监管主体的不同取值，可分为基于国家食品安全追溯平台的可追溯性、基于省食品安全追溯平台的可追溯性、基于市县食品安全追溯平台的可追溯性以及无可追溯性四个层次。对于具有事前质量保证功能的信息属性，比如猪肉品质检测属性和质量管理体系认证属性，可以进一步根据其检测主体和认证主体的不同，把猪肉品质检测属性通过不同取值分为政府部门检测、国内第三方机构检测、国际第三方机构检测以及无检测四个层次，把质量认证属性通过不同取值分为政府认证、国内第三方机构认证、国际第三方机构认证以及无认证四个层次。

四 轮廓

对产品的不同属性及其相应层次按照某一规律进行排列组合，就构成了产品的轮廓（profile）。在一般情况下，产品轮廓在客观上并不存在，故称之为虚拟轮廓（Virtual Profile）。构建轮廓可以使实验参与者从可选择的类型中最终选择出一种类型（黄璋如，1999；Ding 等，2009；吴林海等，2014；尹世久等，2015）。对于本研究而言，基于可追溯猪肉的不同信息属性及其相应层次的排列组合，就形成了不同类型的可追溯猪肉轮廓。不同类型的可追溯猪肉轮廓带给消费者效用的差异性导致消费者对不同可追溯猪肉属性轮廓偏好的异质性，在基于菜单的选择实验条件下，消费者根据自己的偏好选择并且购买符合自己需求的可追溯猪肉。比如本研究设置了“猪肉品质检测”、“供应链+内部追溯”、“质量管理体系认证”和“供应链追溯”四个信息属性，可以形成含有单一信息属性、含有两种信息属性、含有三种信息属性，以及不含有额外信息属性的猪肉轮廓供消费者选择，消费者可根据自己的偏好选择购买符合自己需求的可追溯猪肉。

五　可追溯性

（一）可追溯性的定义

关于可追溯性的定义，国际上并未达成共识。Golan 等（2004）认为可追溯性的内涵广泛，因为食品本身是复杂的产品，而且可追溯性可以作为达成许多不同目标的工具。所以学界与一些国际组织等对可追溯性的定义和分类有一定的差异。ISO8402（1994）《质量管理和质量保证：基础和术语》中对可追溯性的定义为：“通过有记录的识别装置追踪一个实体的历史、应用或者位置的能力。”ISO9000（2005）标准对可追溯性的定义扩展为“对历史、应用或者位置进行追踪的能力”，ISO 的指导方针进一步明确可追溯性是指对原材料和零部件的来源、加工历史以及流通过程中产品的分布和位置进行追踪的能力。欧盟 178/2002 号文件对食品工业可追溯性进行了定义：“在生产、加工和流通的所有阶段，都能够对食品、饲料以及用于食品生产的动物或者可能应用于食品和饲料中的物质进行跟踪和追溯的能力。”食品法典委员会（Codex Alimentarius Commission，CAC，2005）对可追溯性进行了更简洁的定义：“在生产、加工和流通的特定阶段都能对食品的运动进行跟踪的能力。”

食品工业的不同部门对可追溯性的定义是不同的。在以农业为基础的食品链中，Wilson 等（1998）把食品可追溯性定义为描述粮食作物的生产历史以及从“农田到餐桌”的过程中粮食的转化和加工历史的必要信息。在以畜牧业为基础的食品链中，可追溯性被定义为对动物或动物产品从养殖户到零售商不同阶段都能被识别的可靠信息存储系统（Dalvit 等，2007；McKean，2001）。

Olsen 等（2013）在 ISO 定义的基础上重新把可追溯性定义为通过有记录的识别工具获取生命周期部分或者全部信息的能力。Karlsen 等

（2010）强调可追溯性并不是产品或者信息本身，而是在日后能够找到这些信息的工具。但是这些定义都没有反映出食品可追溯性的具体特点。

Bosona 等（2013）对食品可追溯性进行了内容丰富且全面的定义：食品可追溯性是物流管理的一部分，通过充分采集、存储和传输食品供应链所有环节有关食品、饲料以及用于食品生产的动物或添加物的信息，使得产品在任何时候都能在质量安全控制的检查中向前追踪以及向后追溯。

表 2－1 分类比较了可追溯性定义中的短语的差别。ISO 的定义是通用商品可追溯性而没有具体到食品的可追溯性，而其他定义努力基于某一种产品对食品可追溯做出更具体的定义。可追溯性被定义为"一种跟踪和追溯的工具""信息检索的工具""系统的记录""物流管理的一部分"。一些定义没有提到可追溯性可以在供应链中发挥双向作用。"通过有记录的识别手段"这样的措辞更适合与其他定义相结合，因为识别对可追溯性来说是必需的。

表 2－1 可追溯性定义的比较

定义来源	可追溯性	追溯什么	怎么追溯	追溯到哪儿	为什么追溯	何时追溯
ISO8402	回溯的能力	一个实体（来源、历史、位置）	通过有记录的识别设备	—	—	—
ISO9000	回溯的能力	所考虑的实体（来源、历史、位置）	—	—	—	—
EU Refulation（178/2002）	回溯和跟踪的能力	食品（或食品成分）	—	全程供应链	—	—
CAC（2005）	跟踪的能力	食品	—	全程供应链	—	—
Wilson 等（1998）	产品的必要信息	食用作物（例如农产品）	—	从农田到餐桌	—	—
Dalvit 等（2007）McKean（2001）	能保持产品记录的系统	动物或动物产品	—	从农田到零售商	—	—
Olsen 等（2013）	存取一些或全部信息的能力	食品	通过有记录的识别设备	食品的整个生命周期	—	—

续表

定义来源	可追溯性	追溯什么	怎么追溯	追溯到哪儿	为什么追溯	何时追溯
Bosona 等（2013）	获取、存储、传输充足信息，是物流管理的一部分	食品、饲料、用作食品生产的动物或物质	—	食品供应链的所有阶段，向前追踪、向后追溯	食品安全和质量控制	需要的时候

本研究采用 Bosona 等（2013）对食品可追溯性的定义，即通过充分采集、存储和传输食品供应链所有环节有关食品、饲料以及用于食品生产的动物或添加物的信息，使得产品在任何时候都能在质量安全控制的检查中向前追踪以及向后追溯。

（二）可追溯性的特征和分类

英国食品标准局（Food Standards Agency，FSA，2002）作为独立的食品安全监管部门，定义了可追溯系统的三个基本特征：①识别产品中所有成分的单位或批次；②这些成分在何时何地发生了移动和转化的信息；③有一个能连接这些数据的系统。要想实现可追溯，要追溯的实体必须是一个可追溯的资源单元（Traceable Resource Unit，TRU）。可追溯单元有三种类型：批次、交易和物流。一个批次是指经过相同处理的商品数量；一个交易单元是指从供应链上的一个公司到另一个公司的商品单位（比如一盒、一瓶或一包）；物流单元是贸易单元的一种，它指定了在运输或存储之前对货品的分组（例如托盘、集装箱等）（Karlsen 等，2010）。Golan 等（2004）认为一个有效的可追溯系统应该从宽度、深度和精确度三个维度来平衡成本和收益。宽度是指所采集信息的数量；深度是指沿着供应链向前追踪和向后追溯的环节长度；精确度是指能够精确定位食品特定运动的保证度。

按照食品链中信息被调出的活动或方向，可追溯性被划分为三种类型：后向可追溯性或供应商可追溯性；内部可追溯性或过程可追溯性；前向可追溯性或客户可追溯性（Perez 等，2007）。其中，后向可追溯性是指按照既定标准生产的产品在供应链的任何一个环节都能追溯到原产地的能力；前向可追溯性是指在供应链的任何一个环节都能找到按照既定标准生产的产品所处的位置的能力。此外，Moe（1998）认为可追溯性可以划分为如下两种类型：内部追溯（可以对供应链其中一个环节进行内部追溯）、供应链追溯（可以追溯到从收获到运输、储存、加工、流通和销售全部或部分供应链环节上的商品批次和历史）。Opara（2003）基于整个农产品或食品供应链视角提出可追溯性的六个重要因素：产品的可追溯性、过程的可追溯性、遗传学可追溯性、投入品可追溯性、病虫害可追溯性以及检测可追溯性。

对于信息系统来说，同时支持两种类型的可追溯性是非常重要的。因为一种类型可追溯性的有效并不意味着另一种类型必然有效（Kelepouris等，2007）。Vullers等（2003）认为可追溯性可以从应用的消极意义和积极意义两个角度来看。从消极意义来看，可追溯性使得产品的位置和处置过程处于实时监控中；从积极意义来看，除了通过有存储记录的标志装置保持历史记录外，联机可追溯性可以优化和控制供应链各环节间的生产过程。

本研究在学者们研究成果的基础上，将可追溯性基于所含信息的多寡进一步划分为低追溯水平和高追溯水平两种类型，即对于本研究的实验属性层次的划分而言，将可追溯性分为供应链追溯（低追溯水平）属性以及供应链 + 内部追溯（高追溯水平）属性两个层次。

六 食品质量与安全

（一）食品质量与安全的关系

食品质量和食品安全是体现食品等级和食品生产者声誉的两个重要方面。食品法典委员会（CAC，2003）把食品安全定义为当食品被按照既定的用途生产或者食用时，不会对消费者的健康造成危害的一种保证。食品安全是指可能对消费者的健康造成伤害的所有危害因子。食品安全是一个全球性的问题，被污染的食品可能会导致全球数十亿人患病，所以对食品安全的高要求是没有任何商量余地的。随着食品国际贸易的发展和人员、活畜跨境流动的增加，发达国家和发展中国家都对食品安全问题给予了重点关注（Asian Productivity Organisation，2009）。相对于极其看重安全性的食品行业来说，电信、软件开发和航空等公司一直把安全保障作为可追溯性的主要驱动力（Opara，2003）。

食品供应链的任何一个环节都有可能导致食品安全危害，因此保障食品安全是食品生产商、加工商、批发商、零售商和消费者共同的责任。HACCP 体系是食品供应链所有环节预防食品安全危害的重要方法（FAO & WHO，2003）。食品的可追溯性以及食品企业提供来源、流向和运输方信息的能力对于确保安全食品供给来说是非常必要的（Levinson，2009）。

ISO 对质量的定义是“产品能够满足明确或隐含需求的全部特点和特性”（Van，1998）。此外，质量还可以被定义为“与需求匹配”“适于使用”，或者从食品的角度更恰当的表示是“适于食用”。因此，质量被描述为满足消费者需要和期望的必备条件（Ho，1994；Peri，2006）。但是食品的质量是非常大众化的，每个消费者对此都有不同的期望。质量不仅包括食品本身的特性，而且包括使食品具有这些特性的生产方法（Morris 等，2000）。表 2－2 列举了质量属性的类别（UN，2007）。

表 2－2　食品质量属性的分类

外部属性	内部属性	隐藏属性
外观	风味	健康
感觉	味道	营养价值
缺陷	质地	安全性

许多专家认为安全性是质量最重要的要素，因为食品不安全将导致消费者健康受损甚至导致消费者死亡。安全性和质量的其他属性不同，因为安全性不易识别。一些食品从外观上看可能是高质量的，但可能是不安全的，因为看似高质量的食品可能被未检测出来的致病微生物、有毒化合物或者物理危害因素污染（UN，2007）。所以 Rohr（2005），Grunert（2005）以及 Pinto（2006）等学者都认为食品安全是食品质量的重要属性。

有外观缺陷和加工不当的低质量食品会因受到消费者的抵制而销量下滑，但是有安全缺陷的食品即使在消费后，隐藏的食品安全危害因子仍然不能被消费者识别。如果能检测出来，那么严重的食品安全危害将导致产品市场准入资格的吊销，将使企业遭受重大的经济损失。由于食品安全问题直接影响公众健康和社会经济发展水平，所以对食品安全属性的保障必须始终高于食品质量的其他属性（UN，2007）。食品质量和食品安全之间有明显的联系，但是食品质量主要是经济问题，由消费者来决定；而食品安全是政府对保障食品安全供给的承诺，符合政府监管要求（Sarig，2003）。质量是美味、健康、安全和舒心的基础，安全是进行质量控制的结果，质量和安全相互关联共同影响消费者的信任和信心（Rijswijk 等，2006）。

基于上述分析，本书对可追溯食品事前质量保证功能的信息属性是在普通食品的质量与安全性的基础上，为了进一步降低食品安全风险、提高食品的安全性以及让消费者在做出消费决策之前就能够确认食品的质量安全等级而设置的。本研究以可追溯猪肉为实验标的物，基于文献综述和中国实际，以猪肉品质检测属性和质量管理体系认证属性为可追溯猪肉的事前质量保证功能的信息属性。

（二）食品质量与安全的效应

食品的质量和安全是当今食品行业的主要关注点。民以食为天，食品的生产和消费也是社会的核心问题，有着广泛的社会效应、经济效应和环境效应。

1. 社会效应

食品安全日益成为重要的公共卫生问题，食源性疾病的暴发会阻碍贸易和旅游业的发展，进而导致收入下降、失业率增加以及社会的不稳定（CAC，2003）。从全球范围来看，食源性疾病的发生率逐年增加，食品国际贸易也被频发的食品质量与安全争端所打断（FAO，2003）。不安全的食品导致了许多急性和慢性疾病，比如腹泻和各种类型的癌症。世界卫生组织（2002）估计每年约有 220 万人死于食源性和水源性腹泻，其中 190 万是儿童。在工业化国家，每年食源性疾病的发生率高达 30%。在美国，每年约有 7600 万食源性疾病的案例，导致 33 万人住院以及 5000 人死亡。在许多发展中国家，潜在的食品安全问题使食源性疾病的发病率更高（WHO，2007a）。

2. 经济效应

世界卫生组织（2002）指出，食源性疾病不仅严重影响人们的身心健康，而且还会使个人、家庭、社区、企业和国家遭受严重的经济损失，不仅给医疗保健系统增加了负担，而且显著降低了社会的生产力。1995 年美国发布的一项研究报告指出，每年花在 7 种病原体导致的 3.3 万～12 万例食源性疾病上的费用高达 65 亿～350 亿美元。据美国食品药品监督管理局（FDA）的经济学家 Robert L. Scharff 估计，食源性疾病导致美国每年损失 1520 亿美元（Scharff，2010）。

美国农业部（USDA）估计了五大类食源性疾病导致的医疗花费和生产力损失，成本达到每年 69 亿美元（Vogt，2005）。欧盟每年沙门氏菌感染导致的医疗卫生花费大约为 30 亿欧元（Asian Productivity Organisation，2009）。1996 年，英格兰和威尔士暴发了食源性疾病，所造成的医疗费用和生命价值损失为 300 万～700 万英镑。澳大利亚平均每年约有 1.2 万人食物中毒，医治的成本达 26 亿美元。世界卫生组织认为食源性疾病的增加是多重因素共同导致的（WHO，2002）。

3. 环境效应

随着食品国际贸易的发展，食品供应链对环境的影响也日益受到关注。当前食品从农田到餐桌的距离比以前更长，所以在生产、运输、消费的整个食品供应链中，能源、资源的消耗，温室气体的排放是不可避免的。但碳标签的应用和食品里程概念的提出也表明食品供应链需要更环保的解决方案以减轻对环境污染和全球气候变暖的影响。

在许多国家，食品腐败变质是最常发生的食品质量安全问题之一，不仅会造成食物的浪费、成本的增加，而且会对食品贸易和消费者的信心产生不利影响。当然，所有的食品都只有有限的生命期，且大部分食品都会腐烂。安全和高质量的食品在生产过程中、快速冷却过程中以及整个供应链的温度控制环节都要注意减少污染（Martin 等，2000）。若对食品冷链的温度控制不好则会导致微生物的繁殖和食品的腐败变质，进而导致食源性疾病的发生。国际制冷研究所（IIR）指出每年由于制冷不足全球食物浪费量多达 3 亿吨。美国的食品行业每年丢弃的腐烂食品价值 350 亿美元。

这些变质后无法消费的食品和资源的浪费也造成了较严重的环境问题（Flores 等，2008）。

例如，英国家庭每年浪费 670 万吨食物。废物利用项目（WRAP）估计约 1/3 的食物会被浪费掉，如果可以杜绝食物浪费，其减少的环境污染量相当于减少了 1/5 的汽车排放量。每吨食物垃圾排放 4.5 吨 CO_2，被丢弃到垃圾填埋场的食品容易产生 CH_4，这是一种对环境影响更大的气体，温室效应强度比 CO_2 高 20 倍（WRAP，2008）。澳大利亚研究所的研究表明，澳大利亚人每年扔掉 52 亿美元的食品。对食物浪费的同时也是对生产食品用水的浪费（Baker 等，2009）。

七　可追溯性与食品质量安全的关系

（一）食品污染和可追溯性

食源性疾病的暴发和食品污染事件的曝光（无论是自然污染、意外污染还是故意污染），使得食品污染被世界卫生组织确定为 21 世纪全球公众健康的主要威胁（WHO，2007）。许多食源性疾病的暴发是失败的过程控制或者销售环节和消费环节不恰当的储存条件导致的。这种食品污染情况绝大多数不是故意的，但是消费者也开始担心来自生物恐怖主义的故意污染食品的行为。表 2－3 列举了食品供应链可追溯性的关键问题，包括技术的、管理的和环境的。所以污染物可能存在于某些不恰当的种养殖方法，或不恰当的生产工艺生产出的食品中。食品可能被生物性、化学性和物理性危害因子所污染，可能是无意的也可能是有意的。此外，其他危害因子如转基因生物（GMOs）和放射性物质也会导致食品污染。

食源性疾病暴发后，回溯调查法通常被用于确定和记录与食源性疾病有关的食品分布、食品供应链和来源情况。公共卫生机构展开追溯行动以确定与食源性疾病有关的食品的来源和分布，从而识别出潜在的污染源。此项行动通过召回仍在销售的被污染食品以及识别出危险的生产操作而有助于阻止更多食源性疾病的发生。追溯调查会导致产品的召回，其他的管制措施，比如进口食品的扣押、对生产商或种养殖者签发禁制令、发布新闻告知公众、对大众产品实施更严密的监管、实施基于农场的调查，对新鲜农产品的追溯挑战性较大，因为标签和配送记录缺失，复杂的分销网络、每个销售服务点的产品都有多家供应商，对新鲜农产品的追溯非常耗费资源，而且有可能最终确定不了污染的原因。这些挑战基于这样的事实：食源性疾病的流行病学理正在发生变化、新的病原体的出现甚至一些病原体蔓延至全球范围（Guzewich 等，2001）。

表 2－3　食品供应链可追溯性的关键问题

技术的	互联网技术（在线追踪、监管、信息交换和检索） 定位技术（例如：GPS、RS、RTLS 等） 传感技术（例如：WSN、TTI、电子鼻等） 识别技术（例如：条形码、RFID 等） 信息和交流技术（例如：信息系统、计算机和移动网络）
管理的	产品、时间、定位和质量追溯 监管、监督、记录和控制、检验检疫 识别风险、实施安全和质量保证计划（例如：ISO、HACCP、TQM 等） 遵循法规、标准以及标准化操作程序（SOPs） 常规决策和召回策略 可追溯性数据管理（收集、保存、共享） 实现供应链主体的协调 信息的透明性、真实性、可存取性
环境的	食品和标签的碳足迹评估 环境友好型包装材料和加工方法的使用 废弃物和水管理 食品和食品相关材料的循环利用 化肥、农药等化学残留的检验

世界卫生组织正在推广一些有助于公众健康的食品技术，比如巴氏杀菌法、食品辐照技术、食品发酵技术（WHO，2007）。此外，通过在食品加工链中识别潜在的不安全因素而防止食品污染的 HACCP 体系也被大力推广。该体系对生产方面与食品安全有关的风险进行管理（Kumar 等，2006）。在产品召回过程中，合理的危机管理程序可以降低不利影响。对食品企业来说，缩减生产批次的规模、减少混合批次是降低召回成本、减轻媒体影响的方法。然而，缩减生产批次的规模将导致生产效率的下降，因为增加了生产设置时间、安装成本和清洁工作等（Depuy 等，2005；Saltini 等，2012）。

特别的，对高价值高风险食品的监督和监管是非常必要的，对进口食品进行质量安全控制最好的办法就是在港口完成质量安全检查。基于预防的目的，对食源性疾病监测数据的分析和解释需要找到与食品监管数据相似的方法。最先进和科学的实施方法就是通过风险评估程序对人和动物的潜在健康风险进行评估。对食源性疾病的监测和食品的监管可以为风险评估提供关键数据（Schlundt，2002）。实际上，可追溯性的优势就在于阻止食品安全危害的发生，迅速识别受污染的产品和批次，指出发生了什么、什么时候发生的、在供应链哪个/哪些环节发生的、事件的责任方是谁，以降低事件带来的恶劣影响（Opara，2003）。

（二）与食品质量有关的可追溯性的法规要求

食品供应链上的参与者依靠两种方法建立消费者的信心以实现质量与安全目标：一是基于法律法规、标准或认证进行食品供应链管理；二是基于可以提供透明的向前追踪和向后追溯信息的食品可追溯体系记录物流运作和生产过程（Hong 等，2011；Will 等，2007）。

随着食品贸易的全球化，有效的食品控制体系对保障消费者的健康和安全是非常必要的。食品控制的首要职责就是执行食品法律来保护消费者，使其免受不安全和掺假食品的危害（FAO & WHO，2003）。食品质量和安全问题已成为全球共同关注的议题，对可追溯性的需求已随着立法、新的国际标准和行业准则的完善给予了重视（Petersen，2004）。欧盟和美国是提倡对食品可追溯性进行立法的两个主体。

在欧洲，欧盟 178/2002 号法规于 2005 年 1 月 1 日生效，要求所有在欧盟境内销售的食品和饲料产品都必须具备可追溯性（Folinas 等，2006）。该指令要求对食品标签进行严格的立法。在美国，2002 年颁布的生物恐怖法要求所有从事食品生产、加工、包装、运输、分销、接收、保存工作的人或食品进口商建立和保管工作记录。如果有合理的理由认为一种食品对消费者的健康具有严重威胁，该法案还授权美国食品药品监督管理局对这些记录进行检查（Levinson，2009）。2011 年 4 月生效的食品安全现代化法案（FSMA）要求已注册的食品和饲料企业对所生产、加工、包装和保存的食品和饲料可能造成危害食品安全的因子进行评估，并通过预防控制措施来消除这些潜在的危害。这是通过预防污染而不是治理污染来保障进口食品和国产食品安全的方法（FDA，2011）。

其他组织，如粮农组织（FAO）和世界卫生组织联合组建的食品法典委员会以及国际标准化组织都在食品可追溯性国际标准和行业准则的完善方面发挥了重要作用（Petersen，2004）。1993 年，食品法典委员会把 HACCP 作为安全食品供给最有效的质量保证体系予以推广（Beulens 等，2005）。而传统的食品控制程序，比如良好卫生规范（GHP）和良好操作规范（GMP），在全面食品安全管理程序中作为 HACCP 体系的前提条件或基础（Huss 等，2004）。2003 年，作为食品安全准则的食品法典标准颁布，有助于平衡食品贸易关系。法典标准所涉及的范围包括特定原材料和加工材料的特性、食品卫生、农药残留、污染物和标签、分析和抽样方法等（Trienekens 等，2008）。

国际标准化组织是国际标准的制定者和发布者，ISO 标准有助于全球标准的统一、消除国际贸易壁垒。在 ISO 标准中应用最广泛的是 ISO9000 系列中的质量管理体系（QMS），其可独立应用于任何特定行业的生产环境中。ISO9001（2000 版）强调质量管理和质量保证的标准模型，但是没有强调食品安全。而新版的 ISO 标准则给予食品安全和可追溯性更多关注：ISO22000（2005 版）对食品安全管理体系提出了特别的要求，为了确保食品在保质期时间内都是安全的，食品供应链中的组织需要证明自己有能力控制食品安全危害。这些标准综合了来自 HACCP 的危害分析方法，以及来自 ISO9001 管理体系的方法（FMRIC，2008）。此外，ISO22005（2007 版）定义了可追溯性的原则和目标，还对饲料和食品的可追溯系统提出了基本要求。它可以应用于食品和饲料供应链任何环节的生产组织中。

“向前一步/向后一步”可追溯性是非常重要的方法，这种方法使得供应链中的参与者能够立即识别产品的上游供应商和后续的产品流向，是欧盟条例、ISO/DIS22005、美国生物恐怖法案 2002 中对食品和饲料可追溯体系设计和实施的基本要求（Ruiz-Garcia 等，2010）。

只有建立在使整个供应链的可追溯系统之间实现交互操作性的国际标准之上，可追溯性才能真正实现。GS1 全球可追溯标准是一个推荐性的业务流程标准，独立地描述了从技术选择开始的可追溯流程。它满足核心立法和商业对于在整个供应链的任何环节都能实现向前追踪和向后追溯的需求。由于能够提供有关贸易项目、资产、物流单元、参与者和地点的全球唯一标识，GS1 体系特别有助于可追溯目标的实现（GS1，2009）。全球电子产品代码（EPC）公司是 GS1 的下属公司，支持全球电子产品代码信息服务（EPCIS）的应用，EPCIS 是一个标准化的设计，使得与 EPC 相关的数据能够在企业内和企业间共享（EPC global，2009）。

我国食品生产依据的法律法规和标准体系众多，以猪肉为例，包括《中华人民共和国动物防疫法》《生猪屠宰管理条例》《中华人民共和国传染病防治法》《生猪屠宰产品品质检验规程（GB/T 17996－1999）》《中华人民共和国农业部第 193 号公告（食品动物禁用的兽药及其他化合物清单）》《生猪屠宰操作规程（GB/T 17236－2008）》《猪控制点与符合性规范（GB/T20014.9－2008）》《种畜禽调运检疫技术规范（GB16576－1996）》《农产品安全质量无公害畜禽肉安全要求（GB18406.3－2001）》《屠宰和肉类加工企业卫生注册和管理规范（GB/T20094－2006）》《屠宰和肉类加工企业卫生注册和管理规范（GB/T20094－2006）》《畜禽屠宰 HACCP 应用规范（GB/T20552－2006）》等。图 2－1 展示了猪肉供应链中私人产业和贸易标准的水平和垂直范围。

（三）可追溯性和食品安全的联系

当前消费者对食品安全等属性的关注度越来越高，传统食品标签上的信息并不能提高消费者对食品的信心。公众越来越希望能够通过现代追踪和追溯方法，看到整个食品供应链上的质量信息。从本质上来看，食品质量与积极的政策以及保持安全食品供给的需求有关（Beulens 等，2005）。产品追踪系统对于食品安全和质量控制是必要的，可追溯系统有助于企业追溯食品质量安全问题的来源和缩小波及范围（Golan 等，2004）。可追溯系统本身既不能生产安全的或高质量的食品，也不能确定责任归属，但它是供应链管理或质量安全控制体系的一部分，能够提供产品生产和供应链的控制点是否被正确操作执行的信息。所以可追溯体系使得早期风险识别和快速响应成为可能。

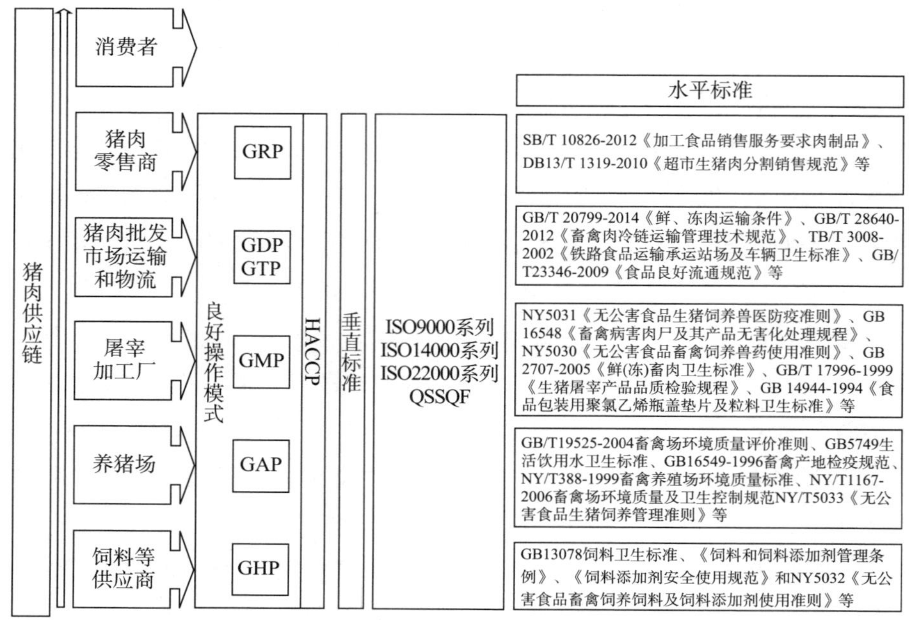

图 2－1 食品供应链规范和标准的范围：以猪肉为例

注：GMP（Good Manufacturing Practice）是指良好生产规范，GAP（Good Agricultural Practice）是指良好农业规范，GDP（Good Documentation Practice）是指良好文件规范，GTP（Good Tissue Practice）是指良好体系规范，GRP（Good Review Practice）是指良好审查规范，GHP（Good Health Practice）是指良好卫生规范，HACCP（Hazard Analysis Critical Control Point）是指危害分析关键控制点，QS（Quality Standard）是指质量标准，SQF（Safety Quality Food）是指质量安全食品认证。

质量和安全都与可追溯性相关，但是安全性与可追溯性的联系更多。质量和安全是消费者做出食品购买决策的重要因素，可追溯性被认为是确保食品安全的工具，有助于产品召回以及提供食品真实性的证据，当然可追溯性也与食品质量有关。食品质量和食品安全都会影响消费者的信心，可追溯性通过对质量和安全的评估确实起到了提高消费者信心的作用（Rijswijk 等，2006）。Moe（1998）认为可追溯性是质量管理体系的重要组成部分，良好的内部可追溯体系是质量管理的必要条件，可追溯性能够实现数据的有效采集、生产流程控制和质量保证。

许多企业采用全面质量管理系统（TQM）来实现对产品和过程的持续

质量控制。Ho（1994），Aung（2014）认为 ISO9000 是实施 TQM 的路径，图 2－2 从质量管理的视角展示了食品质量、食品安全和食品可追溯性的关系。

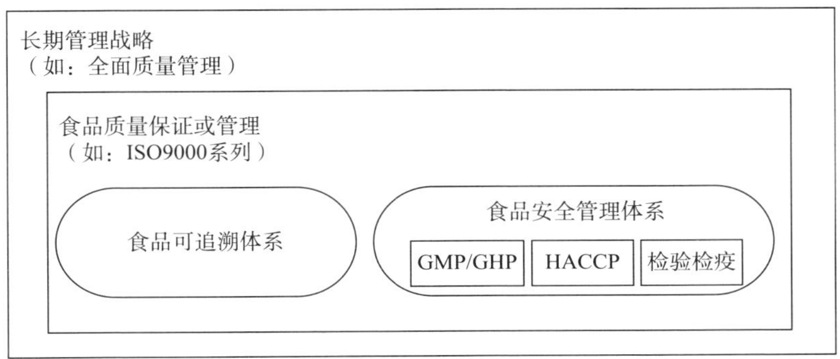

图 2－2　食品质量、食品安全、食品可追溯性：一个综合分析框架

本部分对可追溯性与食品质量安全关系的深入分析为本研究进一步丰富可追溯食品信息属性的含义奠定了理论基础。本研究提出了包括事后追溯功能和事前质量保证功能在内的可追溯食品信息属性框架，融合事前质量保证和事后追溯功能的可追溯食品能从根本上消除食品安全属性的信息不对称问题，有效重塑或者增强消费者对食品质量安全的信心。

八　食品属性与可追溯体系

（一）食品质量属性与可追溯体系

基于上文对可追溯性的定义可知，追溯的实质就是把供应链上的实体流转变为信息流，根据信息流的正向反向查询，获得实体的历史、应用或者位置。所以食品可追溯体系就是在产品供应链体系的任何一个环节由身份识别、资料准备、数据的收集与保存、数据资料的核验等一系列的可追溯性机制组成的系统（山丽杰等，2014）。

对消费者来说在购买之前的质量搜寻过程中，可追溯性对于产品物理质量特征的识别价值不大。带有经验品特征的物理质量属性，比如风味，就像作为消费者的质量信号的私人部门的品牌机制。可追溯性可以确认事前的质量，例如按照特定产品协议基于合同规定的供应商下的封闭供应链肉品质量体系。

健康质量属性（脂肪胆固醇、纤维素、营养素等）是经验属性或信任属性，通常可被第三方检测机构验证。企业有实施欺骗行为的动机，但是第三方检测和贴虚假标签的责任可以制止欺骗。所以，可追溯体系的事前质量保证功能降低了消费者确定可信的供应商的搜寻成本。

道德伦理质量属性，例如动物福利友好型、环境友好型生产方法都是信任品属性，这也造成了生产者和下游经销商以及消费者的信息不对称，而且通常不能被事后第三方监管者检测辨别。对于有机产品而言，如果高含量的无机化学残留存于农作物中，则第三方检测的作用有限。以利润最大化为目标的企业可能会通过贴虚假标签进行欺骗，这时综合可追溯性和事前质量保证的可追溯体系是有意义的。

（二）食品安全属性与可追溯体系

大肠杆菌导致的急性食品疾病，通常可被事后检测出来（食用后紧接着发病）。[①] 事后可追溯体系通过追踪和对潜在受污染批次产品下架处理使得负面外部性效应最小化，因此减少了受影响个体的数量。这也有助于事后责任的追究，可能会促使企业采取措施来提高食品的安全性。

不确定的慢性食品疾病，比如疯牛病，与食源性病原菌导致的急性病不同，其负面健康影响可能数年后才会显现出来。甚至第三方检测也不能识别出这些属性的存在。[②] 在食品安全事件发生后，事后可追溯性通过识别出潜在受感染的牲畜群，降低负面外部效应。如果潜在受污染的肉被排除在食品供应链之外，那么从生产者到消费者的负外部性都可以被降低。由于保护了没有受到疯牛病感染的牲畜群，生产者到生产者的外部性也被降低了，否则可能会受到行业信心受损的普遍影响。如果事前可追溯体系能够提供牛肉产品来自未受到疯牛病感染的牛群的保证（比如之前没有疾病史），那么欺骗还是可能发生的。受疯牛病感染的牛肉的直接责任的确

---

① 若消费者不能确定食源性疾病的来源，则这种情况下的属性含有信任品特性。

② 在发病的前期通过对屠宰后动物脑组织的检查识别出受疯牛病感染的动物是可能的，但是对分割加工后的肉品进行是否受到疯牛病污染的检查是不可能的。

认不可能存在消费和随后的发病之间的时间延迟。

有害化学残留是长期的食品安全危害，与疯牛病都属于信任属性，但是与疯牛病不同，有害化学残留第三方事后检测是可行的且责任更容易确定。可追溯体系发挥事后降低外部社会成本和行业中其他企业的成本的作用。这增强了企业采用严格评估措施的责任驱动力，也可以通过确认不含残留或者低含量残留来履行质量保证职责。

基于上述分析可知，仅有质量安全属性而无可追溯性，或者仅有可追溯性而无质量安全属性，提供给食品供应链上生产主体以及消费者的信息价值都是有限的，也就是说耦合可追溯性与食品质量保证属性的可追溯食品才具有传递给消费者更多价值的潜能。以本研究的实验标的物可追溯猪肉为例，对于同时具有可追溯性与食品质量保证属性的可追溯食品而言，基于理论和中国实际，将可追溯猪肉具有事后追溯功能的信息属性设置为“供应链追溯”属性和“供应链＋内部检测”属性，将可追溯猪肉的具有事前质量保证功能的信息属性设置为“猪肉品质检测”属性和“质量管理体系认证”属性。

九　复合型可追溯食品

在影响广泛的食品安全事件（例如疯牛病、大肠杆菌等）发生后，人们对食品供应链中可追溯性的关注度越来越高，许多国家的公共部门和私人部门对建设食品可追溯体系的积极性增加。目前，食品可追溯体系已在欧美、日本等发达国家和地区普遍实施，在有效防范食品安全风险方面发挥了重要的作用（Teresa 等，2015）。其中，欧盟在其实施的 EC178/2002 条例中严格规范了食品可追溯信息的内涵，要求完整的可追溯食品信息必须涵盖原产地、生产与加工、流通、销售与消费等主要环节与相应的质量保证等信息。Hobbs（2005）的研究指出，完整的可追溯体系应具有事前质量保证与事后追溯召回的基本功能。事前质量保证功能是指消费者在购买食品之前能通过信任属性标签确认食品质量安全，具有降低消费者质量信息的搜寻成本的作用。而事后追溯召回是指一旦发生食品安全问题，能够沿着食品供应链完整的可追溯信息及时召回并科学地对事故主体进行追责，在缩小食品安全事件的波及范围与降低社会成本方面具有不可替代的作用。

我国目前的食品可追溯体系建设更注重其事后追溯功能，主要目的是在食品安全事件发生后，便于风险食品供应链环节的追责以降低事后的社会成本，而缺乏事前预防食品安全风险的功能。但消费者可能更希望避免购买到风险食品，而不是事后追责（Hobbs，2004）。完整的食品可追溯体系应具有事前质量保证与事后追溯的基本功能，复合功能的可追溯食品才能从本质上降低食品质量和安全属性的信息不对称、重塑或者增强消费者对食品质量安全的信心。对此，本书把同时具有事前预防与事后追溯功能的可追溯食品称为复合型可追溯食品，并以此为研究对象，引入实验拍卖方法与菜单选择实验方法等国际前沿的研究方法，探讨消费者对可追溯食品事前质量保证功能和事后追溯功能的信息属性偏好。通过深入研究消费者对具有事前质量保证与事后追溯功能的可追溯信息相对完整的可追溯食品的消费偏好与需求弹性，分析不同类型猪肉的市场份额，并据此研究具有中国特色的扩大可追溯食品有效供给的政策，推动可追溯食品的市场普及。

第二节　理论基础

一　效用理论

效用理论（Utility Theory）研究的是消费者为了实现自身满足程度的最大化，如何把自己的收入分配到各种商品和劳务的购买中。效用理论不仅可以解释消费者需求曲线向右下方倾斜的原因，而且可以深入分析消费者的购买决策，进而构建消费者需求函数。其中边际效用分析法和无差异曲线分析法是研究消费者购买决策常用的分析方法或工具。

边际效用分析法以基数效用理论为基础，效用在基数论中可被进一步分为：总效用 TU 和边际效用 MU。基数效用理论基于边际效用递减规律研究消费者均衡，分析消费者如何在预算约束下进行各种商品和劳务购买的货币分配，以获得效用的最大化。在基数效用理论中，消费者效用最大化得以实现的均衡条件是：消费者应该使自己分配在各种商品和劳务的购买上的最后1元钱，无论购买哪种商品和劳务这一单位钱所带来的消费者的边际效用都是相等的。

用公式表示为：

$$\frac{MU_1}{P_1} = \frac{MU_2}{P_2} = \lambda \tag{1}$$

无差异曲线分析法以序数效用理论为基础，也就是把商品和劳务带给消费者的效用不是用效用数值的绝对数量来表示，而是基于效用等级高低或者效用排列顺序前后来表达。在序数效用理论中可以用消费者偏好的概念来体现消费者效用满足程度，用预算约束线和无差异曲线来具体分析消费者均衡，消费者的均衡点体现在预算约束线和无差异曲线的相切点上。

用公式表示为：

$$MRS_{12} = \frac{MU_1}{MU_2} = \frac{P_1}{P_2} \tag{2}$$

基于序数效用理论的方程（1）和基于基数效用理论的方程（2）都能实现消费者均衡，并可以基于价格和需求的变化获得消费者需求曲线。在Thurstone（1927）研究的基础上，McFadden（1974）提出了随机效用理论（Random Utility Theory，RUT），认为个体消费者的选择具有随机性，经济学家并不能准确预测出个体消费者的选择行为，而只能预测出个体消费者做出某种选择行为的概率。因为个体的行为具有学习性、适应性和局部性，会受到态度、意愿、情境等的影响，所以决策规则可能是随机的。而个体消费者自身口味、偏好等一旦发生变化，作为局外人的研究者是很难观察到消费属性和消费者的效用函数的。所以随机效用框架下消费者选择某个商品组合 i 的效用包括确定效用 V_i 和扰动项 ε_i 两部分，即 $U_i = V_i + \varepsilon_i$，那么消费者选择商品组合 i 而不是商品组合 j 的概率可以表示为 $P_{nit} = \text{Prob}\ (U_i > U_j) = \text{Prob}\ (V_i + \varepsilon_i > V_j + \varepsilon_j;\ \forall j \neq i)$。

此外，在Gorman等学者的研究基础上，Lancaster克服了传统经济学的研究局限提出了包含消费者行为更广的社会经济性的研究框架，即消费者不是直接从商品本身获得效用，而是基于商品的特性或者属性获得消费者效用。此时效用方程重新定义为 u = u（Z），其中 Z 是属性矢量，而不是传统理论中 u = u（X）的效用方程（X 是商品矢量）。Lancaster 认为是商品内在的特性让消费者最终做出购买决策。传统消费者理论基于消费者偏好可以解释为什么消费者不去购买一些商品，为什么一些商品可以捆绑销售，但是 Lancaster 的理论可以很容易地应用于那些市场上很难买到或者根本买不到的、没有达到属性空间中的效率边际商品属性的单位价值。Lancaster 效用理论的假设如下：①属性是内生的以及可观测的消费者行为特性；②线性同质性的属性具有可加性；③商品或者商品组合拥有的属性被称为客观特性，消费者可以对这些属性向量进行排序；④商品本身并不产生效用，商品的特性带来消费者效用；⑤商品组合所具有的属性与单个商品所具有的属性是不同的。Lancaster 效用理论意味着商品的价值本质上是商品中各属性或特征所表现出来的价值，所以为商品的具体属性进行定价是可行的。基本效用理论、随机效用理论和 Lancaster 效用理论是本研究最基本的理论基础，可以从本质上分析消费者对可追溯食品信息属性的支付意愿和偏好以及消费者对可追溯食品信息属性的需求行为。

二　显示性偏好理论

显示性偏好理论（Revealed Preference Theory）是由美国经济学家保罗·安·萨默尔森（Paul A. Samuelson）在 1938 年发表的论文中提出的，现在已成为选择理论最广泛的研究内容。显示性偏好的研究与消费者选择理论（需求理论）相似，都是在预算约束下进行商品束的选择，不同的是显示性偏好理论借观察消费者的行为来界定消费者效用函数。此外，显示性偏好理论根源于序数效用论对偏好的三个假设：完备性、可传递性和非饱和性。其中完备性是指消费者总是能够对不同的商品组合进行比较，并能够把自己的偏好评价通过排序的方式表达出来。可传递性是指如果消费者对第一个商品组合的偏好（简称商品组合 1）大于第二个商品组合（简称商品组合 2），对商品组合 2 的偏好大于第三个商品组合（简称商品组合 3)，那么就可以假定消费者必然会表现出对商品组合 1 的偏好大于商品组合 3。非饱和性是指对消费者来说，如果要选择的两个商品组合仅仅有数量上的差别，那么消费者对数量多的商品组合的偏好大于数量少的商品组合。

关于显示性偏好理论的理论地位，学者们有不同的观点。一部分学者认为显示性偏好是消费者选择分析的替代框架。20 世纪 40 年代末至今，消费者选择（需求）理论中的序数效用理论是占主导地位的经济学理论，显示性偏好理论是序数效用理论的替代理论。一部分学者认为显示性偏好与序数效用理论是互补而不是替代理论，简单地说，是标准经济学理论不同但等价的表达方式。还有的学者认为显示性偏好不仅等价于序数效用理论，而且还是一个详尽的选择理论（Faruk 等，2008；Kenneth 等，2009）。尽管显示性偏好理论已发展出许多不同的版本，但是都认可“一致性条件（相容条件）可以替代约束最优化”。显示性偏好理论的基本观点可以被描述为：如果有 A 和 B 两种物品，对于某个代理人而言都是可获得的，该代理人选择了 A 物品而未选择 B 物品，那么相对于 B 而言，A 是该代理人的显示性偏好，B 物品只有在 A 物品不可获得时才被选择。显示性偏好理论的版本中还有较为抽象的研究方法，有点完全不涉及偏好或个体代理人，而是在选择集中定义选择函数（Arrow，1959），还有的完全与代理人选择无关，而是把显示性偏好公理（通常是显示性偏好弱公理，即 Weak Axiom of Revealed Preference，WARP）强加入瓦尔拉斯一般均衡模型中的总超额需求函数中（Bandyopadhyay，2004）。本研究第八章菜单选择实验研究消费者对可追溯猪肉信息属性的偏好时就是基于消费者显示性偏好理论。

消费者偏好决定消费效用进而影响消费者的支付行为。消费偏好的研究框架主要有以下几种。

（一）从偏好到支付行为

消费者偏好决定效用进而影响其支付行为（Jehle 等，2001）。经典的微观经济学理论研究消费者“偏好－支付行为”的“模型化”的主要方法从消费集公理化表述开始，即消费集满足：①$\emptyset \neq X \subseteq R^n_+$；②X 是闭的；③X 是凸的；④$0 \in X$。然后，以消费者理性偏好为假设条件，即消费者偏好满足：①完备性假设，如果在消费集 X 上的两个选择 x^1 和 x^2，要么 $x^1 > x^2$，要么 $x^1 < x^2$，要么 $x^1 \backsim x^2$；②传递性假设，如果 $x^1 > x^2$，$x^2 > x^3$，则 $x^1 > x^3$；如果 $x^1 \backsim x^2$，$x^2 \backsim x^3$，则 $x^1 \backsim x^3$。

在消费者理性偏好的基础上，进一步假设：①偏好是连续的，即对于所有的 $x \subseteq R^n_+$，至少与 x 一样好的集合与不比 x 好的集合在 R^n_+ 是闭的；②严格单调的，即对于所有 x^0，$x^1 \in R^n_+$，如果 $x^0 \geqslant x^1$，则 $x^0 \succsim x^1$；如果 $x^0 \gg x^1$，$x^0 > x^1$；③严格凸的，即如果 $x^0 \neq x^1$，并且 $x^0 \succsim x^1$，则对于所有 $t \in [0, 1]$，$tx^1 + (1+t)\ x^0 \succsim x^0$。

商品的偏好难以显示，但用一个实值函数显示消费者的偏好才有实际的意义。如果偏好是完备的、可传递的、连续的、严格单调的，那么必存在一个连续的实值函数 u：$R^+_n \to R$ 满足偏好关系。图 2－3 显示的是从消费者偏好到效用函数的构造过程。假设 $x^0 \succsim x^1$，分别作 x^0 与 x^1 的无差异曲线，并从原点画一条 45 度的射线，分别与 x^0 与 x^1 的无差异曲线相交于 y^0 与 y^1，满足 $y^0 \backsim x^0$，$y^1 \backsim x^1$，定义 $u\ (x^0)\ = R^0$，$u\ (x^1)\ = R^1$。显然，当且仅当 $x^0 \succsim x^1$，存在 $u\ (x^0)\ \geqslant u\ (x^1)$（Jehle 等，2002）。偏好的完备性与可传递性保证了存在无差异曲线，连续性与单调性保证了效用函数的实值存在且唯一。

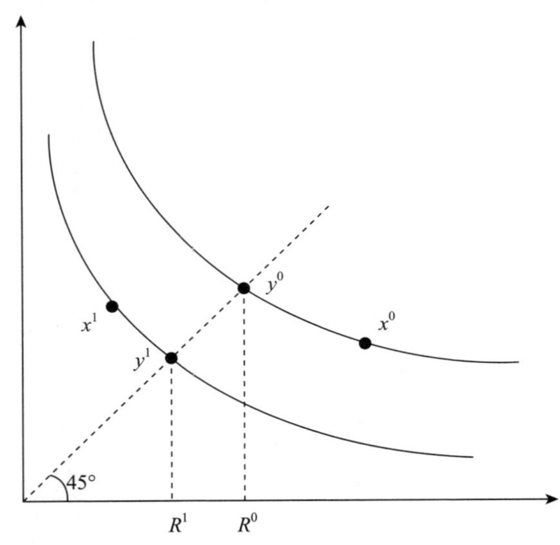

图 2－3　从消费者偏好到效用函数

如果不考虑商品之间的交互关系，则消费者购买商品与否取决于消费者剩余（Consumer Surplus，CS）：

$$CS = u(x_i) - p_i \tag{3}$$

（3）式中 x_i和 p_i 分别是第 i 种商品的单位数量与价格。如果 $CS>0$，则消费者购买 x_i，反之则不买。事实上，（3）式是用货币衡量效用函数的实值，因而 u（x_i）反映了消费者对第 i 种商品单位数量的支付意愿。（3）式是许多多元选择或二元选择的计量模型的理论基础。

（二）从支付行为到偏好

Samuleson（1947）认为，也可以把消费者支付行为作为出发点，如果消费者购买一种商品组合，而不是另外一种商品组合，那么对于后一种组合而言，前一种组合是显示性偏好（Revealed Preference，RP）。Houthakker（1950）以及 Richter（1966）的研究证明，只要显示性偏好满足传递性假设，则可导出消费者的理性偏好（强公理显示性偏好，Strong Axiom Revealed Preference，SARP）。Afriat（1967）提出比 SARP 更弱的要求，当且仅当只存在一个局部非饱和、连续的、递增的与凹的效用函数时，可观察的消费者支付行为将满足一般公理显示性偏好（General Axiom Revealed Preference，GARP）。

（三）属性的偏好

在现代经济生活中，许多种类与质量不同的商品具有相似的作用或功能，比如食品、服装等。前文“偏好-支付行为”的“模型化”方法并不能区分具有不同质量的同类商品与两个完全不同商品之间关系的差异。譬如，猪肉与牛肉以及猪肉与汽车之间的关系，“偏好-支付行为”的“模型化”方法无法给出明确的答案。根据 Johnson（1958）的研究，有一些本质属性使猪肉有别于汽车，这些属性被经典微观经济理论忽略，从而导致“只消费猪肉”与“只消费汽车”都符合理性假设，但“时而消费猪肉时而消费汽车”则被称为非理性。

Lancaster（1966）进一步指出，“偏好-支付行为”的“模型化”方法建立在 n 维消费集的基础上。其暗含的假设是，为了能进行比较，n 维消费集中的商品元素均为消费者所熟知。然而，当消费集从 n 维扩展到 $n+1$ 维空间时，新商品或者商品的质量便发生变化，这表明效用函数的理性假设基础发生了变化，原有的效用函数在理论上并不适用于新商品。以猪肉为例，前文“偏好－支付行为”所构建的普通猪肉的效用函数，理论上并不完全适合属于新产品的可追溯猪肉。经典微观经济学家会把普通猪肉与可追溯猪肉视为同一种商品，或者两者被先验地认为具有替代关系的不同商品，以便使用同一个效用函数。

Lancaster（1966）认为：①消费者的效用源于商品的属性而非商品自身；②总体而言，一个商品可以有多个属性，而一个属性也可以由多个商品共同拥有；③多个商品所拥有的组合属性不同于单个商品所拥有的属性。据此，只要一组属性向量的效用函数可被定义，就无须再为新产品重新定义效用函数，因为新产品可由不同属性的组合构成。

Lancaster（1966）指出，消费是一种输入商品并输出属性集合的行动（Activity）。令 Y_k 为 m 维空间中第 k 个支付水平的消费行动，x_j 为 n 维空间中第 j 个商品，z_i 为 r 空间中第 i 个属性。简化起见，消费者的基本问题可以归纳为：

$$\begin{aligned} \max \quad & U(z) \\ s.t. \quad & px \leqslant k \\ & z = Cx \\ & z, x \geqslant 0 \end{aligned} \tag{4}$$

（4）式包括四个部分：第一，定义在属性空间的效用函数 U；第二，定义在商品空间的 $px \leqslant k$；第三，商品空间与属性空间转移函数 $z = Cx$；第四，非负约束 z，$x \geqslant 0$。关于（4）式有把属性空间转化成商品空间以及相反过程的两个解。前者由 $U(z) = U(Cx) = u(x)$ 产生一个新的商品效用函数，显然 $u(x)$ 的结构取决于 C 矩阵，后者与前者一样亦取决于 C 矩阵，两种方法相对于经典商品空间消费理论而言更为复杂，因此对 C 矩阵的讨论就成为研究属性需求的关键。

Lancaster（1966）假设 C 是线性无关的且商品与行动之间存在一一对应关系，则商品空间与属性空间的消费者基本问题存在属性的数量与商品数量相等、属性的数量多于商品数量以及商品的数量超过属性的数量三种关系。其中在属性的数量与商品数量相等这一关系中，当 C 为三角形矩阵时，则属性与消费行动之间存在一一对应关系，即有 $m=n=r$，公式（3）的消费者基本问题与前文的“偏好－支付行为”分析完全一致。如果 C 为非三角形矩阵，则目标效用函数不是个体商品而是复合商品（Composite Goods）。与商品的数量超过属性的数量这一情形不同（$z=Cx$ 包含的方程比变量 x 少），在属性的数量多于商品数量的情形下，$z=Cx$ 包含了比变量 x 更多的方程。对此，可以先减少 n 个属性，由 $r-n$ 个方程决定剩余 $r-n$ 个属性，并由此把属性空间的效用函数转化为商品空间的效用。Lancaster（1966）的研究证明转换后的效用函数仍然是凸函数。

以可追溯猪肉为例，第六章基于食品可追溯体系的事前质量保证功能和事后追溯功能以及中国实际，分别设置了猪肉品质检测属性、质量管理体系认证属性、供应链追溯属性和供应链＋内部追溯属性。其中基于本研究属性设置部分的定义，供应链追溯属性和供应链＋内部追溯属性是可追溯属性的低追溯水平和高追溯水平，且供应链＋内部追溯属性的信息是包含供应链追溯属性的，从理论上判断若消费者选择其中一个属性，将不会做出同时选择另一个属性的决策。同理，猪肉品质检测属性和质量管理体系认证属性都具有质量保证功能。一个是由具有一定资质的检测机构对猪肉中的瘦肉精与抗生素等兽药残留、水分、农药残留等理化指标、大肠杆菌数等微生物指标进行检测，检测合格后加贴猪肉品质检测合格的标签；另一个是由具有一定资质的认证机构对猪肉屠宰加工企业的质量安全管理与保障能力进行审核，通过审核后加贴质量管理体系认证的标签，但是在质量保证的具体方面侧重点不同，消费者选择其中一个属性时会考虑其他属性的特征做出最终决策，因此，可追溯猪肉的不同信息属性并不是相互独立的，消费者会在考虑各因素后，采用最佳的信息属性组合方案。此外，对可追溯食品的偏好在消费者个体间也存在较大的差异，表现为不同个体或社会特征的消费者对同一食品质量安全属性呈现出不同的偏好。基于消费者行为等理论以及国内外学者的相关研究成果，个体特征变量、家庭特征变量、认知态度变量、过去经历变量和信任变量等都是影响消费者可追溯食品属性选择的重要因素。

三　消费者需求理论

消费者需求理论主要关注理性的个体或群体在既定的价格和收入水平下所消费的商品数量和商品种类，即消费者行为。消费者行为的标准理论最初是基于一种商品具有单一价格的假设，后来学者们发展了消费者行为理论，首先在给定市场中让消费者（家庭）面临不同的价格选择，研究消费者对市场中同质化产品价格设置的反应，进而将研究范围扩展到具有差异化产品的市场。假设给定价格 $p = p_{i \leqslant N}$，消费价值 E，在满足约束条件下，每一个消费者选择消费 $x = x_{i \leqslant N}$ 最大化其效用，即：

$$\max_{x_i \geqslant 0} U \equiv \int_0^N u(x_i)\,di \qquad \text{满足} \int_0^N p_i x_i\,di = E$$

其中 u（·）在（0，∞）上满足严格单调递增，为严格凹函数。u（0）= 0，且 u（x）$= x^{\rho}$，$0 < \rho < 1$。对不同的商品给定的数量 $Q > 0$，u 是凹函数，对所有的 $n < N$，nu（Q/n）随 n 的增加而增加。即随着消费种类 n 的增加，消费者的效用是逐渐增加的。也意味着消费者要在消费更多种类的产品和减少每一种产品的消费量之间进行权衡。

在消费者需求理论中，消费者需求曲线遵守新古典经济学中基本的需求定理，即消费者的需求量和商品的价格之间呈负相关关系。但是需求定理在正常商品和劣等品等特殊商品方面呈现出的规律是有差异的。此外需求价格弹性反映市场规律，有助于政府补贴政策的制定和企业在细分市场中产品定价政策的制定（刘志彪等，2002；邢丽荣等，2013）。弹性表示的是自变量变化1%时因变量变化的程度。对于 $Y = f$（X）函数，经济变量的弹性有点弹性和弧弹性两种计算公式。分别表示为：

$$e = \frac{\Delta Y/Y}{\Delta X/X} = \frac{\Delta Y}{\Delta X}\frac{X}{Y} \qquad e = \lim_{\Delta X \to 0}\frac{\Delta Y/Y}{\Delta X/X} = \frac{dY/Y}{dX/X} = \frac{dY}{dX}\frac{X}{Y}$$

相对于弧弹性，点弹性因具有明确的经济意义而应用更广泛。在需求理论中，还可以进一步用“价格弹性”表示需求量受自身价格的影响程度，用“收入弹性”表示需求量受消费者收入的影响程度，用“交叉价格弹性”表示需求量受替代品价格的影响程度。具体而言，需求价格弹性是指商品价格变化1%时消费者需求量的变化程度。当价格的变动不影响消费者对某商品的需求量时，该商品被称为“完全无弹性商品”。当微小的价格变动引起无穷大的消费者需求量变动时，该商品被称为“完全弹性商品”。此外商品又可以基于需求价格弹性的绝对值大小而进一步分为“缺乏弹性”和“富有弹性”的商品，相应的需求弹性值分别为（0，1）和（1，+∞）。需求收入弹性表示消费者收入变化1%时需求量的变化程度。商品又可以基于需求收入弹性的数值大小而分为“劣等品”、“必需品”和“奢侈品”三种类别，相应的需求弹性值分别在（-∞，1）、（0，1）和（1，+∞）区间范围。需求的交叉价格弹性表示一种商品的价格变动1%时，消费者对另一种商品需求量的变化程度。基于需求的交叉价格弹性的数值，商品和商品之间的关系可以区分为三种类型：替代关系、互补关系和无关系。需求的交叉价格弹性值分别为（0，+∞）、（-∞，0）和0。本研究基于各种弹性分析了菜单法下消费者对可追溯猪肉信息属性的选择行为。

属性的需求函数也可分为属性的马歇尔需求函数和属性的希克斯需求函数，同时基于需求交叉价格弹性的定义又可进一步分析商品之间的替代与互补关系。

（一）属性的马歇尔需求函数

通过分析属性空间与商品空间转换的三种情况，可以发现属性的效用函数与商品空间的效用函数并无差异。我们将以属性空间的效用函数为例，令属性的价格向量为 p，消费者的收入为 I，提出以下消费者基本问题的规划：

$$\begin{aligned} &\max \quad U(z) \\ &s.t. \quad pz > I \end{aligned} \tag{5}$$

假设内点解存在，（5）式对应的属性最优解是价格与收入的函数：$z^M(p, I)$，满足马歇尔需求函数的特征。第一，在 (p, I) 上具有零次齐次性；第二，如果属性的偏好是严格凸的，$u(z)$ 是严格凹的，则 z^M（p，

I）只包含单一的元素。

（二）属性的希克斯需求函数

（5）式的对偶规划是：

$$\begin{aligned} &\min \quad pz \\ &s.t. \quad U(z) > U_0 \end{aligned} \tag{6}$$

令 e（p，U_0）$=\min pz$，e（p，U_0）满足以下特征（Jehle 等，2002）：①p 是一次齐次的；②在 U 上是严格递增的；③在 p 上是严格凹的；④如果 U 是严格凹的，则存在 ∂e（p_0，U_0）$/\partial p_i = z_i^h$（p_o，U_0）。

z_i^h（p_o，U_0）是希克斯需求函数。由于 e（p，U_0）在 p 上是严格凹的，所以：

$$\frac{\partial e^2(p_0,U_0)}{\partial p_i^2} = \frac{\partial z_i^h(p_o,U_0)}{\partial p_i} \leqslant 0 \tag{7}$$

（7）式表明希克斯需求函数的斜率必定为负。与此同时，基于：

$$\frac{\partial e^2(p_0,U_0)}{\partial p_i \partial p_j} = \frac{\partial e^2(p_0,U_0)}{\partial p_j \partial p_i} \tag{8}$$

根据（7）式和（8）式，因而有：

$$\frac{\partial z_i^h(p_o,U_0)}{\partial p_j} = \frac{\partial z_j^h(p_o,U_0)}{\partial p_i} \tag{9}$$

（9）式表明希克斯需求函数的价格效应是对称的。

（三）属性间的替代关系和互补关系

在经典的微观经济理论中，需求交叉价格弹性定义商品之间的替代与互补关系，即当 $E_{ij} = \frac{\partial x_i}{\partial p_j} \frac{p_j}{x_i} > 0$，商品之间存在替代关系，反之则存在互补关系。如前文所述，希克斯需求函数价格效应只能是负的或对称的，因此多数情况下需求交叉价格弹性所依据的需求函数是马歇尔需求函数。许多研究表明，属性之间也存在替代与互补关系。

1. 属性之间的替代关系

图 2－4 显示，消费者均衡点是 E_1，在属性 z^1 的价格保持不变的情况

下，属性 z^0 的价格上升。消费者的均衡点由 E_1 移到 E_2。对这一过程进行希克斯分解，即作一条切线与原有的属性无差异曲线相切，与涨价后的预算线平行，切点在 E_3。因为 z^0 价格上涨，消费者用 z^1 替代 z^0，由替代效应（Substitution Effect，SE）导致消费者均衡点从 E_1 移到 E_3，z^0 减少 $z_1^0 z_3^0$，z^1 增加 $z_3^1 z_1^1$，相当于消费者在维持效用不变的情况下，用 $z_3^1 z_1^1$ 替代了 $z_1^0 z_3^0$。从 E_3 到 E_2，因为 z^0 价格的上涨降低了消费者的实际购买力，被视为收入效应（Income Effect，IE）。由于实际购买力下降，消费者对 z^1 的需求由 z_3^1 减少到 z_2^1。虽然 $z_3^1 z_2^1$ 为负值，但其小于由替代效应所带来的增加值 $z_3^1 z_1^1$，使得消费者对 z^1 的需求表现为正，最终导致 z^1 对 z^0 的替代关系。

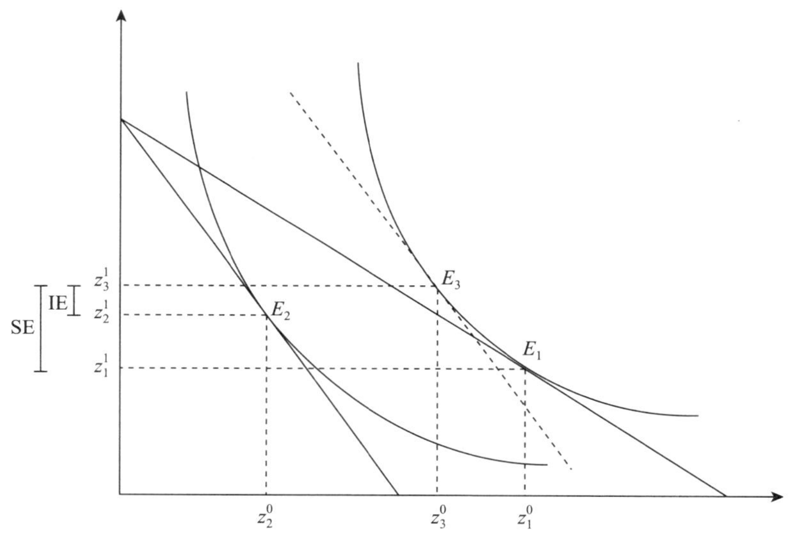

图 2-4　属性之间的替代关系

2. 属性之间的互补关系

图 2-5 显示，消费者均衡点是 E_1，在属性 z^1 的价格保持不变的情况下，属性 z^0 的价格上升。消费者的均衡点由 E_1 移到 E_2。对这一过程进行希克斯分解，即作一条切线与原有的属性无差异曲线相切，与涨价后的预算线平行，切点在 E_3。因为 z^0 价格上涨，消费者用 z^1 替代 z^0，由替代效应导致消费者均衡点从 E_1 移到 E_3，z^0 减少 $z_1^0 z_3^0$，z^1 减少 $z_3^1 z_1^1$，相当于消费

者在维持效用不变的情况下，用 $z_3^1 z_1^1$ 替代了 $z_1^0 z_3^0$。从 E_3 到 E_2 点，z^0 价格上涨，导致消费者的实际购买力下降，被视为收入效应。由于实际购买力下降，消费者对 z^1 的需求由 z_3^1 减少到 z_2^1。与图 2－4 的不同之处在于，$z_3^1 z_2^1$ 为负，但大于 $z_3^1 z_1^1$，使得消费者对 z^1 的需求表现为负，最终显示出 z^1 与 z^0 的互补。

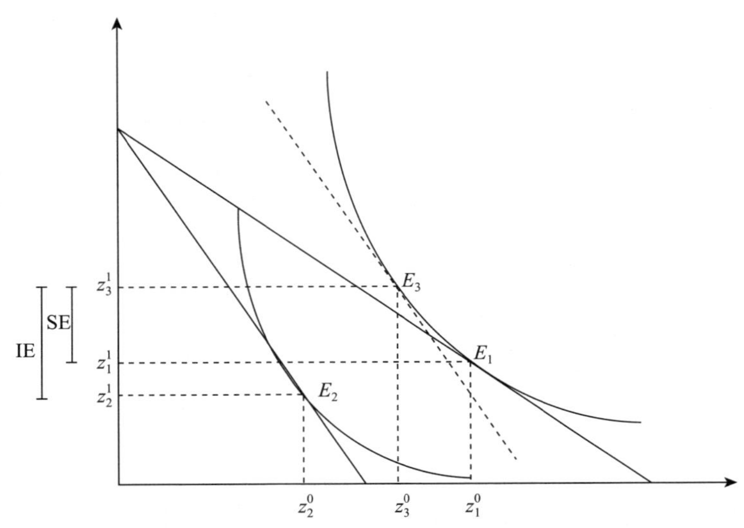

图 2－5　属性之间的互补关系

四　需求层次理论

需求层次理论（hierarchy of needs）是由美国社会和人本主义心理学家亚伯拉罕·哈罗德·马斯洛（Abraham Harold Maslow）于 1943 年提出的，又被称为马斯洛需求理论，反映人类的需求具有层次性和优先序，也就是说人们的需求是从低层次需求逐渐发展成高层次需求的，而在一定时期内人们总是优先满足自己的某些需求。根据马斯洛的需求理论，个人会不断努力挖掘自己的潜能。当然要做到这一点，首先要满足基本生理需求如充足的食物、稳定的住所，其次才会努力去满足其他的需求。基本生理需求是马斯洛理论的第一个需求层次。基本生理需求得到满足之后，个体的需求进入第二个层次，也就是开始渴望安全，包括经济安全以及身体健康能得到安全保护。马斯洛理论的第三个需求层次就是归属感，也就是希望自己能成为家庭、社区或者社会中的一员，有参加社交的需求。第四个需求层次与自尊、声望和社会地位有关，也就是具有得到别人尊重的需求。如果这四个较低层次的需求能够被部分或者完全满足，那么人们将会进入第五个层次，即自我实现的需求：热切希望自我价值得到实现（Maslow，1943）。

马斯洛的需求层次理论得到了广泛的应用，比如有学者将消费者的食品消费由低级层次到高级层次划分为五种需求：一是基本生理需求，此时消费者只要求食品能够解渴、能够填饱肚子；二是安全需求，消费者希望摄入的食品是安全的、营养的、美味的；三是归属感需求，消费者希望所消费的食品能够提升自己的品位和形象，对应社交需求层次；四是得到尊重的需求，消费者偏好的食品类型具有一定的身份、地位等方面的象征和引申意义，满足自己差异化、与众不同、高端定位等需求；五是自我实现，消费者拥有自己的食品品牌，选择的食品符合自己的判断和定位标准。

某种食品能够达到并且满足消费者自身需求的层次越高，消费者对该食品的支付意愿也就会越高。本书就是在消费者最基本的生理需求得到满足之后，对更高层次的食品需求的研究，所以马斯洛需求层次理论也是本研究的理论基础。

五　信息搜寻理论

信息搜寻理论是消费者购买行为影响因素研究的主要理论之一，是美国经济学家乔治·斯蒂格勒（George Stigler）在1961年提出，被经济学家广泛应用的基本搜寻模型，被证明是市场结构和市场功能研究中非常有用的分析工具。在许多购买情形中，消费者都会面临许多产品，每个产品又有着复杂的属性集和产品的描述信息。为了评估产品是否满足需求，消费者要努力搜寻信息。经典的搜寻模型假设消费者信息搜寻行为是一个二元离散变量，消费者要么努力获取所有可得信息，要么不努力获取任何信息。进一步的，搜寻模型假设产品购买的必要条件就是消费者获取与产品相关的所有信息（Liu 等，2016）。Stigler 的信息搜寻理论（1961）假定市场上存在各种价格，单个消费者或单个生产者都没有价格分布的完整信息。为了获得产品和价格信息，消费者必须花费一定的成本进行信息搜寻活动。Stigler 认为搜寻成本就是信息搜寻过程中所花费的资源，比如搜寻过程中投入的时间通常被认为是最重要的搜寻成本。但是搜寻成本对不同的消费者来说可能不同，因为对于机会成本较大的消费者来说时间更宝贵。此外，信息搜寻过程的货币支出也构成搜寻成本，如交通费用，因此消费者努力使自己完成信息搜寻任务。Stigler 认为信息搜寻的边际成本是递增的，随着消费者在信息搜寻过程中投入成本的增加，信息搜寻变得越来越昂贵。当然消费者也从信息搜寻活动中获得利益，比如较低的价格或者更高的产品质量。假定其他条件不变，市场上的价格分布越离散，消费者通过既定的信息搜寻活动获得的期望收益越大。但是信息搜寻的边际收益是递减的，随着搜寻过程中投入成本的增加，消费者从搜寻过程中获得的收益是递减的。理性的消费者应该在边际收益等于边际成本时停止价格或产品信息的搜寻。所以市场中的信息不对称和市场上商品价格的分散性是信息搜寻理论提出的前提条件（Avery，1996）。本研究中食品质量安全问题的产生就是由于食品市场的信息不对称，同质性产品和异质性产品同时存在，食品价格具有离散性。而本书的研究对象是具有复合功能信息属性的可追溯食品，质量标签和追溯信息是反映食品质量和安全水平的信号，可以有效降低消费者的安全信息搜寻成本。所以信息搜寻理论也是本研究的理论基础之一。

六　长尾理论

“长尾”（The Long Tail）一词是由克里斯·安德森（Chris Anderson）于 2004 年提出的，描述了一种现象——数字渠道比实体渠道更能使企业推广和销售更多种类的产品，即相比传统的销售商，互联网零售商越来越大的存储能力使得利基产品能够占据较大的市场份额。而在互联网时代到来之前，面向大量消费者而不是瞄准利基市场的产品具有规模经济的优势。现在，低廉的在线成本和流通成本降低了入市的门槛（Kumar 等，2009；

Torres 等，2014），正如 Anderson（2008）所描述的："大众化的市场正在逐渐细分为大量的利基市场，随着消费者发现利基产品以及利基产品找到消费者成本的降低，利基市场突然变成了不可忽视的文化势力和经济势力。"

当前越来越多的产品可以通过在线购物平台购买到，所以产品销售的种类变得越来越不集中，出现了丰富的产品类型。长尾理论指的是那些不热销产品或冷门产品或者代表整体产品市场重要部分的利基产品的销售分布中尾部销售额的增加（Brynjolfsson 等，2006；Lee 等，2011）。只有产品的销售渠道足够广时，这些产品共同组成的市场份额才能够与当前市场上的热销产品的市场份额相匹敌，甚至超过热销品（Odić等，2013）。Olmedilla 等（2016）认为长尾效应是从大众产品到利基产品消费者需求再分配的一种表现形式。Anuj 等（2014）认为长尾效应出现的可能原因是消费者对产品拥有不完全信息，而新的技术工具或者信息渠道能够降低信息不对称带来的影响。当前互联网市场为消费者提供了搜索工具和浏览工具降低了消费者信息搜寻的成本，也进一步增加了商品销售分布的"长尾巴"。此外，在线评论以及推荐系统代表了重要的信息来源渠道，能够帮助消费者做出明智的购买决策。通过在线评论的交流方式，许多网络购物用户能够从评论中获得并不热门甚至非常冷门的产品和服务的信息。同样的，如果加贴商品标签，也具有降低信息搜寻成本的作用。这些途径都使消费者可获得的产品种类大幅增多，同时产品销售额的分布情况也被改变（Brynjolfsson 等，2010a）。事实上，长尾现象就是这种转变的表现形式（Anderson，2004）。从数学的角度来看，长尾是幂律（Power-law）关系的体现（Mahanti 等，2013）。Anderson（2008）也认为跨地域、跨空间的消费者需求符合幂律定律。

大规模定制（Mass Customization）的基本思想是：以基础产品及其生产流通过程为平台，引入现代化管理理念、先进的产品制造技术以及高效灵活的组织模式，通过产品属性、产品结构或者产品与生产过程的重组，向顾客或顾客群体提供不同的产品类型，同时实现产品的多样化与生产的标准化的平衡并由此获得规模收益。大规模定制的策略已经被许多生产商采纳并开始细分产品类型以更精确地匹配消费者需求。因此，要想实现大规模定制的价值，了解消费者对产品大规模定制的态度是非常重要的。Chang 等（2009）的研究结果表明，当将产品内在线索而不是外在线索提供给消费者时，消费者往往对定制化的搜寻品有积极响应；而经验品或信任品则相反，消费者更多地依赖外在线索而不是内在线索。

以可追溯食品为例，可追溯食品相较于普通食品具有额外信息属性，因而可追溯食品的生产成本也就相应较高（Buhr，2003；Glynn 等，2006），并最终体现在可追溯食品的市场价格上，在收入差距非常明显的我国，必然超出一部分消费者的支付能力（见图 2－6）。

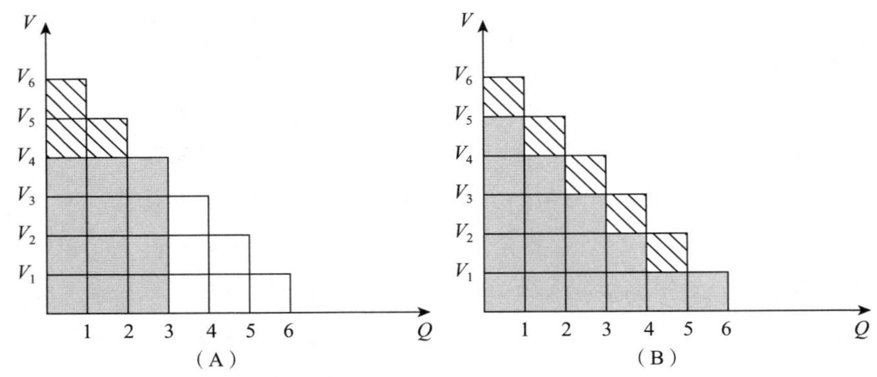

图 2－6　定制化可追溯食品的信息属性对需求的影响

事实上，无论食品可追溯体系包含的安全信息是否完善，均不能也不可能保证食品的零风险。消费者应有承担食品安全风险的意识与选择的权利。如果能够依据消费者的购买力与风险的承受力定制食品安全信息，或许可以降低食品安全风险。图 2－6 中 V_i（$i=1$，2，…，6）显示的是 6 位消费者对某单位可追溯食品的支付意愿。如图2－6（A）所示，假设市场只提供包含某一种信息属性的可追溯食品，价格为 V_4，则只有支付意愿大于等于 V_4的 3 位消费者会购买该可追溯食品，3 个带斜线的阴影面积是相应的消费者剩余。图 2－6（B）显示的是 6 种包含不同信息属性的可追溯食品，基于不同成本，对应的价格为 V_i（$i=1$，2，…，6），将有 6 位消费者根据自己的偏好选择各自的可追溯食品，从而扩大了可追溯食品的普及面，并且总的消费者剩余也有可能从 3 提高到 6。可见，研究并建立一个定制化的可追溯食品市场有助于可追溯食品的普及，并可能提高消费者剩余。

与此同时，长尾理论指出，当产品的销售渠道足够广时，那些不热销产品或冷门产品或者代表整体产品市场重要部分的利基产品共同组成的市场份额，就能够与当前市场上的热销产品的市场份额相匹敌，甚至超过热销品（Odic等，2013）。在网络时代，对于食品供给商而言，满足长尾市场或利基市场的需求仍然是有利可图的。以可追溯猪肉为例，虽然普通猪肉目前销量占主导，但由不同类型信息属性构成的可追溯猪肉尽管单个品种销售量不一定高，但由不同类型信息属性构成的可追溯猪肉的组合占据的市场份额则可能超过普通猪肉。

本研究中消费者偏好的研究对象是不同类型的可追溯猪肉轮廓，相比较普通猪肉而言，每一种类型的可追溯猪肉轮廓都是利基产品，研究消费者对不同可追溯猪肉轮廓的偏好非常重要。同时基于长尾理论，这些可追溯猪肉轮廓构成的市场份额可能超过普通猪肉，如图 2－7 所示。所以长尾理论也是本研究的理论基础之一。

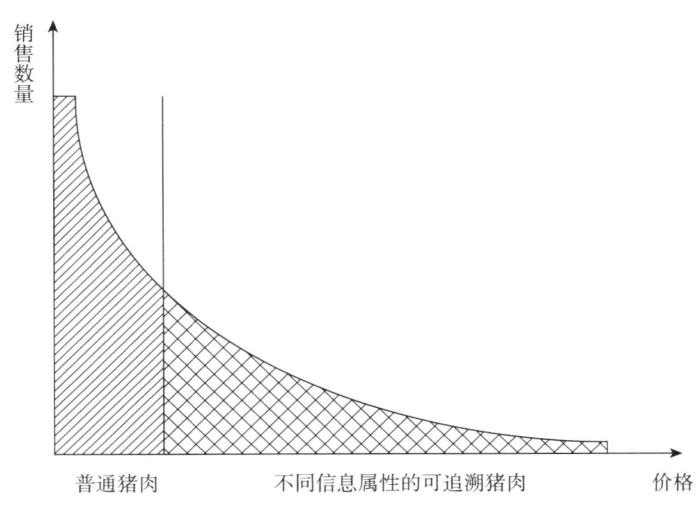

图 2－7　猪肉的长尾市场

第三节　文献综述

一　食品市场的消费者需求和消费者行为研究

随着食品市场变得更加以消费者为导向，学者们对消费者需求和行为的研究兴趣也更加浓厚。最初对消费者需求的研究动力是预测农产品的价格和农民的收入从而对消费者的需求进行评估。梳理农业经济学的经典文献可以发现：20 世纪 20 年代，学者们测度了产品质量属性的特征价格以帮助生产者理解如何最大限度地获得市场回报。20 世纪 30 年代和 40 年代，学者们开始关注时间成本和机会成本在家庭收入和效用中的作用。这期间在主流经济学领域产生了新的理论，包括特征价格理论、家庭生产理论，对贫困线进行了界定，建构了基于直观恩格尔曲线的完整的需求体系等。20 世纪 70 年代以后，对消费者行为和消费者福利的研究有一个稳定的渐变过程。同时，新的数据和方法以及与计算机领域的合作使研究的领域更广。这也使对需求模型的估计满足理论中的预算约束，使农业经济学家识别消费者偏好的变化以及对消费者福利政策的影响进行预测。

近几十年来，随着食品更具差异化以及价格和收入等经济变量已经不能完全解释消费者的选择，学者们开始采用新的理论和方法对消费者的选择进行研究，比如前景理论、产业组织理论、行为经济学和心理学方面的理论。直接调查法和实验拍卖法广泛应用在预测消费者偏好和选择的研究中，同时学者们在信息对产品需求的影响机制以及把非市场价值评估方法应用在消费者食品消费问题的研究上也做出了重要贡献。本部分的文献综述围绕食品质量和消费者偏好的异质性对消费者选择的影响、信息对消费者需求的影响两个方面展开梳理。

（一）食品质量和消费者偏好的异质性对消费者选择的影响

虽然价格和收入是影响消费者选择的重要因素，但是学者们也渐渐认识到食品质量和消费者偏好的异质性等因素也在影响消费者的食品购买行为。早在20世纪60年代初，M. Burk（1961）就关注到食品消费选择受到家庭结构和规模，职业，家庭主妇的年龄和受教育程度，家庭食品生产、消费程度，民族背景，技术变化，教育，销售和推广，以及心理等因素的驱动，“对大部分食品来说，收入变化的预测价值正在减少”，这似乎预示着农业经济学家开始大规模地研究食品生产和消费的非价格影响因素。

实际上，学者们在确定和分析非价格因素对食品消费的影响作用方面发挥了重要作用，这些因素包括广告（Nerlove等，1961；Brester等，1995）、外出就餐（Kinsey，1983）、人口学特征（Kokoski，1986）、食品安全（Caswell，1991，1995）、食品恐慌和召回（Brown，1969；Marsh等，2004）、营养和健康（Adrian等，1976；Capps等，1991）以及各种食品质量特性（Waugh，1928）。但是总的来说这些研究多数还是针对食品本身的物理特性。

近年来，研究的关注点又转向消费者对新食品生产和加工技术的厌恶，比如辐照技术（Hayes等，1995）、生物技术（Lusk等，2005）、畜牧业中抗生素和生长激素的使用（Alfnes等，2003）以及化肥和农药的使用（Misra等，1991；Thompson，1998）。这些新技术不仅引发了食品健康的安全和功效的问题，而且还引发了社会和伦理问题，比如公平贸易行为（Loureiro等，2005）、食品生产行为的环境影响（Blend等，1999）以及动物福利（Mitchell，2001）。这些研究表明质量和其他非价格因素会对食品的消费产生重要影响。例如：在对美国消费者肉类需求的研究中，Tonsor等（2007）估计肉类需求中大约75%的变量是质量和非价格因素，而不是价格和收入。随着食品消费在可支配收入中比例的减少，非价格因素在解释未来食品需求方面将发挥越来越重要的作用。

（二）信息对消费者需求的影响

随着生活水平的提高，消费者对食品质量的期待提升已是不争的事实。随着消费者对高质量、更健康、更安全、更环保食品的需求量的增加，食品企业也针对具体的需求，生产差异化的产品。信息是用于确定、保存、传递产品质量、差异性、可追溯性和安全性的重要方式（Unnevehr等，2009）。信息的使用使得企业能够把产品质量信号和其他有增值潜力的属性信号传递给消费者。对消费者来说，信息可以让其甄别出自己偏好以及愿意支付的特殊质量特征或者产品属性。

信息不对称现象在食品市场中经常出现，学者们已经开始研究如何解决信息不对称问题。Caswell 等（1992）探讨了使用食品标签来减少食品安全的不完全信息问题，认为通过食品标签传递出的质量信号能够在相对有限的政府参与中发挥市场的激励作用。Golan 等（2001）全面探讨了食品标签的经济性。标签有助于体现产品的差异，对特定的利基市场来说加贴突出产品特性的标签是非常有利的。一些经济学文献（Nelson，1970；Darby 等，1973）基于消费者确定质量的能力提出了三种常见的产品分类：搜寻品、经验品和信任品。搜寻品就是消费者在购买之前能够得到有关质量的完整信息。经验品的质量只有在消费者购买和消费后才能获知。而信任品的质量即使在消费者消费后也不能直接观测到（或者需要花费很长时间才能观测到或者需要花费很高的成本才能观测到）。与环境、本地、伦理、健康和质量声明有关的许多新类别的食品都可以归为信任品。Caswell 等（1996）把信任品的概念引入具有事后不可观测属性的食品中，使农业经济学有了新的研究热点。

信息不对称问题经常发生在信任品上，因为食品生产者知道自己是否采用恰当的方法生产出了符合要求的产品，但是消费者只能通过生产者的质量声明或者食品标签来获得产品质量信息。信任品研究的重要贡献在于第三方认证能够增加信任和福利。McCluskey（2000）认为重复购买和第三方监督对于高质量信任品而言都是必要的。Roe 等（2007）认为当政府质量标准大幅偏离了企业的私人质量选择时，信任品经销商除了愿意为政府规定的标签支付成本外，也有动力寻找私人认证机构。

产品的信誉是解决信息不对称问题的另一种方式，为了更好地理解信誉，这里有两种类型的基于可追溯性的信任品的例子：类型一，经济学文献里经常提到的消费者知道生产者的身份信息（具有可追溯性）；类型二，对消费者而言，识别生产者的身份信息是不可能的或者需要花费的成本太高（如没有可追溯性）。农产品的经销和处理通常涉及多个生产者，由于质量与生产地域密切关联，也就产生了上述第二种类型的产品。Olmstead

等（2003）以棉花为例进行了研究，由于质量检测成本太高，检测机构有时会将许多种植者种植的棉花集中在一起，然后仅检测一部分样本的质量。这种做法使得个体种植户无法建立自己产品的信誉。实证研究对特定生产区域的集体声誉进行了量化，比如葡萄酒产区（Landon 等，1998），相关的研究还有国货推广（Patterson 等，1999）或者“购买国货”运动（Darby 等，2008）。

当消费者无法区分不同代理商的产品时，所有的销售商都以相同的价格销售产品且共享质量声誉。这就是农产品市场的现实情况，市场订单要求的也是最低质量标准。Winfree 等（2005）认为信息不对称的存在意味着实施质量标准可以提高福利。其赞同最低质量标准，这也是被经济学家和反垄断律师所重视的方法。

此外，学者们还研究了健康和营养信息对食品市场的影响。Brown 等（1990）基于医用制品创建了胆固醇信息指数，发现胆固醇和心脏病有关系的信息显著减少了鸡蛋的消费。健康信息指数被用于研究健康信息对消费者其他产品需求的影响（Capps 等，1991；Chern 等，1995）。Ippolito 等（1993）通过对即食燕麦中纤维素的营养价值进行广告宣传，研究信息传递的作用。通过对信息强化前后的比较，发现高纤维燕麦的市场份额增大了，总的来说燕麦的纤维素含量增加了，钠等其他营养元素的信息量也增加了。研究结果表明信息披露会影响产品的成分，这也被后续的研究所证实（Golan 等，2008）。

还有学者研究了信息的提供媒介如何影响消费者的需求和偏好，关注的领域包括食品安全和技术问题。Verbeke 等（2000）研究了媒体对欧洲暴发的“疯牛病”的报道显著降低了肉类的需求量，年轻人以及有小孩的家庭最容易受到这类负面新闻的影响。Freebairn（1967）基于无差异曲线的分析结果表明信息增加了效用。Foster 等（1989）做出了重要的概念贡献，提出了信息对消费者选择和福利影响的分析框架。当消费者对产品质量不确定时，信息的提供能够帮助其更好地做出与偏好相匹配的选择。在面临有信息提供和没有信息提供等不同的选择时，消费者经常会因无知而付出代价。Foster 等的方法已经被应用在多种实证研究中，比如营养标签的定价（Teisl 等，2001）、与疯牛病有关的信息的定价（Mazzocchi 等，2004）以及生物技术（Rousu 等，2007）等。Teisl 等（2001）的研究结果表明，信息价值评估方法的关键点是即使标签并不一定意味着更健康的选择，消费者也能从营养标签中获得正面信息，正如其所说“更好的营养信息可能会让个体消费者以增加食物摄取营养的效用或者降低消费成本的方式获得相同的健康状况”。

二　消费者偏好和支付意愿的测度方法研究

当前研究消费者偏好和行为的方法包括两个：一是基于消费者偏好的理性公理假设，分析其对消费者支付行为的影响；二是把消费者的支付行为作为研究的出发点，只要满足一般公理显示性偏好，就可依据其支付行为，推导出消费者的理性偏好特征。实证经济学更倾向于显示性偏好的研究方法，即基于消费者支付行为推导出消费者偏好。但是在实际研究中，对于还未上市的、难以获得消费者真实市场支付行为数据的商品的消费者偏好的研究往往基于陈述性偏好，即通过问卷调查法向消费者询问其对某产品或者属性的支付意愿，陈述性偏好法是实证经济学通常采用的替代方法。

陈述性偏好法是非市场的评估方法，通过直接询问受访者为获取某产品（或服务）而愿意付出的货币数额的方式来获取支付意愿。学者们在测度质量属性的特征价格时，最先应用的就是非市场评估的各种方法。其中享乐模型（特征模型，Hedonic Model）已经被广泛应用于对食品特性的评估中，差异化的产品是由一系列无法单个购买的产品属性组成的，每个属性都对产品总价格有贡献。学者们一直对不同质量的产品市场有浓厚的研究兴趣。Waugh（1928）估计了芦笋、西红柿、黄瓜的特征价格方程。20 世纪 60 年代，为了把通货膨胀和产品质量剥离开，学者们研究了产品特性和价格的关系（Adelman 等，1961）。Ladd 等（1976）基于肉类营养素的案例验证了均衡价格是产品特性水平按照各自的边际隐含价格加权求和得出的假说。近 20 年来，消费者对质量的要求越来越高，学者们用特征价格技术估计许多食品的隐含价格，比如苹果、牛肉、小米、大米和早餐燕麦

（McCluskey 等，2010）。特征价格技术也被频繁用来研究产品属性对葡萄酒价格的影响。例如 Combris 等的（1997）研究表明，目标特性（专家的打分和年份）在统计上是显著的，而感官变量（丹宁和其他化学物质的含量）是不显著的。

传统的食品消费数据中缺失详细的产品质量属性信息，而且不完善的数据对分析消费者新食品偏好或者在预测新食品政策效果方面的作用不大。所以学者们开始尝试使用实验经济学的方法自己获取数据来解决食品消费问题，在调研和实验的基础上获知消费者对食品属性的偏好，这是一个重大贡献。条件价值评估方法（Contingent Valuation Methods，CVM）最早是由环境经济学家开发的，但是，发展条件价值评估法理论基础的农业和环境经济学家很早就提出这个理论框架在消费者对食品质量改变的支付意愿的研究中也是经得起检验的（Hanemann，1982；Randall 等，1980）。因此，没过多久条件价值评估法的潜在应用价值就被食品市场研究者发现了。虽然很难精确地说明，但是条件价值评估法在食品相关领域的早期应用已经体现在食品安全研究中，比如 Misra 等（1991）、Caswell（1995）的研究。近年来假想价值评估法是常用的研究方法（Venkatachalam，2004）。Bailey 等（2005），Angulo 等（2007），Bolliger 等（2008），Umberger 等（2009）分别运用 CVM 进行研究，发现消费者愿意为可追溯食品的信息属性支付溢价。周应恒（2008）与吴林海（2010）利用 CVM 方法也得出了相似结论。

事实上，条件价值评估法是由应用于市场营销中的联合分析法（Conjoint Analysis Methods，CAM）发展而来的。20 世纪 70 年代到 80 年代，许多应用联合分析法的研究都是与食品有关的话题。其实联合分析方法相对于 CVM 更为精确（Competition Commission，2010），目前国际上更多地运用 CAM 研究消费偏好（Olynk 等，2010）。将联合分析方法拓展到陈述性偏好选择研究中而形成的选择实验方法（Choice Experiment，CE），其首次应用领域就是食品市场（Louviere 等，1983）。虽然许多文献都在农业经济学的范畴之外，但是研究食品经济的学者率先采用陈述性偏好方法，将陈述性偏好方法与经济学方法相融合，比如随机效用模型（McFadden，

1974；Hanemann，1984）以及产品特性模型（Lancaster，1971；Ladd，1976）。因此在食品经济学领域应用联合分析方法的研究文献有很多。学者们现在又对联合分析方法进行新的改进，以应用于解决消费者对新型食品和食品属性的需求问题、食品政策替代方法的事前效果以及影响消费者选择的因素研究中。

条件价值评估和联合分析法是直接询问人们在特定的情境下他们会如何选择的方法，属于陈述偏好的方法。但是由于消费者通常倾向夸大陈述性偏好（Lusk，2003），因而可能影响公共政策的制定。学者们率先证明了即使缺失真实数据，消费者的显示性偏好仍然可以测度。从某种意义上来说，学者们通过自己创建市场来解决市场真实数据缺失的问题，仍然是环境经济学家率先采用实验方法进行消费者的偏好研究，并对条件价值评估方法的假设本质是否有问题提出质疑。虽然实验室估值方法在检验这些假设方面是有用的，但在许多环境估值实践中是不现实的（比如即便有人愿意为更清洁的空气支付价格，但是在现实中研究人员仍无法提供更清洁的空气）。但是环境经济学家的困境恰是农业和食品经济学家的福音，因为新食品可以被开发出来并且应用在实验室市场中。常用的研究显示性偏好（Whitehead 等，2008）的内涵价格法（Hedonic Price）（Latinopoulos 等，2004）、规避行为法（Averting Behavior）（Stavins，2007）、旅行费用法（Travel Cost）（Parsons，2011）等尚未应用于食品安全的研究领域。运用实验拍卖法获得消费者的引致价值（Induced Value）就成为纠正陈述性偏好可能存在偏误的有效方法。因此农业经济学家率先创造了实验室市场以揭示消费者对食品属性的偏好，有助于公共政策和营销策略的制定。一些与消费者偏好有关的早期文献的研究对象包括牛肉包装（Hoffman 等，1993）、食品安全（Hayes 等，1995）。实验拍卖方法更加具有现实意义，弥补了陈述性偏好研究方法的缺陷，并且农业经济学家把这种方法应用在更广泛的领域中，包括市场营销、感官科学、心理学。

在实验室实验法中，实验拍卖是一种最重要的方法，在学术研究中最为常用（Hayes 等，1995）。在最初的拍卖机制中，有一级和二级价格拍卖（First Price Auctions，FPA；Second Price Auctions，SPA）以及英国式和荷兰式拍卖（English/Dutch Auctions）。然而这四种标准的拍卖机制需要多次重复拍卖，并且由于出价较低的实验参与者几乎无获胜可能因此失去了实验拍卖法中竞价的激励作用，影响了竞买人对所拍卖产品的真实估值和报价（朱淀等，2013）。为了克服上述缺陷，标准的拍卖机制又衍生出了实验拍卖机制以及 N 阶和随机 N 阶价格拍卖（Nth/ Random Nth Price Auctions）等具有激励相容特性的演化拍卖机制。其中，N 阶和随机 N 阶价格拍卖机制下均需要消费者的群体参与，在同一时间和空间找到代表消费者总体特征的实验样本具有较大难度，所以实验样本的选取难以保证随机性。此时，能够一对一进行拍卖的实验拍卖法在保证抽样随机性上发挥了一定的作用。Dickinson（2002），Hobbs（2005）等运用维克瑞（Vickrey）拍卖方法研究了消费者对可追溯食品的消费偏好。Lee（2011）采用随机 N 阶价格拍卖法研究了消费者对可追溯牛肉的支付意愿。

三 消费者对可追溯食品的偏好和支付意愿研究

（一）可追溯食品属性的设置

食品安全属性与食品可追溯体系密切相关，作为一个安全信息工具，良好的可追溯体系有助于食品质量安全的保证以及消费者信心的建立（Aung 等，2014）。当前可追溯体系有多种类型，有私人部门管理需求的驱动型和公共政策驱动型。Golan 等（2003）认为食品供应商建立产品追溯体系的三个动机分别是：从供应方管理的改进措施中获得效率的提升；通过帮助企业识别和解决食品质量安全问题，提高食品安全和质量控制能力；食品的信任属性能够让消费者识别。Lancaster（1966）的消费者效用理论认为消费者的效用源于商品的属性而非商品本身。欧盟在其实施的 EC178/2002 条例中严格界定了食品可追溯信息的内涵，要求完整的可追溯信息必须涵盖食品全程供应链体系的主要环节，并明确了各环节应包含的信息及质量担保属性。具体到可追溯食品属性，Liddell 等（2001）认为，与普通食品相比，可追溯食品具有可追溯性（Traceability）、透明性（Transparency）和质量安全保证属性（Quality Assurances）。其中可追溯性被定义为对食品供应链不同阶段的产品都可以追溯到源头的能力；透明度是指公众对产品生产信息的可获得性；而质量安全保证属性与确保食品安全和提升食品质量的措施有关。Hobbs（2004）进一步区分了食品可追溯体系的功能，认为完整的食品可追溯体系应包含事前质量保证功能的属性与事后追溯功能的属性，并且认为事前质量保证功能在消除信息不对称方面的作用远大于事后追溯功能。当前国内外食品供应商所建立的可追溯体系主要具备事后追溯功能，而动物福利、产地认证、质量检测、环境影响等额外属性一旦被纳入食品可追溯体系，即具有事前质量保证功能（Hobbs，2004；Ortega，2011；Loebnitz，2015）。其中，事后追溯功能能否发挥召回和定责的作用，发挥作用的程度有多大，取决于可追溯食品信息属性的设置能否覆盖食品全程供应链中的各风险环节及其关键控制点（朱淀等，2013；吴林海等，2013），应该充分考虑养殖、屠宰、运输以及销售等主要环节，设置事后可追溯信息属性的相应层次。同时，基于成本收益平衡，众多表征事前质量保证功能的属性也不可能全部被纳入食品可追溯体系中，应该基于不同类别消费者的需求提供包含特定事前质量保证属性在内的可追溯食品。

当前，消费者对食品安全非常关注，在做出购买决策之前就希望能够确认食品的质量和安全级别（Chul 等，2015）。值得关注的是，如果消费者被提供了产品或加工方法的保证信息，为什么他们还应该关心肉品是否能够追溯到牲畜出生地？Clemens（2003）认为在消费者对政府保障食品安全的能力出现信任危机时，比如在欧盟和日本出现的“疯牛病”事件，额外保证属性耦合可追溯属性有助于消费者建立信心。实际上 Dickinson 等（2003），Jin（2014）的研究也发现，日本和英国由于受到疯牛病危机的影响，其消费者对可追溯性的支付意愿普遍比美国和加拿大的消费者高。而且，Dickinson（2002），Hobbs（2006）的研究也表明消费者对融合食品安全保证、可追溯性和动物福利保证属性的肉品的支付溢价远高于仅有单个属性肉品的支付溢价。所以，可追溯体系既是承载事前质量保证措施的工具，也是提升消费者对这些保证措施信任度的方法。但是质量保证、动物福利属性等在本质上仍属于食品的信任属性范畴（Caswell 等，1992），如果以标签的形式呈现出质量检测或认证属性，则质量检测或认证标签可以发挥在消费者做出购买决策之前进行食品质量安全评估的作用，此时的质量检测或认证属性也就具有了搜寻属性的特征（Tsakiridou 等，2011；Van 等，2013；Lim 等，2014）。与此同时，如果消费者愿意为更安全的食品支付溢价，那么企业就有动力提升食品的质量安全水平，并以标签的形式展现这种安全属性。当然，可靠的监督和执法机制是必需的，可以降低错误标签给消费者带来的欺骗风险。所以认证、合约、第三方审核等其他一些机制常向消费者传递供应链中的可追溯信息。

（二）消费者对可追溯食品的支付意愿和偏好

安全食品的市场均衡水平由消费者为安全食品的额外支付意愿与生产者为安全水平付出额外生产成本两者决定（Henson 等，1993）。可追溯体系的政策制定过程中对成本收益的分析也是必需的，其中可追溯体系成本评估较为简单，但是对收益的评估就没有那么准确了。因此对可追溯性收益的量化就显得很重要了，尤其是给消费者提供具有事后追溯和召回功能的可追溯信息是否有用，或者说通过可追溯性传递出来的质量保证信息是否具有更高的价值。为此，一些学者研究了消费者对可追溯体系或可追溯食品的接受度（Van 等，2008；Chen 等，2013；Menozzi 等，2013；Wu 等，2011），还有许多研究致力于探索不同国家和地区的消费者对可追溯体系的信息属性的价值评估（Dickinson 等，2002；Loureiro 等，2007；Hobbs 等，2005；Bai 等，2013；Ortega 等，2011；Wu 等，2012；Zhang 等，2012；Morteza 等，2014）。研究结果表明，不同国家的消费者对可追溯食品的信息属性具有相同或相似的支付意愿。

选择实验以随机效用理论为出发点，具有成熟的微观基础，易应用于经济学领域尤其是对福利政策的评估中（Louviere 等，2010）。Loureiro 等（2007）基于美国消费者的食品安全认知，运用选择实验研究了消费者对肉制品安全属性的偏好，结果表明，相比原产地标签，消费者更加重视能够证明肉质鲜嫩和具有追溯属性的国家农业部食品安全检验标签。Ortega 等（2011）对北京、成都等城市的消费者的研究显示，中国消费者会为政府认证的可追溯猪肉支付溢价。Verbeke 等（2006）、Loureiro 等（2003，2007）的研究发现，产地认证属性是影响消费者购买决策的重要因素。

Pouta等（2010）对芬兰消费者购买烤肉的研究也发现，产地属性对消费者的影响超过价格和生产方式等属性，且对本国产的烤肉尤其偏好。Chern等（2012）的研究发现，台湾消费者对产地认证属性具有一定的支付意愿，制定并强制执行产地标签法有助于增加消费者的福利。

虽然不同国家的消费者对可追溯食品的信息属性具有支付意愿，但是消费者对可追溯食品不同属性的偏好和支付意愿有差异，比如Verbeke等（2006）研究了比利时消费者对质量保证属性、原产地属性和可追溯属性的偏好，研究结果表明，比利时人对质量保证属性的支付意愿最高。Jin等（2014）对日本消费者的研究表明，牛的饲养方法、屠宰日期和生产方法的认证是日本消费者认为的牛肉可追溯体系中最重要的三种信息。David等（2011）发现了中国消费者偏好的异质性，并且发现中国消费者对政府认证产品的支付意愿高于第三方认证、可追溯性，以及特定产品的信息标签（产品的额外信息标签）。Erdem（2015）的研究表明消费者对能够降低食品安全风险的动物福利属性愿意支付更高的溢价。

Chang等（2013）对碎牛肉产地标签的消费者偏好研究发现，美国消费者最偏好本地产标签，其次是州级的产地标签，而对产地标注为美国/非美国这样的国家级标签的支付意愿最低。Ortega等（2014）的研究表明中国消费者从政府认证的项目中获得的社会福利最大，第三方认证体系、可追溯系统以及产品标签将产生显著的价值，有助于改善当前中国食品监管体系的低效率。而且基于选择实验方法得出中国消费者最偏好的是政府认证的食品，其次才是能够追溯到生产源头的可追溯食品。Dickinson（2002）对美国消费者的研究表明，消费者对同时具有质量安全保证属性、可追溯性和动物福利属性的牛肉和猪肉的支付意愿远远高于仅具有可追溯性的牛肉和猪肉。而Hobbs（2002）对加拿大消费者支付意愿的研究表明，加拿大消费者并不愿意为仅有可追溯性的肉品支付溢价，但是如果肉品融合可追溯性、食品安全保证属性以及动物福利属性则消费者愿意支付更高的溢价。但是Sánchez等（2001）对西班牙消费者的研究发现，消费者对羔羊肉除了原产地信息之外的其他质量安全信息都没有支付意愿。Campbell等（2013）运用选择实验的研究发现，相对于可追溯信息真实性额外认证而言，消费者对动物福利信息真实性认证以及食品质量额外检验具有较高的支付意愿。Morteza（2014）基于CVM方法研究了加拿大消费者对大西洋鲑鱼养殖地属性的偏好，研究结果表明，如果能够对大西洋鲑鱼养殖地信息进行认证，那么消费者愿意支付15%的溢价。

Loureiro等（2007）的研究表明，相比较没有标签的牛肉，美国消费者愿意为加贴食品标签的牛肉支付溢价，而且研究也发现，消费者对含有食品标签牛肉的支付意愿低于含有美国农业部食品安全检测认证属性的牛肉，但是高于对含有嫩度保证和可追溯性牛肉的支付意愿。Lim等（2013）利用选择实验借助混合Logit（Mixed Logit，ML）和潜变量模型（Latent Classes Model，LCM）研究了消费者对原产地、质量标签、嫩度与生产方式等属性的支付意愿，发现消费者最偏好"疯牛病"检验附加可追溯标签这一层次，其次是"疯牛病"检验、可追溯标签、嫩度和自然生产方式等。Wu等（2015）的研究表明中国消费者更偏好外观属性而不是安全性，此外由政府认证的可追溯安全信息给消费者带来的属性效用更高。Verbeke等（2006）的研究发现消费者最偏好质量保证印章或者保质期等直接的质量指示标志，其次是原产地标志，对可追溯性的支付意愿普遍较低。

在研究支付意愿的同时，相关文献也开始尝试探索属性之间的交互关系。吴林海等（2015）的研究表明，只追溯到生猪屠宰加工环节的可追溯性分别与本地产属性和外地产属性之间存在替代关系和互补关系。Ortega等（2011）的研究发现，政府质量安全检测与第三方质量认证之间、第三方质量认证和可追溯性之间存在替代关系，政府质量安全检测与产品额外信息标签之间、产品额外信息标签和可追溯体系之间以及政府安全检测与可追溯性之间是互补关系。Ubilava等（2009）的研究表明，政府的食品质量安全保证与供应链追溯之间存在替代关系。供应链上的生产者和销售者主要关注的是猪肉的外观，零售商的地理位置和商店类型也与产品的可追溯性之间存在替代关系，但是商店的位置和产品的外观之间存在互补关系。Lim等（2014）的研究发现，疯牛病检测等安全保证与可追溯性之间是互补关系。

（三）消费者支付意愿和偏好的影响因素

消费者对可追溯食品的支付意愿和偏好在消费者个体间也存在较大的差异，表现为不同特征的消费者对同一食品质量安全属性呈现出不同的偏好。在对支付意愿影响因素的研究中，Jennifer 等（2005）发现消费者风险忍耐力越高对安全食品的支付意愿越低。Dickinson 等（2003）对英、美、加、日四国消费者的可追溯肉品的购买意愿进行了比较研究，发现食源性疾病经历与美国消费者可追溯肉品的支付意愿呈正相关，而与加拿大消费者可追溯肉品的支付意愿呈负相关。此外研究结果还发现，年龄变量与日本和加拿大消费者支付意愿呈正相关，收入水平与日本消费者的支付意愿呈负相关，但是受教育程度对四国消费者可追溯肉品的支付意愿都没有显著的影响。Angulo 等（2007）的研究发现，收入水平是影响西班牙消费者对经过认证的可追溯牛肉的支付意愿的主要因素。收入越高的消费者对可追溯牛肉的支付意愿越高。Bai 等（2013）研究了中国消费者对可追溯牛奶属性的偏好，发现高收入水平高学历的消费者更偏好来自独立第三方机构的认证。Bu 等（2013）的研究发现，年龄、收入水平与受教育程度变量是影响消费者对可追溯信息的偏好的显著因素，其中相较于年龄在 40 岁以下、低收入、低学历的消费者，41～45 岁的高收入、高学历的消费者更偏好包含从养殖环节到流通环节的更完整信息的可追溯猪肉。Lim 等（2013）的研究也表明，年龄、受教育程度和收入水平显著影响美国消费者对原产地及其他食品安全属性的偏好的支付意愿，其中年龄显著负相关、受教育程度显著正相关，性别显著影响对原产地标签和食品安全提升措施的支付意愿。Verbeke 等（2006）的研究也表明年龄正向影响消费者对质量保证标识和原产地标识的支付意愿。

此外 Ubilava 等（2010）的研究表明，收入水平和社会感知度不同，消费者对各信息属性的支付意愿也不相同，比如更高收入和有社会感知的消费者对抗生素检测有着更高的平均支付意愿，但是动物福利认证、环境认证两个属性并不然。高收入消费群体的偏好具有更大的异质性，而有社会感知的消费者的偏好更具同质性。Xue 等（2010）的研究发现适口性属性在决定消费者的偏好和支付意愿中起主导作用。草饲的牛肉和传统养殖牛肉在肉的颜色、质地、嫩度等方面明显不同。消费者愿意为颜色支付 0.09 美元，为质地支付 0.07 美元，为嫩度支付 0.16 美元，为多汁支付 0.13 美元。所以肉的嫩度对消费者的支付意愿影响最大。此外，消费者的营养知识、消费行为、健康状况、独居状态和家庭规模显著影响其对草饲牛肉（美国农业部草饲认证）的支付意愿。Menozzi 等（2015）的研究结果表明态度、信任显著影响消费者可追溯食品的购买行为。Umberger 等（2003）对美国消费者可追溯牛肉支付意愿的研究结果表明，绝大多数受访者愿意为可追溯到原产地的可追溯牛肉支付溢价，幅度为 11%～24%。Umberger 等在对消费者支付意愿影响因素进行研究后发现，牛肉外观的新鲜度、有养殖环节原产地等安全信息、消费者食品安全关注度、兽药危害担忧度、动物福利关注、对牛肉生产商的态度以及年龄、收入、家中是否有小孩等个人和家庭特征都是显著影响因素（Umberger 等，2009）。但是 Angulo 等（2005）对西班牙消费者的研究发现，仅有不到三分之一的消费者对可追溯牛肉具有支付意愿，消费者对食品安全的担忧及其对自身健康的关注是影响其溢价支付意愿的显著因素。Angulo 等（2007）对西班牙消费者支付意愿的进一步研究发现，消费者家庭购买牛肉量和购买频率、对牛肉安全性的评价以及消费者的家庭收入都是影响西班牙消费者溢价支付的显著因素。

随着生活水平的提高，中国消费者普遍愿意为安全食品支付一定的额外价格（周洁红等，2004；周应恒等，2008；王峰等，2011；王怀明等，2011；吴林海等，2011；文晓巍等，2012；Zhang 等，2012；吴林海等，2015）。其中周应恒等（2008）对上海市消费者可追溯牛肉购买行为的研究表明，除性别、婚姻、家庭规模、职业和年龄等人口学特征外，消费者对可追溯码中溯源信息的信任度和对“可追溯性”的认知度，都是影响其购买决策的重要因素。王峰等（2011）对京、鲁、浙等省份消费者的调查分析表明，消费者是否愿意为可追溯农产品支付溢价受到其所从事的职业、购买经历以及信息等因素的影响。赵荣等（2011）的研究发现，消费者的收入水平、对食品安全信息的信任度、可追溯食品对消费者自身的重要性以及对食品安全规制的认知度等变量是影响南京市消费者可追溯食品支付意愿的显著因素。文晓巍等（2012）运用结构方程模型探究了感知风险、感知利得和信任态度对广州市消费者可追溯肉鸡购买意愿的影响机制。Zhang 等（2012）的研究结果表明，收入水平、学历层次、家庭人口规模以及年龄变量是影响中国消费者可追溯食品属性偏好的重要因素，其中学历层次和收入水平与可追溯属性层次的偏好呈正相关，年龄与可追溯属性层次的偏好呈负相关。家庭人口规模越大的消费者，对可追溯食品的支付意愿越高。

四　可追溯食品消费政策研究

国外主要运用法律、法规并辅以必要的政府监管、鼓励政策、资金支持和惩罚等手段，扩大可追溯食品的市场需求（Robinson 等，2005；Glynn 等，2006；Monteiro，2007；Wang 等，2009）。如欧盟 EC178/2002 号法令规定在欧盟境内销售的所有食品自 2005 年 1 月 1 日开始必须具有可追溯性，否则不允许上市。日本于 2003 年实施《牛只个体识别情报管理特别措施法》。但是在强制实施食品可追溯体系之前，发达国家普遍经历了先试验示范后逐步推广的阶段，鼓励生产经营者根据经营产品、交易规模以及自身条件，分层次分阶段逐步实施可追溯食品推广方法（林学贵，2012）。当前国内的做法主要停留于制定零星的可追溯实施指南与局部的城市试点上。如《出境水产品溯源规程（试行）》（国家质量监督检验检疫总局，2004）的出台、《牛肉质量跟踪与溯源系统实用方案》（陕西标准化研究院，2005）的试行。此外，上海、北京、成都等大型城市也相继出台了食品溯源和质量检验等相关的法规政策。施晟等（2008）、吴林海等（2010）则研究了可追溯体系建设的政策问题。

五　文献评述

综上所述，国内外学者对相关问题进行了大量开创性的研究，为本研究提供了十分有益的借鉴，但文献调研发现，目前国内外学者对可追溯食品的消费者偏好研究仍然存在以下四个方面的缺陷。

一是可追溯食品信息属性含义丰富，但很少有文献甄别不同含义对消费者的意义。比如食品可追溯体系必须同时具备事前质量保证与事后追溯两种功能，但现有的相关研究文献多数没有严格区分可追溯食品的两种功能，缺乏对可追溯食品信息属性的整体研究。事实上，事前质量保证与事后追溯的功能差异对消费者存在不同的影响。

二是国内外的研究并未对可追溯食品不同层次的信息属性做出系统界定，而且学者们重点考察了消费者对单一属性的支付意愿，忽略了属性组合的市场模拟研究。由于发展阶段和消费文化的差异，国外消费政策的研究并不完全适合中国，基于中国实际的分阶段分层次的可追溯食品推广政策的研究显得尤为迫切。

三是在属性交互关系的研究中，虽然已经涉及了属性的替代关系与互补关系，但没有对属性之间的双向和单向替代进行深入研究，而且在这种相关关系的研究中对可追溯信息大多仅考虑了有或无的区别，没有考虑信息量的大小。实际上，不同的信息量，或两种相似产品的相互替代度是不同的（王磊等，2015）。

四是当前消费者偏好的研究方法仍以 CE、CA、CVM 为主，但是这些主流研究方法均存在一定缺陷。第一，CVM 一般不要求消费者实际支付，具有假想（Hypothetical）性质，会出现消费者夸大支付意愿的策略性偏误（Hanemann，1998），以致研究结果有效性和可信度备受质疑，而且此方法与消费者日常决策行为过程有较大出入。虽然此方法在非市场价值评估领域应用最多（Mitchell 等，1989），但并非研究食品安全属性的恰当工具（Diamond 等，1994）。第二，CA 方法多种多样，可以模拟真实市场环境下的消费偏好。然而 CA 并不符合随机效用理论，且缺乏严格的微观经济基础（Louviere 等，2010），而且测试程序较为复杂（Toubia 等，2003），结果可能仍与消费者实际的购买行为存在差异（Chang 等，2009）。第三，相比较而言，CE 方法以随机效用理论为基础，具有成熟的微观经济学基础，但是，CE 中属性与层次所构成的轮廓是给定的，即使属性之间存在替代关系，消费者也将被迫选择（Ben-Akiva 等，1998），而且消费者从预先设定好的带有总价格的产品轮廓中做出某个选择，不仅对价格属性的设置缺乏依据，而且往往由于不同任务（Tasks）之间存在反应误差（Orme，

2010）以及消费者对虚拟轮廓价格的不敏感而导致实验结果的偏差（Ding 等，2009）。

菜单选择实验方法则是由消费者自主选择产品属性，更精确地模拟了消费者在现实市场背景下基于大规模定制的购买情形中的任务（Liechty 等，2001），不仅可以测度消费者对价格的敏感性（Ormab，2010），而且菜单法形成了远多于选择实验法或联合分析法的轮廓数，可以有效避免属性之间的替代效应（Ben-Akiva 等，1998）、克服多任务的反应误差（Ormea，2010）。但利用菜单法研究消费者的偏好在文献中还没有见到，同时，菜单法仍存在假想性实验方法下的测度偏差。此外，实验拍卖法等非假想性实验①方法通过市场竞拍机制和真实支付环节模拟商品市场中的真实交易情境，达到真实市场中的激励相容效果，可激励参与者更精确更真实地表达自己的支付意愿，较好地克服了假想性实验偏差与社会期望偏差（Ginon 等，2014）。但实验拍卖成本高，且不同的拍卖机制适用于不同的实验环境，存在着解释难度大、组织难度高、样本量不足、属性间交互关系不易测度等缺点（Jaeger 等，2004）。所以结合非假想性实验方法和假想性实验方法的研究框架将能更有效、更精确地度量消费者所需要的产品或服务的水平（Lusk 等，2013）。

对此，本研究把同时具有事前质量保证与事后追溯功能的可追溯猪肉称为具有复合功能的可追溯猪肉，并以此为研究对象，提出序列估计方法，基于中国现实的可追溯猪肉市场情景，展开消费者偏好的多重模拟实验研究，提炼出具有中国特色的可追溯食品消费政策，不仅可进一步丰富我国猪肉可追溯体系的内涵，而且有助于推动可追溯食品的市场普及。

需要指出的是，本研究的复合功能的可追溯猪肉同时具有事前质量保证与事后追溯两大功能，并非涵盖了质量信息、认证信息等全部信息属性。从全程猪肉供应链体系分析，在各个安全风险点上，复合功能可追溯猪肉包含的信息属性在宽度、深度、精准度上存在差异，因此复合功能可

① 非假想性实验是非假想性场景测度方法，即模拟真实的市场交易场景获得消费者的引致价值。

追溯猪肉具有层次上的差异性。这是本书对研究对象和研究范围所做的基本界定。

第四节 本章小结

本章对研究中所涉及的基本概念进行了界定，然后对效用理论、消费者需求理论、显示性偏好理论、需求层次理论、信息搜寻理论和长尾理论等基本理论进行了概述，并从食品市场的消费者需求和消费者行为研究、消费者偏好和支付意愿的测度方法研究、消费者对可追溯食品的偏好和支付意愿研究和可追溯食品消费政策研究四个方面对相关文献进行了归纳总结并作了简要述评，为后文的实验设置和计量模型选择提供了坚实的理论和文献基础。

效用理论是消费者偏好和消费者购买决策的本质，是研究消费者行为和消费者需求的前提。基于序数效用论的显示性偏好理论是本研究中实验拍卖法研究消费者偏好的理论基础和实验设计思路。消费者需求研究中需求弹性能够较精确地显示其需求水平，贯穿于本书第七章基于菜单法对可追溯猪肉信息属性偏好的研究中。随着消费者收入水平、认知水平等的提高，其对可追溯猪肉的需求体现了马斯洛的需求层次理论。可追溯信息和质量标签可以减少消费者安全食品的搜寻成本，所以信息搜寻理论是消费者可追溯猪肉信息属性支付意愿的重要依据。长尾理论为那些需求不旺或销量不佳的产品提供了供给策略。在网络时代，对于食品供给商而言，满足长尾市场或利基市场的需求仍然是有利可图的。这也是本书研究属性层次组合的不同类型猪肉轮廓的意义。

对文献梳理后笔者发现，现有文献多数没有严格区分可追溯食品的事前质量保证信息属性与事后追溯信息属性，且所研究的可追溯食品的信息属性大多是事后追溯属性，而不同功能的信息属性对消费偏好具有不同的影响。此外，现有文献并未研究属性间的双向或单向交互关系，更没有考虑属性本身所包含的信息量。实际上，不同信息量或两种相似属性间的相互替代度并不同。特别的，诸多研究采用的方法仍以选择实验法、联合分析法与条件价值评估法为主，难以揭示真实的消费偏好。所以本书结合非假想性与假想性实验方法各自的优势构建新型的研究框架，尝试性地提出将实验拍卖和菜单选择实验相结合的序列估计方法，探讨消费者对可追溯食品事前质量保证功能和事后追溯功能的信息属性偏好。

第三章
逻辑框架及理论分析

解决食品市场的信息不对称问题是食品可追溯体系建设和推广的根本。本章首先介绍了本研究的逻辑分析框架，然后具体分三个部分进行理论分析。其一，剖析了食品市场中的信息不对称现象及其对食品市场均衡的影响。其二，深入分析可追溯体系对解决信息不对称问题的作用以及可追溯体系的信号传递机制对食品质量安全的激励；描述了可追溯体系信息采集和披露的成本对企业建设食品可追溯体系动力的负面影响，以及消费者的溢价支付对食品可追溯体系建设的正面激励；只有可追溯食品的信息属性符合消费者偏好、满足消费者需求才能获得溢价支付。其三，对本研究所涉及的数据来源及数据间的关系进行了详细分析。

第一节　逻辑分析框架

Nelson（1970），Darby（1973）等基于消费者确定质量的能力提出了三种常见的产品分类：搜寻品、经验品和信任品。搜寻品就是消费者在购买之前能够得到有关质量的完善信息。经验品的质量只有在消费者购买和消费后才能获知。而信任品的质量即使在消费者消费后也不能直接观测到（或者需要花费很长时间才能观测到或者需要花费很高的成本才能观测到）。Caswell 等（1996）把信任品的概念引入具有事后不可观测属性的食品中，产生了农业经济学新的研究热点。

食品的经验品特性或信任品特性导致了食品市场中信息不对称现象的发生，不仅增加了下游食品企业的交易成本，而且食品市场在生产者利润最大化的目标导向下出现道德风险和逆向选择，导致整个社会福利以及食品市场的效率损失，其引发的一系列食品安全问题更是使食品行业的信誉遭受重创，消费者“谈食色变”。由于完整的食品可追溯体系能打破地域限制对食品质量和安全进行有效监管，且能够通过溯源信息识别问题源头、实施问题产品的召回和事故责任的划分，能够为消费者提供透明的向前追踪和向后追溯的食品质量安全信息，被认为是消除信息不对称、恢复消费者对食品安全的信心的有效工具（Regattieri 等，2007；Van 等，2008；Kher 等，2010；Sterling 等，2015）。

可追溯体系的信息溯源和披露机制有助于食品安全治理，但食品可追溯体系的软件和硬件支持、体系运行和维护等的成本会影响食品供应链上的参与主体建设食品可追溯体系的积极性以及消费者对食品可追溯体系的信任度。作为食品安全质量改善的主要受益者，基于收益与责任相匹配的原则，消费者适度承担生产可追溯食品所增加的额外成本是推广可追溯食品的重要途径。但是能否满足消费者的需求是评估可追溯食品有效性的关键，也关系到食品可追溯体系建设以及可追溯食品市场的发展。因此消费者对可追溯食品的认可程度、可追溯食品能否满足消费者的偏好、消费者是否愿意溢价支付成为影响消费者是否做出可追溯食品购买决策的重要因素。

Lancaster（1966）的消费者效用理论认为消费者的效用源于商品的属性而非商品本身，这意味着商品的价值本质上是商品中各属性或特征所表现出来的价值，所以为商品的具体属性进行定价是可行的。商品属性实际上就是指产品能够满足消费者某种需要而使得消费者做出购买决策的特性，如果对产品属性进行不同取值就构成了产品的层次，对产品不同属性层次进行排列组合，就构成了产品轮廓（Ding 等，2009；吴林海等，2013，2014），消费者根据自己的偏好选择并且购买符合自己需求的可追溯猪肉。不同的属性轮廓带给消费者效用的差异性导致消费者对不同可追溯猪肉属性轮廓偏好的异质性，所以单一的可追溯农产品安全信息属性难以满足多样化的市场需求，相对完善的可追溯农产品（食品）长尾市场是食品市场治理风险的重要手段。

食品可追溯体系分析的逻辑框架如图3－1所示，本研究重点分析了消费者对不同属性层次组成的可追溯食品轮廓的偏好及其溢价支付行为以及不同类型猪肉的市场份额所具有的长尾市场特征。

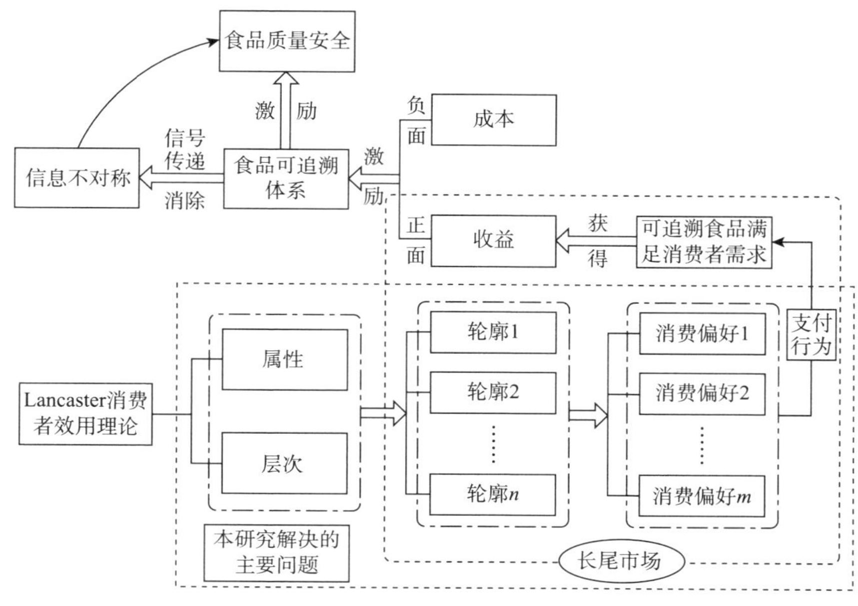

图3－1　食品可追溯体系分析的逻辑框架

第二节　信息不对称导致食品市场失灵的理论分析

在许多工业化国家，食品质量和食品安全变得越来越重要，一系列影响广泛的食品安全恐慌提高了公众的认知。一些经济学文献（Nelson，1970；Darby等，1973）基于消费者确定质量的能力提出了三种常见的产品分类：搜寻品、经验品和信任品。许多新类别的食品，比如与环境、本地、伦理、健康和质量声明有关的食品都可以归为信任品。食品通常基于质量和安全属性进行区分（Aung 等，2014）。对消费者来说，食品安全是经验属性，例如，如果消费者因摄入被大肠杆菌污染的食品而患病，就可以辨别出这种疾病的来源。如果对健康的负面影响不能立即显现，或者不能被简单地归为一种特定的食品导致的，就像英国的疯牛病案例，就是信任品。食品质量的概念较广泛，包括物理性食品属性（如风味和营养含量）以及食品生产的过程属性。如果没有监管信号或质量信号提示，许多质量属性对消费者来说便是信任属性，包括食品生产过程中执行的动物福利标准、环境标准、有机食品或者是否包括转基因生物原料。

所以食品的经验属性或信任属性产生的信息不对称容易导致食品市场失灵。比如：如果高质量（或者说更安全）食品的生产者不能给消费者提供信用保证，那么食品安全和质量属性的信任特性便使得市场被低质量食品占据（Golan 等，2003；Hobbs，2004），这是食品市场失灵的一种情况。另一种情况就是可追溯系统使食品安全事件发生时企业能够快速实施问题产品的召回，以降低对公众健康的影响，保护行业中其他企业的名声（Hobbs，2003；Golan 等，2003）。但是由于召回系统的净社会效益可能超过净私人收益，私人部门对可追溯体系的投资不足，也会导致食品市场失灵。而这两种食品市场失灵情况的矫正方法包括：引入第三方机构认证的可追溯系统使质量保证更可靠，使消费者免受质量欺诈，以解决第一种市场失灵问题。当企业不能提供最优的可追溯体系水平时，政府推行强制性可追溯体系能够矫正第二种食品市场失灵情况。但是也有学者（Golan 等，2003）警告相比其他质量安全提升措施，强制性的可追溯体系的实施可能会导致政策的低效率。他们呼吁注重绩效目标的强制性可追溯系统在设计时要考虑灵活性，而不是禁止可追溯性的变通。

在做出食品购买决策之前，消费者根据所掌握的食品质量安全信息判断食品的真实价值。假设信息是完全的，在充分竞争的食品市场中，食品的市场价格能够正确反映食品的质量安全信息，而在信息不对称的条件下，不对称信息和不充分竞争导致食品市场出现一定扭曲，进而造成食品市场失灵。本部分借鉴 Jehle 等（2013）的分析方法考察信息不对称与食品市场失灵的关系。

首先，假设信息是完全的，消费者在购买食品时掌握的食品质量安全信息量和生产经营者是相同的，此条件下消费者能够充分知晓每种食品安全问题出现的概率。此时假设市场上只有高质量安全水平和低质量安全水平两种类型的食品，对第 n 个食品生产者来说，$\psi_n(\theta_n)$ 代表该生产者在努力水平为 θ_n 时生产出低质量安全水平食品的概率，$1-\psi_n(\theta_n)$ 代表该生产者在努力水平为 θ_n 时生产出高质量安全水平食品的概率，$\psi_n(\theta_n)\in[0,1]$，充分竞争的食品市场中将形成均衡的食品价格 p_n。

对第 i 个消费者来说，购买食品所获得的效用可表示为 $U[(1-\psi_n(\theta_n))\times r-\psi_n(\theta_n)\times 1-p]$，其中，$r$ 为消费者 i 从消费一单位高质量安全水平的食品中获得的收益，l 是消费者 i 从消费一单位低质量安全水平的食品中所遭受的损失。充分竞争的食品市场中有无数的食品生产者和食品消费者。当价格 $p_n=(1-\psi_n(\theta_n))\times r-\psi_n(\theta_n)\times l$ 时，食品市场达到均衡；而当 $p_n>(1-\psi_n(\theta_n))\times r-\psi_n(\theta_n)\times l$ 时，消费者 i 的效用 $U_i<0$，理性的消费者将不会做出购买决策；而当 $p_n<(1-\psi_n(\theta_n))\times r-\psi_n(\theta_n)\times l$ 时，消费者 i 的效用 $U_i>0$，理性的消费者将会增加购买量，市场上甚至会出现抢购现象。与此同时，理性的食品生产者会通过提高食品的价格 p 来扩大收益增加利润，最终的食品价格会上升到 $p_n=(1-\psi_n(\theta_n))\times r-\psi_n(\theta_n)\times l$，达到均衡。此时无论是食品生产者还是食品消费者都没有动力和激励改变生产消费的现状，食品市场实现了帕累托均衡。

其次，在现实食品市场信息不对称的条件下，食品生产者拥有食品质量安全的完整信息，而食品消费者仅仅掌握一部分食品质量安全信息，消费者在不完全信息下无法准确判断食品出现质量安全问题的概率。假设所有食品出现质量安全问题的概率区间为 $[\psi_n(\theta_n),\psi_n(\theta_n)]$，消费者在做出购买食品决策时是随机的，那么食品市场达到均衡时的食品价格 $p=[1-E(\psi_n(\theta_n)]\times r-E(\psi_n(\theta_n))\times l$，其中 $E(\psi_n(\theta_n))$ 为发生食品安全问题的期望概率。然而在信息不对称的条件下，食品生产者知晓发生食品质量安全问题的概率 $\psi_n(\theta_n)$，而消费者不知晓或者不完全知晓，此

时如果 $\psi_n(\theta_n) < E(\psi_n(\theta_n))$，理性的食品生产者将退出食品交易市场，也即在食品市场上发生了逆向选择，食品市场中发生食品质量安全问题的概率大于等于总体期望概率，从而也提高了参与交易方对食品安全问题出现概率的期望值（$E\psi_n$），那么信息完全时均衡状态的价格也将被打破。

食品生产者从交易活动中获得的效用可表示为 $V(p-c)$，只有当满足 $V(p-c) \geqslant [1-\psi_n(\theta_n)]V(r-c) + \psi_n(\theta_n)V(-l-c)$ 条件时，理性的食品生产者才会参与到市场交易中来。其中，c 为食品生产者的生产成本，$r-c$ 是未发生食品质量安全问题时的生产者利润，$-l-c$ 是出现食品质量安全问题时食品生产者的损失。由上式的满足条件可进一步推导出：

$$\psi_n(\theta_n) \geqslant \frac{V(r-c)-V(p-c)}{V(r-c)-V(-l-c)} = \Omega(p)$$

所以，只有当价格满足 $p_* = [1-E(\psi_n(p))] \times r - E(\psi \mid \Omega(p)) \times l$ 条件时，才能实现信息不对称假设下的食品市场均衡。由于 $\Omega(p) \in [\underline{\psi_n(\theta_n)}, \overline{\psi_n(\theta_n)}]$，由不动点定理可知，均衡价格 p_* 一定存在，但是由于处于信息不对称条件下，此时的均衡价格并不是有效率的，此时的食品市场也未实现帕累托最优。此外，高质量安全水平食品的生产者的努力水平为 θ_n、成本为 C_{ni}，低质量安全水平食品的生产者的努力水平为 θ_{nj}、成本为 C_{nj}，显然 $\theta_{ni} > \theta_{nj}$，$C_{ni} > C_{nj}$。

信息不对称带来了逆向选择动力，促使高质量安全水平食品的生产者退出食品市场，当然愿意为高质量安全水平食品支付较高价格的消费者的需求也将得不到满足，食品市场出现失灵，进而导致低质量安全水平的食品充斥市场，食品安全水平整体大幅下降，消费者对食品安全的诉求得不到满足，导致消费者对政府和食品行业的极大不满和信任危机。

第三节　食品可追溯体系保障食品质量安全的理论分析

为了研究可追溯体系在保障食品质量与安全方面的作用，本节首先分析可追溯的目标和动机，进而对食品可追溯体系的动力和功能进行深入研究，然后基于信号传递机制研究可追溯体系对食品质量与安全的激励。

一　可追溯的目标和动机

食品工业正变得以消费者为导向，同时政府也需要对食品丑闻和食品安全事件进行快速的响应和处理。良好的可追溯体系有助于减少不安全的或者低质量食品的生产和流通，从而减少负面公共性，方便召回。目前的质量标签制度并不能保证食品是正宗的、高质量的和安全的，可追溯性作为安全信息工具有助于食品质量安全的保证以及消费者信心的建立。

企业在应用可追溯体系时主要基于三个目标：完善供应链管理、便于食品质量和安全追溯、不易观测的质量属性可被消费者识别。这些目标的优点包括减少成本分摊、降低召回的费用、增加信任属性商品的销售（Golan 等，2004）。可追溯性不仅是提高食品安全体系的方法，而且是提高原材料质量、改善库存管理、增强竞争优势的战略工具（Galvão 等，2010）。

从消费者的角度来看，可追溯性有助于消费者建立对生产者的信任、增加对食品体系的信心。对种植者来说，可追溯性是经济有效的全面质量管理体系的一部分，有助于持续的质量改进以及减少安全隐患的影响。此外，可追溯性有利于快速有效地实现产品召回和责任认定（Opara，2003）。

食品安全风险存在于供应链的每一个环节，因此良好的追溯管理体系能够从供应链的任何一个环节实现向前追踪和向后追溯，可以在食品安全问题发生时实现对产品的有效识别和召回管理（Opara，2003）。这种端到端的供应链管理方法也被定义为“从种子到货架”（Morris 等，2000）、“从农田到餐桌”（Opara，2003；Garcia 等，2010）等。

在食品供应链中实施可追溯体系有一系列的激励因素，这些驱动力使得可追溯性成为回答有关食品安全、质量和透明度问题的工具，比如发生了什么、为什么会发生、什么时候发生的、在哪儿发生的以及事件参与者（见图 3－2）。

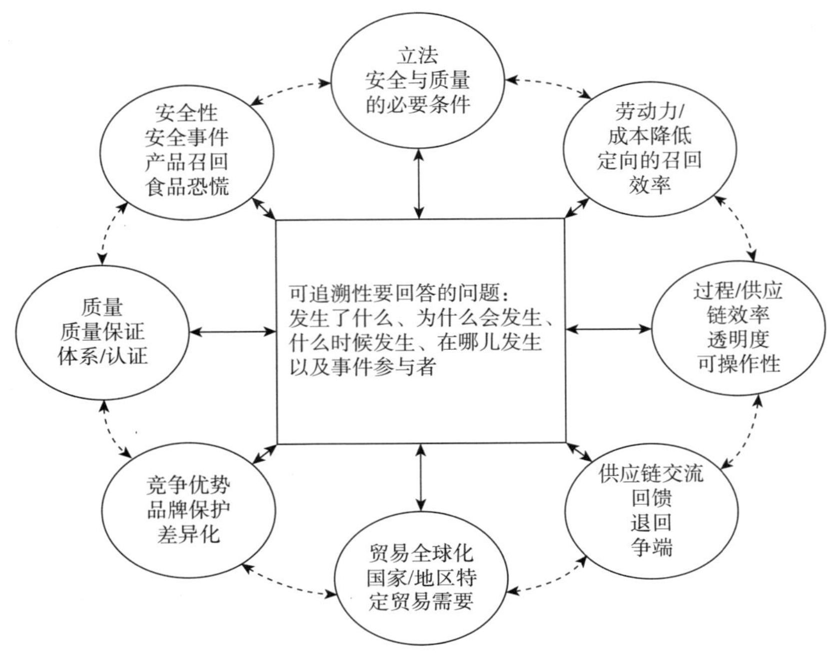

图 3－2　食品供应链可追溯性的驱动力

二　食品可追溯体系的动力和功能

在影响广泛的食品安全事件（例如疯牛病、大肠杆菌等）发生后，人们对食品供应链中可追溯性的关注度越来越高，许多国家公共部门和私人部门建设食品可追溯体系的积极性增加。完整的食品可追溯体系应具有事前质量保证与事后追溯的基本功能，复合功能的可追溯食品才能从本质上降低食品质量和安全属性的信息不对称，重塑或者增强消费者对食品质量安全的信心。所以本部分首先剖析了食品可追溯体系的建设动力，突出了私人部门市场激励和公共部门监管执法的作用，进而区分了可追溯体系的事前质量保证功能和事后追溯功能，并介绍了两种功能体系的解释模型。

（一）食品可追溯体系的动力

近年来，许多国家出现了各种食品可追溯系统，虽然有一些是政府强制推行的，但是大部分可追溯体系都是私人部门自愿实施的。一些系统只有部分的可追溯能力，比如覆盖供应链的特定阶段而不是全程。一些系统真正实现了全程可追溯。还有一些可追溯体系仅包含简单的回溯能力，而一些可追溯体系除了提供可追溯性外还包含质量或者食品安全保证。

可追溯系统的复杂性和多样性意味着可追溯性并不是一个简单的二元变量（比如是否实施）。相反，可追溯性有多种维度。Golan 等（2003）定义了可追溯系统的三种特征：可追溯的宽度、深度、精准度。宽度指的是记录的信息量，如饲料成分、生产方法、加工方法等；深度指的是可追溯系统往前追踪或往后回溯供应链的环节长度；精准度指的是系统能够定位一种特定产品运动的准确程度，如追溯到一只特定的动物，或者一群动物，或者一个农场。精准度或准确度越高，成本越高。Monteiro 等（2004）应用宽度、深度及精确性指标比较研究了包括欧盟在内的六个主体的牛肉可追溯性，发现了系统间的显著区别，包括治理方式（强制型、自愿型、强制和自愿结合型），其中政府对可追溯体系内部动机的回应，要么是主要政策驱动型方法，要么是行业主导型举措。

当企业不能提供可追溯性的社会最优水平时，政府推行强制性可追溯体系能够矫正已知的市场失灵。市场失灵在两种情况下会发生。一是如果高质量（或者说更安全）食品的生产者不能给消费者提供信用保证，那么食品安全和质量属性的信任特性便使得市场被低质量食品主宰（Golan 等，2003；Hobbs，2004）。引入第三方机构认证的可追溯系统使得质量保证更可靠，保护消费者免受质量欺诈。二是可追溯系统使得在食品安全事件发生时能够快速对问题产品进行召回，降低对公众健康的影响，保护行业中其他企业的名声（Hobbs，2003；Golan 等，2003）。由于召回系统的净社会效益可能要超过净私人收益，私人部门对可追溯体系的投资动力不足，所以政府推进可追溯体系是必要的。但需要注意的是，相比较其他的质量安全提升措施，强制性的可追溯体系的实施可能会导致政策的低效率。Golan 等（2003）呼吁注重绩效目标的强制性，可追溯系统在设计时要考虑灵活性，而不是禁止可追溯性的变通。强制可追溯体系的反对者主要关注的是更精确的可追溯将带来更多的责任，因为更多的责任也驱动着生产者使用安全的生产和加工方法。下文分别从公共部门建设食品可追溯体系的动力和私人部门建设食品可追溯体系的动力的角度进行分析。

1. 公共政策的驱动

政府建立食品可追溯体系的最初目的就是在食品安全事件发生时能够方便高效地追溯到问题食品。以肉品可追溯体系为例，活畜在离开出生地之前就要被分配一个具有唯一性的 ID 号码，这个 ID 号码要一直保留到包装场的肉品品质检验环节。动物的原产地信息和最后位置信息被用于动物在整个供应链中的向前追踪和向后追溯。

其实政府可追溯体系的出现引发了可追溯性是公共部门的责任还是私人部门的责任的问题。答案取决于市场失灵的程度，例如私人部门的回应是否足够解决信息不对称问题。以欧盟为例，早在 1997 年欧盟就在各成员方建立了牛肉标签体系的法规，2000 年完成修订案（法规号 No. 1760/2000）。该法案引入强制性原产地标签体系，有助于产品在供应链上的可追溯，被称为“从农田到餐桌”。欧盟的每个成员方都被要求引入国家牛肉识别体系。所有的牛肉都必须贴上有参考码的标签，这个参考码能够识别一块肉来自哪个动物或者哪群动物，还包括动物出生、养殖、屠宰和加工的国家信息。牛肉市场组织或者企业能够获得包含额外信息的自愿标签的批准，例如动物福利信息、动物出生信息或者育肥方法。输出牛肉到欧盟的第三方国家的标签体系也必须获得欧盟委员会的批准。

欧盟牛肉可追溯法规通过快速识别受影响的牛群或者加工企业，降低食品安全问题发生后或者牛群健康问题发生后健康护理的外部性。虽然提高食品安全的程度还不确定，但是可追溯体系能够实现更精确的责任分配（Buzby 等，1999）。对于纠正市场失灵的事后可追溯体系来说，这些都是强大的驱动力。事实上，虽然零售环节提供的可追溯码能够追溯到动物或者农场，但是标签体系并没有解决信任属性的信息不对称问题。其实大多数消费者都想知道他们购买的食品在消费之前是不是安全的，因此，一个产品在食品安全事件发生后能够追溯到源头对消费者来说效用并不大。虽然看起来提供了牛肉产品的事前信息，但是很明显欧盟的法规实际上是事后的追溯，在食品安全事件中，有利于牛肉产品和受影响的肉品的追溯召回，但是给消费者提供有关事前质量的信息却有限。相反，对监管者来说更重要的就是建立可信的第三方监管机构以及公布对事前质量声明的验证。

2. 私人部门管理需求的驱动

私人部门自愿实施可追溯的动因包括单个供应链激励和行业范围的项目推进。企业自愿加贴的可追溯标签可以辨认肉品的信任属性（Hobbs 等，2005）。如果消费者愿意为更安全的食品支付溢价，那么食品生产企业就有动力提升食品的质量安全水平，并以标签的形式展现这种安全属性。当然，可靠的监督和执法机制是必需的，因为这可以降低错误标签给消费者带来的欺骗风险。虽然零售端的标签被用于向消费者传递可追溯信息，但是认证、合约、第三方审核等其他一些机制更常见于向消费者传递供应链中的可追溯信息。如果可以降低食品零售商的风险承担、提高产品召回的效率以及降低因进行质量监管而上升的交易成本，食品零售商是很乐意改进可追溯系统的。这些可追溯系统的动力就是改进全程供应链管理。

私人部门解决信息不对称问题的方法就是由企业自愿加贴标签和/或私人行业组织的质量保证以让消费者识别信任属性。如果安全食品有市场溢价，企业就有动力给产品加贴安全性改进的标签，如常见的巴氏消毒以及辐照食品，企业也有动力开发自我监管的认证标准以保证食品质量和安全标准。

对于提高了食品安全或食品质量属性的产品来说这种方案是有效的，但是市场失灵问题仍然存在于含有消费者消极感知属性的食品中。一个以利润最大化为目标的企业不会自愿披露低质量产品信息。因此，如果企业认为消费者对转基因食品强烈反感，那么企业就不会在含有转基因成分的产品上自愿加贴转基因标签。如果这些生产高质量食品的企业能够谴责那些通过加贴虚假标签在认证项目上搭便车的企业，自我监管的行业质量保证和/或安全标签项目才可能是有效的。但是，如果谴责比较困难，这些项目对消费者来说便缺少可信性，将会产生“柠檬市场”问题，消费者转而选择低质量（或潜在不安全）的食品。

（二）食品可追溯体系的功能

识别可追溯体系所带来的经济激励，有助于理解可追溯性在何种程度上可能带来净经济效益。

可追溯体系的主要目标以及欺诈的驱动，影响着私人部门和公共部门各自在提供可信的可追溯性或质量保证的食品方面的作用。如果食品安全问题的社会成本超过私人成本，可能就需要政府来提供可追溯信息。如果消费者愿意为某一个或一些特殊属性支付溢价，事前质量保证就能够在私人部门产生。由于信息不对称，生产者可能存在加贴虚假标签等欺诈行为，表明了政府部门或可信的第三方认证机构在食品安全管理中的作用。

信息不对称和产品质量的作用在文献中已有大量探讨，奠定了下文建模的基础。食品属性及其搜寻品、经验品和信任品特性的关系也有大量文献研究。Grossman（1981）认为当“事后确认”是无成本的以及消费者之间的交流成本也很低时，即使是垄断者也有动力自愿且真实地在事前披露产品质量。由于逆向选择，高质量产品的生产者有动力披露产品质量，因此不披露意味着产品低质量。如果信息披露是无成本的，那么政府运用干预手段来鼓励质量披露是不起作用的。事后确认产品质量的能力影响可能出现的可追溯体系。McCluskey（2000）讨论了信息不对称和有机食品的政策启示。因为有机食品的信任品特性，生产者可能用虚假的质量声明欺骗消费者以获得最大利润。重复购买关系和第三方监管对高质量信任品市场的有效性来说是非常必要的。标签声明和公共部门认证的标准化可能会提高市场效率。

在食品安全的自愿方法和强制规制的诱因分析中，Segerson（1999）采用博弈论方法表明当设定强制性标准的威胁时，企业采取自愿食品标准的条件。她发现对于搜寻品和经验品而言，市场在引导自愿采取食品安全措施方面运行良好；但是在信任品方面会出现市场失灵。但是如果监管者能始终确保这是一个可信的威胁，那么政府规制行动或公共资助诱因（如补贴）对于引导企业自愿采取食品安全措施可能仍然是足够的。本研究在借鉴 Hobbs（2004）研究的基础上，解释事后和事前信息系统的功能。

1. 事后追溯功能

事后追溯功能是可追溯体系的基本功能，它使得食品安全事件发生后问题食品能够沿着供应链进行召回，这是大多数国家现行的可追溯系统的主要功能，可进一步细分为反应功能和责任功能。

基于问题食品沿着供应链向后追溯到污染源的能力，以及沿着供应链向前追踪到其他潜在的被污染的动植物或产品，反应性追溯体系能在问题发生后降低事后私人成本和公共成本。反应功能也被称为外部成本消减功能。有效的追溯可以控制食源性疾病的波及范围，通过限制接触潜在的不安全食物的人群数量，降低公众成本（医疗成本、生产力的损失）。通过识别和隔离污染源，降低行业的私人成本，同时也使得额外花费成本采用了改进质量安全的食品处理措施（如：严格评估）的企业与没有进行预防措施投资的企业分开。通过更有针对性的问题产品的召回，避免波及规范生产的企业，也避免不安全生产的企业的搭便车行为。有效的可追溯系统能够让问题产品的来源被迅速锁定和隔离，有助于提升公众的信心，也有助于在食品安全问题发生时出口市场份额的保持。从学者们对可追溯系统的分析也可以看出，建立强制可追溯体系和全供应链体系的重要动力就是事后成本的降低和快速的问题食品的召回（Pettitt，2001；Golan 等，2003；Hobbs，2003；Monteiro 等，2004；朱淀等，2013；吴林海等，2013，2015）。

此外，责任功能就是食品可追溯体系提高了侵权责任法的效力以激励企业生产安全食品。要承担民事法律责任，以及由此导致的经济损失和品牌资本的损失都是激励的手段。在一定程度上，全程可追溯系统有助于法律责任的界定，供应链中的企业更有动力采取措施提高食品安全水平（Hobbs，2003；Monteiro 等，2004）。从这个意义上说，可追溯系统也承载着事后信息功能。可追溯性降低了消费者和下游经销商在鉴别过错方[①]和寻求法律赔偿时的监督和执行成本。可追溯系统也有助于政府实施更有效率的监控和检查方案，即重点审查企业的生产记录而不是去直接监控企业的生产行为（Monteiro 等，2004）。在这一点上，可追溯性和法律标准之间

① 经验属性和信任属性的区分很重要，如果消费者食用产品后不久就患病，这种情况下的责任确立相对容易些，但是对于信任属性来说确立责任的效率要低很多。如果从消费者食用产品到身体健康受损的时间很长，证明直接责任是不可能的。食用被“疯牛病”污染的牛肉后，遭受新的变种 Creut/feldt-Jacob Diseai^e（nv-CJD）的疾病就是一个例子。

有替代关系。如果食品安全标准很高且能严格执行，可追溯性的法律责任驱动功能就会弱化，如果消费者仅仅出于质量安全方面的原因考虑的话，其对可追溯性的支付意愿也就较低。但是，如下文所讨论的，消费者可能出于其他原因愿意为可追溯性支付较高的溢价。

事后成本的降低和责任的驱动使得食品安全事件发生后，问题食品能够被及时召回。可追溯体系可被应用于经验属性的食品甄别中，例如导致食源性疾病的大肠杆菌的存在。

可追溯体系的实施主体有行业协会、企业和政府。首先行业协会决定是否在全行业应用可追溯体系。[①] 协会是由本行业的企业组成的，共同做出是否在全行业应用可追溯体系的自愿决定。但是一旦行业决定应用可追溯体系，我们便假设行业的每一个企业都必须应用可追溯体系。

如果决定实施全行业的可追溯体系，那么行业中的企业就必须决定是否要采取措施生产更安全的食品，例如尽职尽责/严格评估的生产（Practice Due Diligence）。这些措施包括降低病原体的技术（比如有些地方被批准应用的辐照技术），或者增加终端产品的微生物致病菌检测，或者采用更完善的管理措施，比如 HACCP 体系。

企业认为本行业发生食品安全问题的可能性为 p（$0\leqslant p\leqslant 1$）。食品安全问题在本行业相对广泛（比如英国发生的“疯牛病”），或者隔离一些受影响的企业。如果企业已经采取措施生产更安全的食品，那么这个企业发生食品安全问题的可能性就是 f（$0\leqslant f\leqslant 1$）；如果不采取这些措施（生产潜在不安全食品），那么这个企业发生食品安全问题的可能性就是 g（$0\leqslant g\leqslant 1$）。假设 $g>f$。

如果行业协会并没有引进可追溯体系，那么政府就可能强制实施可追溯体系，对企业来说，政府实施强制性可追溯体系的概率是 m（$0\leqslant m\leqslant 1$），不实施强制性可追溯体系的概率是 $1-m$。此时可追溯体系的实施方式包括自愿的行业可追溯体系、强制性可追溯体系和无可追溯体系。在强

① 事后可追溯体系并不总是需要行业协会的参与。没有行业协会的参与，供应链中的单个企业也可以合作引进可追溯体系。简单起见，本研究假设一个国家的行业协会需要面临是否引进可追溯体系的决定。

制性和无可追溯的方式中，企业采取严格评估的/不采取严格评估的食品安全生产措施，在行业内和企业内发生食品安全问题的概率都是相同的。企业采取不同行为的期望收益分别为：①行业协会实施自愿性可追溯体系时，公司的收益被定义为 RV；②行业协会实施强制性可追溯体系时，公司的收益被定义为 RM；③行业协会不实施可追溯体系时，公司的收益被定义为 RN。假设 RV > RM > RN。RV 包括声誉的溢价以及来自消费者信心提高的溢价。溢价反映了自愿实施可追溯体系的市场和公众关系收益，而不是仅在政府规制下的才有收益（Segerson，1999；Hobbs，2004；尹世久，2015）。RM 仅仅包括消费者信心的溢价不包括声誉的溢价，而 RN 两种溢价都不包括。

此外，五种成本影响着企业收益。第一个就是实施可追溯体系的成本。假设自愿实施和强制实施可追溯体系的成本分别用变量 TV 和 TM 表示，且 TM > TV。自愿采取可追溯体系时，允许可追溯体系设计时灵活变通，以适应本企业的实际情况，而不是生搬硬套固有模式。

企业的生产成本还受严格评估生产方式决定的影响。采取措施生产更安全食品时企业的成本是 CS，不采取措施生产更安全食品时企业的成本是 CU，假定 CS > CU。

如果食品安全问题发生了，三种额外的成本也就体现出来了。第一，如果一个企业是受污染食品的供应商，假设市场处罚 P 表示该企业产品降低的市场需求。第二，对于可追溯性，假设 L 代表企业的法律责任成本。不管是否已经采取降低污染问题发生概率的措施，假定如果与食品安全问题直接相关，企业将面临市场处罚，此时变量 P 和 L 是存在的。但是，额外的责任成本也需要没有进行严格评估生产以降低潜在食品安全问题发生概率的企业承担。

需要注意的是，如果没有实施可追溯体系，假设本企业与食品安全问题并不直接相关，就无须承担成本 P 和成本 L。但是在这种情况下，其他环节发生的食品安全问题会对本企业产生外部成本 E。这个成本产生于因消费者对整个行业产品信心的缺失以及/或者出口市场的丢失，而使单个企业销售额降低。引进全行业可追溯体系的强劲动力就是保护整个食品行业形象。事实上，不管单个企业是否实施了食品安全严格评估措施，没有可追溯体系时成本 E 都会产生，因为企业无法把自己的生产措施向下游经销商和消费者可靠地传达。

如果行业引进自愿实施的可追溯体系，企业采取措施生产更安全的食品（比如严格评估），发生食品安全问题的概率为 f 时，企业的期望收益为 RV - TV - CS - P；如果概率为 1 - f 时，企业的期望收益为 RV - TV - CS。需要注意的是，假设某企业没有被直接牵连进食品安全事件，不管行业是否发生食品安全问题，企业收益都是相同的，可追溯体系通过隔离问题源而使企业免责。相反，如果企业没有采取严格评估的生产措施，在行业发生食品安全事件的概率为 g 时，其期望收益就是 RV - TV - CU - P - L；在概率为 1 - g 时，期望收益是 RV - TV - CU。我们假设 g > f，如果没有采取严格评估措施，发生额外成本 P 和 L 的概率更高。在之前的案例中，如果食品安全问题仅仅发生在行业的其他环节，单个企业的收益并不受影响，因为可追溯体系保护了未受影响的企业的声誉。

如果行业未引进可追溯体系，政府可能强制推行可追溯体系（概率为 m）。给定政府强制实施可追溯体系的情景，如果食品安全问题随后发生在行业中，概率为 f 时，采取严格评估措施企业的期望收益为 RM - TM - CS - P；或者如果没有采取严格评估措施，概率为 g 时期望收益为 RM - TM - CU - P - L。如果企业没有经历食品安全事件，因为有可追溯体系，所以不管行业中其他环节是否发生食品安全问题收益都是相同的（实行严格评估措施时收益为 RM - TM - CS，未实行严格评估措施时收益为 RM - TM - CU）。

给定行业协会未引进可追溯体系的情景，如果政府不实行强制性可追溯体系，此时企业不实行可追溯体系的概率为 1 - m。如果企业采取严格评估措施，在概率 h 下企业的期望收益为 RN - CS - E，在概率 1 - h 下企业的期望收益为 RN - CS。如果没有可追溯体系，行业发生食品安全问题时，不管是否采取了严格评估的生产措施，企业都需承担市场外部成本 E。如果企业未采取严格评估措施，在概率 h 下企业的期望收益为 RN - CU - E，在概率 1 - h 下企业的期望收益为 RN - CU。给定假设 CS > CU，没有可追溯体系时，企业没有动力采取严格评估措施，我们假设单个企业不能影响到行业其他环节发生食品安全问题的概率。

企业改进食品安全的倾向依靠食品安全问题发生的事前主观概率的相对大小，如果采取严格评估措施概率是 f，不采取严格评估措施概率是 g，以及政府实施强制性可追溯体系的事前主观概率是 m。来自自愿行业可追溯体系的成本节约程度（TM - TV）、市场惩罚力度（P）以及与严格评估措施的额外成本（CS - CU）相关的法律责任成本（L）也很重要。市场外部成本（E）的大小以及对于强制可追溯体系实施有关的自愿行为来说，声誉溢价的规模（RV - RM）将共同影响企业支持行业引进自愿性可追溯体系的倾向。

降低市场外部成本和提高责任驱动这两个事后可追溯体系的功能使得企业总的来说有动力缩小食品安全问题的波及范围，通过识别受污染食品影响的企业以及使得行业里剩余未受污染的企业免受消费者信心以及出口市场的影响。这个作用是由市场外部成本带来的。责任成本和市场处罚也是企业采取保障食品安全措施的动力。这些驱动力仅仅在可追溯体系存在的时候是有效的。对企业来说，强制性可追溯体系可以增强其生产安全食品的责任驱动力。其他动力包括通过对受污染企业的快速识别，降低食品安全问题的社会成本、降低其他企业的市场外部成本以及被污染食品带给消费者的外部性（健康）成本。

2. 事前质量保证功能

食品可追溯体系的第二个功能就是降低消费者确认质量的信息成本，因为可追溯标签展现了食品的质量安全、动物福利、环境友好型生产操作等信任属性（Golan 等，2003；Hobbs，2003），被称为事前质量保证功能。许多现存的整个行业的牲畜鉴别和可追溯体系在本质上是被动的，它们是事后的信息体系——在食品安全事件发生后对问题产品的追溯，并不能促进在必要食品属性上的事前信息提供，以降低消费者的信息不对称程度。通过识别标签把食品的信任属性转化为经验属性充满挑战和商机。例如 Clemens（2003）讨论了日本的食品零售商销售“有故事的肉”的行为，“有故事”也就是能够查询到肉的防疫信息、基本生产信息以及可以追溯到牲畜出生地的供应链节点环节信息。这种形式的可追溯性也就具有了事前信息功能，关注的是主动的信息提供和质量认证。在 Golan 等（2003）的理论中，这也叫有着更多宽度的可追溯系统。所以过程属性信息的事前提供（或确认）是必要的。区分可追溯性的这些功能是很有用的，当认识到如果要解决信息不对称问题需要多方面配合，一个完备的可追溯体系就会因事前和事后而产生。

如果消费者被提供了产品或加工方法的保证信息，为什么他们还应该关心肉品是否能够追溯到牲畜出生地？这是因为额外保证属性耦合可追溯属性有助于建立消费者信心，特别是在消费者对政府保障食品安全的能力出现信任危机时，这种保证更是必要的（Clemens，2003）。在这种情况下，零售商努力通过提供同时含有质量保证属性和可追溯属性的复合型可追溯肉品来提升消费者对食品安全的信心。实际上 Dickinson 等（2003）的研究也发现，由于受到“疯牛病”危机的影响，日本和英国的消费者对可追溯性的支付意愿普遍比美国和加拿大的消费者要高。当前的研究也发现加拿大的消费者对公共食品安全监管体系的信任度很高。所以，可追溯体系既是承载事前质量保证措施的工具，也是提升消费者对这些保证措施信任度的方法。

在食品企业可以选择是否引入自愿的具有事前质量保证功能的标签体系的情形下，假设这个体系主要由独立第三方监管，能显示产品标签准确性的概率为 p，不能显示产品标签准确性的概率为 $1-p$（$0 \leqslant p \leqslant 1$）。[①] 引入自愿的确认和标签体系，企业可选择生产高质量食品（例如采取动物福利友好型生产操作方式）或者生产低质量食品用于欺骗消费者。假设企业不知道第三方监管是否有效，因此也无法决定在哪个节点进行高质量/低质量生产。在下文假设的每个案例中，消费者都会做出是否购买的选择，但是消费者并不知道自己在哪个节点位置，对企业质量声明的第三方监管的准确性并不确定。

① 第三方监管可能并不总是发生在事前认证体系方面，特别是如果监管活动可以由下游购买方实施的话。但是对消费者可信的质量保证来说，一些类型的监管通常是必要的。

如果企业没有引入自愿性质量保证和标签体系，可能面临政府实施强制性体系来纠正市场失灵（由欺骗导致的信息不对称）。企业认为政府引入强制性体系的概率是 m（$0 \leqslant m \leqslant 1$）。简单来说，假设实施强制性质量认证体系，产品真实质量在消费者购买前就可以得到 100% 的及时确认。在自愿引入质量认证体系的前提下，一旦引入了该体系，企业便必须决定生产高质量或者低质量产品，以及考虑消费者是否会做出购买决策。

另一种情形是，企业认为政府不会推行强制性质量保证体系的概率为 $1-m$。此时消费者并没有收到产品质量的信号，消费者并不知道自己所处的节点位置。对于信任品属性（比如动物福利友好型生产方法或环节友好型生产方法），消费者在购买和消费后或者对物理属性的事后第三方检测，都不可能确认产品质量。

在市场中销售产品的收益被定义为三种可能的水平：收益 RH 来自一单位高质量产品销售，收益 RL 来自低质量产品销售，受益 RA 来自无事前质量信号的产品销售。RA 代表平均收益或者汇集的收益，依赖消费者对市场中低质量（或高质量）产品份额的期望，比如选择“柠檬”的概率。在主观概率方法 1 中，RA 接近 RL。假设消费者选择高质量而不是低质量产品，以及假设商品的价格可以反映质量和企业的收益，那么 $RH > RA > RL$。此外，引入自愿质量保证和标签体系的企业可以获得信誉的溢价 G。其中溢价反映了企业自愿引入信息体系的市场和公众关系收益。

两种成本影响着企业的收益。第一个是实施质量保证体系的成本，假设 VV 是引入自愿质量保证体系的成本，而 VM 是引入强制性体系的成本，且 $VM > VV$（因为自愿允许企业根据自身的实际情况灵活设计质量保证体系，而不是必须符合“通用型”强制性体系）。此外假设 CH 是生产一单位高质量产品的成本，而 CL 是生产一单位低质量产品的成本，很显然 $CH > CL$。

具有事前质量保证功能的体系包括自愿质量保证和标签体系、强制性质量保证和标签体系以及无质量保证和标签体系（行业做出不引入的决策后政府也采取不引入策略）。如果消费者不购买产品，企业的期望收益为 0。假设长期来看企业不会在产品和质量保证体系方面投资（McCluskey,

2000）。如果企业引入自愿性质量保证体系生产高质量产品（诚实策略）以及消费者也购买了高质量产品，不考虑第三方监管有效性的话，企业的期望收益是 RH + G − VV − CH。如果企业欺骗消费者，将低质量产品冒充高质量产品销售，在概率 p 下企业收益为 RL − VV − CL；在概率 1 − p 下企业的收益为 RH + G − VV − CL。[①] 给定 RH > R L 以及 CH > CL，如果企业引入自愿的质量保证体系，那么未被发现的欺骗将使企业获得最高的收益（RH + G − VV − CL）。引入自愿的质量保证体系，企业的质量决策取决于有关第三方监管有效性的主观概率的大小。

如果企业选择不引入自愿质量保证体系以及生产了高质量的产品，此时在强制性体系下概率为 m 时企业的期望收益是 RH − VM − CH，在缺乏质量保证体系概率为 1 − m 时的期望收益为 RA − CH。生产低质量产品，在概率为 m 时将获得期望收益 RL − VM − CL，在概率为 1 − m 时将获得期望收益 RA − CL。企业生产高质量产品的动力来自高质量产品的市场溢价（与未贴标签的商品相比，市场溢价是 RH − RA），与强制性质量保证体系的成本（VM）有关，此时企业认为政府会实施强制性质量保证体系的主观概率为 m。除非生产可确认的高质量的收益（RH）加上声誉溢价（G）足够可观以致能抵消实施自愿性质量保证体系的成本，否则 m 为 0，企业将生产低质量产品［（RA − CL）>（RA − CH）］。

有效的第三方监管的概率 p 较小，以及因为生产成本（CL）更低，企业可以获得更高的收益（RH），做出欺骗行为的动机较强。这也说明信任品质量属性在确认产品过程时有效的第三方监管的关键作用。[②]

与事后追溯功能中通过行业协会的集体行动带有市场外部动机的行业范围可追溯性的情况相比，事前可追溯体系是一个供应链驱动体系。从确认产品质量中增加的成本和收益直接影响单个企业的决策行为。其他企业

① 如果第三方监管揭示了企业的欺骗行为，则在自愿质量保证体系中企业的声誉溢价为 0。在这种情况下，质量保证体系对消费者来说并不可信。

② 这里暗含的假设是，存在政府对质量体系的监管且 100% 有效。但实际可能不是这样。这将导致虚假质量的结果与自愿性质量保证案例相似的结论，虽然与强制性体系的成本和收益不同。为了保持数字的可追溯性，这个变量被忽略了。

发生的质量安全事件对本企业来说无外部成本。实际上，企业可能通过他们的供应链关系定制可追溯体系，行业协会可能会鼓励他们的会员企业采用行业质量保证体系。

三　可追溯体系对食品质量安全的激励：基于信号传递机制

随着人们生活水平的提高，食品质量和食品安全变得越来越重要。一系列影响广泛的食品安全恐慌提高了公众对食品安全风险的认知度，增强了对安全食品的诉求，消费者迫切需要市场提供高质量食品（Aung 等，2014）。但是食品的经验属性或信任属性导致信息不对称现象的发生，不仅增加了下游食品企业的交易成本，而且食品市场在生产者利润最大化的目标导向下出现的道德风险和逆向选择，导致整个社会的福利遭到损失，其引发的一系列食品安全问题更是使食品行业的信誉遭受重创，消费者“谈食色变”。

为了纠正信息不对称造成的市场失灵，防范不断爆发的食品安全事件，政府与食品行业努力探索新颖有效的食品安全管理体制机制。比如基于价格、广告、产品认证、管理体系认证、可追溯体系等建立用于传递食品质量安全的信号传递和发送机制便是有效解决措施之一。其中，由于完整的食品可追溯体系能跨越地域局限对食品质量和安全进行有效监管，且能够通过溯源信息识别问题源头、实施问题产品召回和事故责任划分，能够为消费者提供透明的向前追踪和向后追溯的食品质量安全信息，因此被认为是消除信息不对称现象，恢复消费者对食品安全的信心的有效工具（Regattieri 等，2007；Van 等，2008；Kher 等，2010；Sterling 等，2015）。所以本节借鉴王常伟（2014）的研究方法分析食品市场信息不对称条件下，食品可追溯体系中质量安全信号传递发送机制的内在机理，以探寻可追溯体系信号发送机制有效性的关键因素。

（一）模型设定

可追溯体系引进的目的之一是减少食品质量安全属性的信息不对称现象，使得不易观测的质量安全属性可通过可追溯体系被消费者识别，从而激励食品生产经营者提升质量安全水平，进而改善整个社会的福利水平。

本研究假设只有两种类型的可追溯食品生产者存在于食品市场上，一种类型是有较好的可追溯体系软件硬件基础设施，如商务部肉菜可追溯体系建设试点的中标企业和/或质量保证项目的中标企业等，这类可追溯食品生产者可以以较低的可追溯体系建设成本达到完备的可追溯食品的生产要求，也有助于降低整个食品供应链上的食品安全风险水平，本研究把这类生产者称为可追溯食品的优势生产者。而另一种类型是具有相对较差的可追溯体系软件硬件基础设施，若要达到完备的可追溯食品的生产要求，必须支付较高的可追溯体系建设成本，整个供应链的质量安全保障面临更大的风险，本研究把这类生产者称为可追溯食品劣势生产者。假设所有的可追溯食品生产者中，优势生产者的比例为 β，$\beta \in [0, 1]$，那么 $1-\beta$ 为劣势生产者所占的比重。不同的追溯水平 κ 可供可追溯食品生产者选择，若可追溯食品生产者按照某追溯水平下的追溯要求进行可追溯食品生产的成本为 C_κ，则 κ 与 C_κ 是正相关关系。由于可追溯食品的生产过程存在一定程度的不确定性，因此，κ 追溯水平下，可追溯食品的生产者支付的期望生产成本为 $E(C_\kappa)$，相应追溯水平的可追溯食品通过可追溯码和标签被消费者充分识别后，获得的市场支付价格为 p_κ。为简化研究探寻本质规律，本研究并未将生产风险的影响加入模型中。

假设可追溯食品生产者从市场交易中获得的效用为 U，效用函数 $U(p, c)$ 关于可追溯食品生产成本 c 严格递减，关于可追溯食品的市场价格 p 严格递增。可追溯食品的优势生产者的效用函数可以表示为：$U_0 = U(p, c_0) = u(p - \eta_0 c(\kappa))$；可追溯食品的劣势生产者的效用函数可以表示为：$U_1 = U(p, c_1) = u(p - \eta_1 c(\kappa))$。其中，$\kappa$ 是可追溯水平。η_0 表示随着可追溯水平的提升，可追溯食品的优势生产者所付出的可追溯食品生产成本增长的斜率；η_1 代表随着可追溯水平的提升，可追溯食品的劣势生产者所付出的可追溯食品生产成本增长的斜率。由前文对两类可追溯食品生产者资源禀赋特征的假设可知 $\eta_0 < \eta_1$，在不影响模型构建和分析的前提下，本研究假设可追溯食品的优势生产者和劣势生产者在生产无可追溯性的普通食品时的生产成本为 0。由上文 U_0 和 U_1 的公式可以分别推导出：

$$p = u^{-1}(U_0) + \eta_0 c(\kappa) \tag{1}$$

$$p = u^{-1}(U_1) + \eta_1 c(\kappa) \tag{2}$$

从（1）式和（2）式可以得出，在两类可追溯食品的无差异曲线中，可追溯食品优势生产者的边际替代率高于可追溯食品劣势生产者的边际替代率，即 $MRS_{cp0} > MRS_{cp1}$。

可以采用博弈模型分析可追溯体系信号的发送与消费者可追溯食品的购买决策之间的关系。首先，基于生产者获得的资源和禀赋条件（成为可追溯食品优势生产者的概率为 β），生产者开始投入不同可追溯水平的可追溯食品的生产，然后通过可追溯体系和标签进行食品质量安全信号的发送，最后是消费者面对不同可追溯水平的可追溯食品时，做出某种可追溯食品购买决策。食品生产者的纯策略就是生产者基于自身企业资源禀赋条件等选择了某一种可追溯食品的生产模式 Φ（p_j，c（κ）），消费者在面对可追溯食品的追溯和认证的信号时，通过对信息的搜寻加工判断，形成了此种可追溯食品的认知和信念，进而判断出可追溯食品生产者的生产模式。可追溯食品的信号传递和发送机制能否在可追溯食品生产者和可追溯食品消费者之间有效发挥作用，取决于是否同时满足以下三个条件（即达到博弈的纯策略序贯均衡）。第一，在给定消费者策略的情况下，可追溯食品的优势生产者与可追溯食品的劣势生产者都是基于各自利润最大化的诉求而进行可追溯水平选择。第二，消费者的认知和信念在处理不确定情形时符合贝叶斯法则①，即如果食品市场中可追溯食品的优势生产者和可追溯食品的劣势生产者的生产决策不同，且相应的可追溯食品正确地反映了追溯的水平，则消费者会认为选择 κ_0 追溯水平的为可追溯食品优势生产者，而选择 κ_1 追溯水平的为可追溯食品劣势生产者；如果可追溯食品市场反映不出优势生产者和劣势生产者的生产决策差异，消费者在面对不能完全准确预测的决策时，则认为整个可追溯食品

① 贝叶斯法则：当分析样本达到或接近总体数时，样本中事件发生的概率也将接近于总体中事件发生的概率。或者，支持某项属性的事件发生次数越多，则该属性成立的可能性就越大（张漪等，2008）。

市场中优势可追溯食品生产者所占的比例为 β。第三，给定可追溯食品生产者的追溯水平，消费者总是基于效用最大化原则做出可追溯食品购买决策。

（二）均衡分析

可追溯食品的生产者完全知晓自身资源禀赋情况（优势还是劣势），可以通过选择是否生产相应追溯水平的可追溯食品，向消费者发送食品质量安全的信号，而在信息不对称条件下，消费者对食品的了解信息仅仅来自可追溯体系，在对搜集到的信息进行加工判断，形成认知和信念，进而做出是否购买的决策。当给定一方决策且处于博弈中的食品生产者和食品消费者都没有改变现有决策的意愿时才会达到博弈均衡，如果此时能够让消费者基于可追溯体系传递出的质量安全信号，正确地识别出食品的质量安全水平，那么这种博弈均衡就被认为是有效率的。

在我国，可追溯体系是自愿实施的，可追溯食品的生产企业可以基于自己的实际选择生产不同追溯水平的可追溯食品，而 κ^* 代表了最基本的、达到了完整供应链追溯标准①的追溯水平。在信号发送机制下，消费者的认知和信念表明：当 $\kappa \geqslant \kappa^*$ 时，消费者会认为该可追溯食品的生产者为优势生产者，其生产的食品是高质量安全水平的食品；而当 $\kappa < \kappa^*$ 时，消费者则会认为这种所谓的可追溯食品②其实和普通的无可追溯性的食品无异，其生产者为可追溯食品的劣势生产者。在这样的信念体系下，消费者的支付意愿和支付水平可表示为：

---

① 猪肉的安全风险存在于从养殖、屠宰、运输到销售的所有环节中（孙世民等，2012；程明才，2012；姜利红等，2009），单独的生猪养殖可追溯体系、独立的生猪屠宰分割可追溯体系或仅流通环节的可追溯体系都无法保证猪肉在整个生产过程中的质量安全，所以供应链全程可追溯是猪肉质量安全的重要保障（Aung 等，2014）。因此供应链追溯是指将可追溯条形码输入肉菜可追溯公众查询平台，可查询到包含养殖环节、屠宰分割环节、运输销售环节在内的责任人基本信息。

② “所谓的可追溯食品”不是真正意义上的可追溯食品，因其仅能追溯到某一个或某几个环节，而不是完整的供应链环节，特别是在当前肉菜流通可追溯试点城市和市场中的可追溯肉菜，都不能追溯到生产源头——种养殖环节的“断头追溯”，消费者并不认可这样的可追溯体系对食品召回定责和食品质量安全的保障作用，因为食品安全风险存在于供应链的任何一个环节，缺少任何一个环节的追溯都不能实现追溯的目标。

$$p = \begin{cases} p_0 & if\ \kappa \geqslant \kappa^* \\ p_1 & if\ \kappa < \kappa^* \end{cases} \tag{3}$$

其中，$p_0 > p_1$。

所以此情形下可追溯食品市场均衡只可能出现在可追溯水平为0，以及可追溯水平为κ^*这两个点上，即要么生产高于等于供应链追溯标准的可追溯食品，要么不生产可追溯食品。如果生产者想通过生产可追溯食品获得较高的支付价格，就会选在κ^*点的可追溯水平。而当$\kappa > \kappa^*$时，将导致可追溯食品的生产成本进一步增加，消费者的反应此时可能有两种。一是由于信息不对称，若消费者无法区分更多的高质量安全水平的信息的话，就不愿意溢价支付，此时可追溯食品生产者选择消费者做出分离判断的临界点是理性的。二是如果通过相关质量安全信息的认证等手段把更高质量安全水平的信息充分传递给消费者，消费者接收、加工、判断信息形成新的认知和信念，愿意支付更高的价格购买更高追溯水平的可追溯食品。此外，当$\kappa < \kappa^*$时，此时的可追溯食品将会被认定为普通无追溯食品，获得的收益等同于普通食品，那么理性的可追溯食品生产者将不会生产可追溯食品。

在食品消费者策略既定时，可追溯食品生产者生产可追溯食品的目的就在于获取最大利润。假设普通食品生产的保留成本为零，首先分析可追溯食品优势生产者的策略选择。当选择生产可追溯食品时，由$u\ [p_0 - \eta_0 c(\kappa^*)] - u\ [p_1] \geqslant 0$可以推导出$\kappa^* \leqslant c^{-1}\left[\frac{p_0 - p_1}{\eta_0}\right]$；当选择不生产可追溯食品时，由$u\ [p_0 - \eta_0 c(\kappa^*)] - u\ [p_1] < 0$可以推导出$\kappa^* > c^{-1}\left[\frac{p_0 - p_1}{\eta_0}\right]$。接下来分析可追溯食品劣势生产者的策略选择。当选择生产可追溯食品时，由$u\ [p_0 - \eta_1 c(\kappa^*)] - u\ [p_1] \geqslant 0$可以推导出$\kappa^* > c^{-1}\left[\frac{p_0 - p_1}{\eta_1}\right]$，当选择不生产可追溯食品时，由$u\ [p_0 - \eta_1 c(\kappa^*)] - u\ [p_1] < 0$可以推导出$\kappa^* > c^{-1}\left[\frac{p_0 - p_1}{\eta_1}\right]$。

由 $\kappa_1 > \kappa_2$ 以及成本函数单调递增 $C_{ni} > C_{nj}$ 可知：$c^{-1}\left[\frac{p_0 - p_1}{\eta_0}\right] > c^{-1}\left[\frac{p_0 - p_1}{\eta_1}\right]$。分离均衡点是否存在与可追溯食品优势生产者以及可追溯食品劣势生产者都有关系，一方面要考虑可追溯食品劣势生产者是否有造假的动机，进行优势可追溯食品生产并传递给消费者高质量安全食品的信号；另一方面可追溯食品优势生产者有无动力进行可追溯食品生产。因此，当 $\kappa^* > c^{-1}\left[\frac{p_0 - p_1}{\eta_0}\right]$ 时，即 $c(\kappa^*) > \frac{p_0 - p_1}{\eta_0}$，由于生产可追溯食品的成本太高，可追溯食品的优势生产者和劣势生产者都不会生产可追溯食品，此时也不会通过可追溯体系传递并发送食品质量安全信号。当 $\kappa^* > c^{-1}\left[\frac{p_0 - p_1}{\eta_1}\right]$，即 $c(\kappa^*) > \frac{p_0 - p_1}{\eta_1}$ 时，可追溯食品的优势生产者和劣势生产者都有动力生产可追溯食品。但是此情形下，劣势生产者由于不具备生产可追溯食品的软件硬件基础，生产符合追溯水平的可追溯食品成本很高，然而可追溯食品市场有来自消费者的支付激励，此时劣势生产者仍然可能选择生产可追溯食品。由于生产出的可追溯食品不一定能够保障全供应链的可追溯性、质量安全性以及信息真实性等，所以虽然此时有追溯信息用于发送质量安全信号，但是可追溯食品市场仍然由于劣势生产者的进入而出现了市场失灵现象。而当 $c^{-1}\left[\frac{p_0 - p_1}{\eta_1}\right] \leqslant \kappa^* \leqslant c^{-1}\left[\frac{p_0 - p_1}{\eta_0}\right]$ 时，食品质量安全信号进行充分传递并发送，完善了可追溯食品市场的效率。可追溯食品优势生产者和劣势生产者在分离均衡区域的博弈收益矩阵如表 3－1 所示，其中，b_0 代表消费者购买可追溯食品所获得的效用，b_1 代表消费者购买无可追溯性的普通食品所获得的效用。由于在可追溯食品市场分离均衡区域内，$u(p_0 - \eta_0 c) > u(p_1)$ 并且 $u(p_0 - \eta_1 c) > u(p_1)$，因此，在食品生产者先做出决策的条件下，生产可追溯食品，购买可追溯食品，是可追溯食品优势生产者与消费者的博弈均衡策略，而不生产可追溯食品，购买普通食品为可追溯食品劣势生产者与消费者的博弈均衡策略。

表 3－1　不同类型可追溯食品生产者与消费者博弈支付分析

	可追溯食品优势生产者		可追溯食品劣势生产者	
	生产可追溯食品	不生产可追溯食品	生产可追溯食品	不生产可追溯食品
消费者购买	$u\ (p_0-\eta_0 c),\ b_0$	$u\ (p_1),\ b_0$	$u\ (p_0-\eta_1 c),\ b_0$	$u\ (p_1),\ b_1$
消费者拒绝购买	$u\ (-\eta_0 c),\ 0$	0，0	$u\ (-\eta_1 c),\ 0$	0，0

由上述分析得知，当 $c^{-1}\left[\frac{p_0-p_1}{\eta_1}\right]\leqslant\kappa^*\leqslant c^{-1}\left[\frac{p_0-p_1}{\eta_0}\right]$时，即$\frac{p_0-p_1}{\eta_1}\leqslant c\ (\kappa^*)\leqslant\frac{p_0-p_1}{\eta_0}$，就会出现可追溯食品市场的分离均衡，且分离均衡点有无数个。只有当$c\ (\kappa^*)\leqslant\frac{p_0-p_1}{\eta_1}$时，可追溯食品劣势生产者才不会生产可追溯食品，当进一步精炼到出现唯一的分离均衡解时（Cho 等，1987），可追溯食品的成本可表示为：

$$c(\kappa^*)\ =\ \frac{p_0-p_1}{\eta_1} \tag{4}$$

此情形下，劣势生产者选择不生产可追溯食品，优势生产者选择在$\kappa^*=c^{-1}\left(\frac{p_0-p_1}{\eta_1}\right)$的追溯水平上生产可追溯食品。优势生产者生产的可追溯食品以最低的成本赢得消费者。（4）式还可以反映出：按照一定追溯水平生产的可追溯食品与无可追溯性的普通食品之间存在一定的价格差是实现信号机制的必然要求之一，而且价格差与符合要求按照一定追溯水平生产可追溯农产品的生产者的比例β呈正相关，这也意味着消费者给予生产者的激励十分明显。

综上所述，在消费者认知和信念合理的前提下，由于优势生产者和劣势生产者生产可追溯食品的成本不同，可追溯食品优势生产者和劣势生产者对质量安全信号发送的诉求不同，最终形成了可追溯食品市场的分离均衡，此时消费者和可追溯食品的生产者都无改变现有策略选择的意愿，在既定条件下达到了帕累托最优。上文分析也表明：信号机制能否有效发挥作用还要看能否满足三个条件。首先是明显的资源禀赋差异存在于可追溯食品生产者之间，并且由于资源禀赋差异能够影响可追溯食品生产者生产符合追溯标准的可追溯食品的成本，生产者利润函数中体现出资源禀赋差异变量。也就是说，由于在整个食品供应链中出现食品安全问题的风险较大且可追溯食品的生产成本较高，劣势生产者会做出生产无可追溯性的普通农产品的选择；而优势可追溯食品生产者则可以利用自身资本和政策补贴等优势，以生产管理经验、较低的食品安全风险及较低的生产成本进行可追溯体系建设，以不低于最低追溯水平为标准生产可追溯食品。所以可追溯食品生产与否的背后折射出的是两类食品生产者资源禀赋的差异。其次，消费者对可追溯食品的认知和信念会促使可追溯食品市场上分离均衡的出现，所以消费者需要知晓可追溯食品、了解可追溯信息查询途径和方法、充分接收并正确识别可追溯体系传递的食品质量安全信号，对信息进行加工，形成认知和信念，进而做出购买决策。最后，消费者对不同安全水平的食品存在差别支付意愿，也激励生产者生产高质量的食品。

第四节　消费者的溢价支付对食品可追溯体系激励的理论分析

一　信息成本与食品可追溯体系建设

食品可追溯体系的信息系统构成了食品质量安全管理的基础，追溯信息的价值是通过采集和存储食品供应链上的质量安全信息，并对其进行数据分析以及质量安全信息的披露实现的。所以信息体系的软件和硬件支持是食品可追溯体系建立和有效运行的前提，此外，也需要不断的人力和财力投入体系运行和体系维护中，只有这样才能达到食品安全信息在食品供应链上的共享保证，而这些因素都构成了食品可追溯体系建设和正常运行的成本。本部分借鉴谢康等（2015）的研究方法分析信息采集和披露的成本对企业建设食品可追溯体系动力的影响，基于博弈论工具分析可追溯体系实施与否背景下消费者行为与生产者行为的支付矩阵，如表 3－2 所示。

其中，生产者效用表示为 Up，消费者效用用 Uc 表示，而上述可追溯体系的成本表示为 C。

表 3-2　可追溯体系实施与否背景下的生产者与消费者博弈支付分析

	未实施可追溯体系		实施可追溯体系	
	生产安全食品	生产不安全食品	生产安全食品	生产不安全食品
消费者购买	Uc_1，Up_1	Uc_2，Up_2	Uc_1，Up_1-C	Uc_2，Up_2-C
消费者拒绝购买	Uc_3，Up_3	Uc_4，Up_4	Uc_3，Up_3-C	Uc_4，Up_4-C

分析表 3-2 可知，在未实施可追溯体系的背景下，消费者效用在购买了不安全食品的情形下是最低的，而生产者效用在生产不安全食品的情形下是最高的。此外，消费者效用在购买了安全食品的情形下是最高的，而生产者效用在生产安全食品的情形下是最低的。用公式表示为 $\max(U_i)=Uc_1$，$\min(U_i)=Uc_2$，$\max(V_i)=Up_2$，$\min(V_i)=Up_3$。所以，在未实施食品可追溯体系的背景下，博弈支付矩阵中唯一的纳什均衡是消费者拒绝购买，生产者生产不安全食品。此时生产者总有动力生产和供给不安全食品，类似于典型的囚徒困境情形。

在实施了可追溯体系的背景下，食品生产者需要支付额外的体系建设和运营成本 C，且成本 C 的高低和食品供应链上下游企业间信息共享程度（或称为信息对称程度）δ 有关，信息共享度 δ 越高，成本 C 越低，反之信息共享度 δ 越低，成本 C 越高。实施可追溯体系的企业生产的食品为可追溯食品，由于食品的生产信息可被消费者通过可追溯信息系统获得，所以理性的消费者不会购买不安全的可追溯食品。此时，若在自愿实施食品可追溯体系的背景下，生产者在对不同情形下的纳什均衡的成本及其收益进行比较后，就有可能选择生产安全食品。

如表 3-2 所示，有 $Up_1>Up_4$，因而当食品供应链上下游企业间信息共享程度 δ 较大时，存在较低的建设和运营成本 C，使得 $(Up_1-C)>Up_4$，此时，博弈支付矩阵中唯一的纳什均衡是消费者购买，生产者生产安全的食品。企业愿意进行食品可追溯体系的投资建设；消费者是食品质量改善的主要受益者。基于收益与责任相匹配的原则，消费者适度承担生产可追溯食品所增加的额外成本是推广可追溯食品体系建设的重要途径。所以，如果消费者愿意分摊食品可追溯体系的建设和运行维护等成本，整体社会福利就存在帕累托改进空间，当（Uc_1+Up_1-C）>（Uc_4+Up_4）时，就会激励食品供应链上的参与主体去协同建设贯通全产业链的食品可追溯体系。而当食品供应链参与主体间的信息共享度 δ 较小时，就会存在较高的可追溯体系成本 C，当（Up_1-C）<Up_4 时，食品供应链上的参与主体就缺乏建设食品可追溯体系的激励，因为此时博弈支付矩阵中唯一的纳什均衡是消费者拒绝购买，生产者生产不安全的食品。

当企业没有投资建设食品可追溯体系的动力时，如果政府部门实行强制性可追溯制度，那么生产者为了降低建设和运营维护食品可追溯体系的成本 C，将会采取的策略可能就是减少供应链的信息采集环节、降低供应链环节中溯源信息的采集量，同时相应地减少消费者可查询到的信息量，当然这样做的后果也很明显，不但可能严重削弱食品可追溯体系功能的有效性，也可能大幅降低消费者对食品可追溯体系保障食品质量安全的信任度。

可以看出，可追溯体系的信息溯源和披露机制确实有助于食品安全治理，但食品可追溯体系的软件和硬件支持、体系运行和维护等的成本会影响食品供应链上的参与主体建设食品可追溯体系的动力以及消费者对食品可追溯体系的信任度。所以，研究消费者愿意分担食品可追溯体系建设成本的程度，即消费者对可追溯食品的支付意愿意义重大。

二　消费者的溢价支付对食品追溯体系建设的激励

本部分借鉴 Starbird（2005）和 Hirschauer 等（2007）的研究方法，在可追溯食品交易过程中引入委托代理模型对可追溯食品生产者的行为进行分析。在委托代理模型中，把可追溯食品的消费者视为交易的委托人，把可追溯食品的生产者视为交易的代理人，消费者将支付价格作为“货币选票”来激励可追溯食品生产者为食品质量安全付出努力，消费者支付价格的高低影响生产者的努力程度。为了简化研究，将可追溯食品生产者的努力程度分为高追溯水平 σ_1 和低追溯水平 σ_0，假设市场中的食品只有安全食品和不安全食品两种状态，$\psi(\sigma_1)$ 代表可追溯食品生产者在高追溯水平生产条件下，食品出现质量安全问题的概率，$\psi(\sigma_0)$ 代表可追溯食品生产者在低追溯水平生产条件下，食品出现质量安全问题的概率，显然 $\psi(\sigma_0)>\psi(\sigma_1)$ 是合理的假设，也就是说可追溯食品生产者在高追溯水平的生产条件下，生产出的食品出现质量安全问题的概率更低。在有限的监管资源的现实背景下，食品被监管者抽查核验具有随机性，本研究假设食品抽检的概率为 $h(s)$，若被抽检的食品是不安全的，那就一定能够被检测出来。因此，当食品生产者按照一定的可追溯水平进行可追溯食品生产时，生产出的可追溯食品出现质量安全问题并被抽检出来的概率可表示为 $G(\sigma, s)=\psi(\sigma)h(s)$，那么 $1-G(\sigma, s)=1-\psi(\sigma)h(s)$ 就代表生产出的可追溯食品在抽检过程中未发现存在质量安全问题的概率。

由于完整的食品可追溯体系能跨越地域局限对食品质量和安全进行有效监管，且能够通过溯源信息识别问题源头、实施问题产品的召回和事故责任的划分，能够为消费者提供透明的向前追踪和向后追溯的食品质量安全信息，被认为是消除信息不对称问题、恢复消费者对食品安全信心的有效工具（Regattieri 等，2007；Van Rijswijk 等，2008；Kher 等，2010；Brian Sterling 等，2015）。所以在此背景下，本研究假设消费者的诉求促使食品生产者按照较高的可追溯水平进行可追溯食品生产。基本的委托代理模型可表示为：

$$\max U = U[(1-\psi(\sigma_1))]\times r-\psi(\sigma_1)\times l-p \tag{5}$$

$$V=[1-G(\sigma,s)]V(p-c(\sigma))+G(\sigma,s)V(-\zeta-c(\sigma))\geq \tilde{V} \tag{6}$$

$$\begin{aligned} V_1 &= [1-G(\sigma_1,s)]V(p-c(\sigma_1))+G(\sigma_1,s)V(-\zeta-c(\sigma_1))\geq \\ V_0 &= [1-G(\sigma_0,s)]V(p-c(\sigma_0))+G(\sigma_0,s)V(-\zeta-c(\sigma_0)) \end{aligned} \tag{7}$$

其中，ζ 表示若不安全食品在食品抽检过程中被查验出来时，可追溯食品生产者所受到的处罚；$\tilde{V}$ 代表可追溯食品生产者的保留效用；$c(\sigma_i)$ 为生产者基于可追溯水平 σ_i 进行可追溯食品生产时的生产成本。如果市场中的可追溯食品在抽检过程中发现存在质量安全问题，那么销售者就要立即下架该产品，生产者就需要对问题产品进行召回并承担责任，可追溯食品供给方损失的效用不仅包括该追溯水平下生产可追溯食品的成本、召回的成本，而且还要受到处罚、做出赔偿，所以此情形下可追溯食品生产商的效用为 $V[-\xi-c(\sigma_i)]$。如果食品没有质量安全问题，或者没有被抽检到查验出存在质量安全问题，那么可追溯食品生产者的收益就是消费者为该追溯水平下的可追溯食品支付的价格减去该追溯水平下的可追溯食品的生产成本，此时，可追溯食品生产者的效用可表示为 $V[p-c(\sigma_i)]$。当然了，在可追溯食品交易的过程中，理性的消费者追求的目标是效用的最大化。理性的生产者只有在获得效用大于等于保留效用时，才会生产可追溯食品。

首先假设生产者和消费者对食品信息的了解是完全对称的，那么消费者就可以通过对相应追溯水平的可追溯食品进行货币支付，从而激励食品生产者提供消费者期望追溯水平下的可追溯食品，此时只要满足（6）式的约束条件，生产者就一定会参与到可追溯食品的交易中来。而在生产者和消费者信息不对称的条件下，消费者要想激励生产者按照高追溯水平生产可追溯食品，以减少食品安全风险提高食品质量安全水平，就必须还得满足（7）式的激励相容条件，也就是说对于生产者而言，必须让以高追溯水平进行可追溯食品生产的期望收益值大于以低追溯水平进行可追溯食品生产的期望收益值。此时，消费者效用的最优化问题可以用拉格朗日乘子法求解：

$$L = U[(1-\psi(\sigma_1))\times r-\psi(\sigma_1)\times l-p]+\lambda\left\{\begin{array}{l}[1-G(\sigma,s)]V(p-c(\sigma))\\+G(\sigma,s)V(-\zeta-c(\sigma)-\tilde{V}\end{array}\right\}$$

$$+\omega\left\{\begin{array}{l}[1-G(\sigma_1,s)]V(p-c(\sigma_1))+G(\sigma_1,s)V(-\zeta-c(\sigma_1))\\-[1-G(\sigma,s)]V(p-c(\sigma_0))-G(\sigma,s)V(-\zeta-c(\sigma_0))\end{array}\right\} \tag{8}$$

对其进行一阶导数求导：

$$\frac{\partial L}{\partial P}=-U_p+\lambda G(\sigma,s)]V_p+\omega[G(\sigma,s)]V_{p1}-G(\sigma,s)]V_{p0}] \tag{9}$$

$$\frac{\partial L}{\partial \lambda}=[1-G(\sigma,s)]V(p-c(\sigma))+G(\sigma,s)V(-\zeta-c(\sigma)-\tilde{V} \tag{10}$$

$$\frac{\partial L}{\partial \omega}=[1-G(\sigma_1,s)]V(p-c(\sigma_1))+G(\sigma_1,s)V(-\zeta-c(\sigma_1))$$

$$-[1-G(\sigma_0,s)]V(p-c(\sigma_0))+G(\sigma_0,s)V(-\zeta-c(\sigma_0)) \tag{11}$$

若生产者和消费者之间的信息是完全对称的，此时 $\omega=0$，消费者效用最大化的内解点由$\left\{\begin{aligned}\frac{\partial L}{\partial \lambda}=0\\ \frac{\partial L}{\partial p}=0\end{aligned}\right\}$来保证。由$\frac{\partial L}{\partial \lambda}=0$，可求解出：

$$\dot{p}=V^{-1}\left[\frac{\tilde{V}-G(\sigma_1,s)V(-\zeta-c(\sigma_0))}{1-G(\sigma_1,s)}\right]+c(\sigma) \tag{12}$$

其中 $\dot{p}$ 为保证生产者参与到可追溯食品市场交易中去的最低市场售价。当消费者的最大支付价格高于最低市场售价 $\dot{p}$ 时，生产者生产可追溯食品获得的效用大于其保留效用，此时将形成对生产者生产可追溯食品的有效激励，而当消费者的最大支付价格低于最低市场售价 $\dot{p}$ 时，生产者就会退出可追溯食品市场。

而在生产者和消费者信息不对称的条件下，为了确保可追溯食品的生产者按照高追溯水平进行生产，激励相容条件（7）式必须得到满足。本研究假设生产者效用函数是拟线性形式，即 $V(p-c)=V(p)-V(c)$，由激励相容条件的转化（11）式可以推出：

$$\ddot{p}=V^{-1}\left[\frac{V(c(\sigma_1))-V(c(\sigma_0))}{G(\sigma_0,s)-G(\sigma_1,s)}-V(\zeta)\right] \tag{13}$$

其中 $\ddot{p}$ 为信息不对称条件下满足激励相容条件的最低市场售价，即确保食品生产者按照高的追溯水平生产可追溯食品的最低市场售价。当消费者的最大支付价格高于最低市场售价 $\ddot{p}$ 时，满足激励相容条件，此时将形成对生产者生产高追溯水平的可追溯食品的有效激励，而当消费者的最大支付价格高于最低市场售价 $\ddot{p}$ 时，生产者就没有动力按照高追溯水平进行可追溯食品的生产。由于增加了激励相容约束条件，很容易证明 $\ddot{p} \geqslant \dot{p}$，即食品生产者按照高追溯水平生产的激励价格要高于仅仅激励其参与可追溯食品市场交易的价格。

第五节　数据来源

本研究针对不同研究内容选取不同研究数据。就数据间的关系而言，首先是第四章，对本书的研究背景——我国食品安全的基本态势从例行监测数据、媒体数据、消费者数据三个方面进行深入分析，奠定本研究的现实基础。其次是第五章，从猪肉是中国生产和消费量最大的肉类食品、猪肉是中国最早尝试建立可追溯体系的食品之一以及猪肉是我国最具食品安全风险的食品之一三个方面分析本书以猪肉作为实验标的物的原因。然后基于实验经济学方法研究了可追溯猪肉信息属性的消费者支付意愿与消费偏好，对不同类型猪肉的市场份额进行了预测，其中第六章基于实验拍卖法对具体信息属性溢价支付水平的测度，是为后文序列估计法中价格属性的设置奠定数据基础。接着第七章基于菜单选择实验法研究了可追溯猪肉信息属性的消费者偏好和属性间的交互关系，特别是基于菜单选择实验法的数据，采用分层贝叶斯模型对个体样本效用值的估计，为第八章不同类型猪肉的市场份额的预测提供基础数据。主要数据的具体来源如下。

（1）基于例行监测数据对我国食品安全现状进行考察，是以食用农产品为例的分析，数据来源于农业部发布的农产品安全例行监测公报，涉及2005～2015年的数据。

（2）基于2015年9～10月对江苏省苏南地区无锡市、苏中地区扬州市和苏北地区徐州市消费者的食品安全评价与可追溯食品认知的调查数据，分析我国食品安全现状。

（3）借助江南大学“江苏省食品安全研究基地”研发的食品安全事件

监测平台①，利用大数据挖掘工具专门研究近十年来我国31个省份（港澳台地区的食品安全事件数据均不在本次数据挖掘范围）发生的食品质量安全事件，研究的时间段是2006年1月1日至2015年12月31日，来源涵盖政府网站、食品行业网站、新闻报刊等国内主流媒体（包括网络媒体）所报道的舆情事件。

（4）猪肉生产量和消费量的数据来源于统计局的《中国统计年鉴》和农业部的《中国农业年鉴》，涉及2000~2015年的数据。

（5）可追溯猪肉信息属性消费者支付意愿的数据基于2015年10月，在江苏省无锡市五个行政区（梁溪、锡山、惠山、滨湖、新吴）的农贸市场、连锁超市和猪肉专卖店招募猪肉消费者展开实验拍卖获得。

（6）可追溯猪肉信息属性消费者偏好以及不同类型猪肉轮廓市场份额的估计数据基于2016年1月在无锡市五个行政区（梁溪、锡山、惠山、滨湖、新吴）的连锁超市、肉制品专卖店和农贸市场招募猪肉消费者参与菜单选择实验获得。

第六节 本章小结

食品市场中的供给方和需求方的信息不对称会抑制消费者对高质量食品的需求，可行的解决方案之一就是利用食品可追溯体系向消费者传递食品质量和安全的信号。信号发送机制表明，高质量安全水平食品的生产者

① 江南大学“江苏省食品安全研究基地”与江苏厚生信息科技有限公司联合开发了食品安全风险大数据挖掘系统，监测平台Data Base V1.0版本获得了我国在此领域的第一份软件著作权证书。该系统采用了laravel最新的开发框架，系统采用模型－视图－控制器（Model View Controller，MVC）三层的结构来设计。目前使用的食品安全事件大数据监测平台Data Base V1.0版本包括原始数据、清理数据、规则制定、标签管理和地区管理、数据导出等功能模块。针对大数据数据量大、结构复杂的特点，在系统运行中，采用异步的模式，提高系统的运行效率。同时，采用Task任务模式，把后台拆解成短网络上获取的非结构化数据进行结构化处理，按照设定的标准进行清洗、分类识别，将分类识别后的有效数据根据系统设定的使用权限提供给研究者，可根据研究者的需求，实现实时统计、数据导出、数据分析、可视化展现等目标。

主动进行质量安全信号发送的动力主要在于，通过向消费者传递有关本产品生产者的资源禀赋优势、质量安全生产保障措施以及产品的质量安全水平的信号，获得比普通食品更高的价值溢出，且溢价支付价格越高越能激励可追溯食品生产者继续保持或进一步提升可追溯的水平以及食品的质量安全水平。

激励相容机制的分析进一步指出，若要激励食品生产者进行更高追溯水平的可追溯食品生产，存在一个对抽检结果为高质量水平的可追溯食品的市场最低支付价格，在临界点达到博弈均衡状态，也就是说消费者对高追溯水平高安全水平的可追溯食品的支付意愿越高，就越能满足激励相容条件。因此消费者对可追溯食品的认可、溢价支付和偏好成为影响消费者是否做出可追溯食品购买决策的重要因素。能否满足消费者对可追溯食品安全信息的需求是评估可追溯食品有效性的关键，关系到食品可追溯体系的建设以及可追溯食品市场的发展。本章分析了食品市场中的信息不对称现象及其对食品市场均衡的影响，进而研究了可追溯体系在消除信息不对称方面的作用以及可追溯体系对食品质量安全的激励机制，随后描述了可追溯体系信息采集和披露的成本对企业建设食品可追溯体系动力的负面影响，以及消费者的溢价支付对食品可追溯体系建设所具有的正面激励作用。

第四章
我国食品安全基本态势和国内外食品可追溯体系考察

食品可追溯体系是从根本上预防食品安全风险的主要工具之一，对我国食品安全基本态势的考察有助于洞见我国食品安全风险的现实状况，同时也为我国食品可追溯体系建设和发展提供相应的背景和现实基础。为了更好地把握我国食品安全和食品可追溯体系的基本情况，本章拟从基于例行监测数据、媒体曝光的食品安全事件数以及消费者对食品安全的认知和评价调查数据三种数据来源对我国食品安全的基本态势进行分析。对于食品可追溯体系的现状，本章从国外食品可追溯体系的建设经验和我国食品可追溯体系的建设两个方面进行考察。

第一节 基于例行监测数据的我国食品安全现状分析

一 研究范围和数据来源

食品安全风险与由此引发的安全事件已成为我国最大的社会风险之一（《中国食品安全发展报告》，2015）。食用农产品的质量与安全是食品质量与安全的源头，不仅关系着广大人民群众的生命安全和身体健康，而且事关农业、农村、农民“三农”发展的大局以及全面建成小康社会目标的实现（农业部，2014）。农产品质量安全监管体系是否完善是衡量食品安全管理水平高低的重要标志，自20世纪80年代以来，我国一直推进食品安全监管体制改革，食用农产品监管体系进一步完善，监管机构和检测体系都不断得到完善和发展，《中华人民共和国农产品质量安全法》、《农产品质量安全监测管理办法》以及国务院办公厅关于食品安全重点工作安排的通知等法律法规都保障了农产品质量安全的例行监测工作的规范。本章以食用农产品为例对我国食品安全现状进行考察，数据来源于农业部发布的历年农产品安全例行监测公报。

二　总体合格率

农业部早在2001年便在全国范围内实施了“无公害食品行动计划”，首次在北京、上海、深圳、天津四个城市试点开展蔬菜中农药残留例行监测和肉品中瘦肉精残留例行监测，此后农产品例行监测的地域范围扩大到全国31个省份（不包括港澳台地区）的省会城市和计划单列城市，抽检的农产品品种、检测的相关指标都在不断增多，检测标准也日趋严格。根据国务院办公厅2015年食品安全重点工作的安排，农业部对全国31个省份开展了四次农产品质量安全例行监测工作，覆盖152个中大城市，检测范围包括水果、蔬菜、茶叶、水产品和畜禽产品5大类117个品种，抽检样品近4.4万个，检测指标达94项。“十二五”期间我国农产品质量安全例行监测的范围及检测总体合格率如表4－1所示。检测数据显示，“十二五”期间我国农产品质量安全呈现“平稳向好”的整体态势。

表4－1　“十二五”期间我国农产品质量安全例行监测的范围及检测结果

	2011年	2012年	2013年	2014年	2015年
监测城市（个）	144	150	153	151	152
监测种类（类）	5	5	5	5	5
检测品种（个）	91	102	103	117	117

续表

	2011 年	2012 年	2013 年	2014 年	2015 年
抽检样品（个）	35432	38512	38984	43924	43998
检测指标（项）	91	87	87	94	94
总体合格（%）	97.9	96.9	97.5	96.9	97.1

资料来源：2011～2015 年农业部发布的农产品安全例行监测公报。

三　主要农产品抽检合格率

（一）蔬菜

农业部对蔬菜的质量安全监测对象主要是我国 31 个省份市场销售量大的大宗蔬菜品种，检测甲胺磷等禁用农药以及三氯杀螨醇、氧乐果、灭多威、克百威、水胺硫磷等限用农药在大宗蔬菜中的残留量，然后参照国际食品法典委员会标准判定发布当年蔬菜检测合格率。2005～2015 年我国蔬菜监测的抽检总体合格率如图 4－1 所示，从 2005 年到 2012 年全国蔬菜抽样检测合格率呈逐年上升态势，但自 2013 年开始蔬菜抽样检测合格率呈下降趋势，虽然仍然保持在 96.0% 以上的合格标准，但是近三年的抽检合格率的下降态势也要引起各级农业监管部门的重视，说明政府需要进一步加强对蔬菜的生产管理和监测。

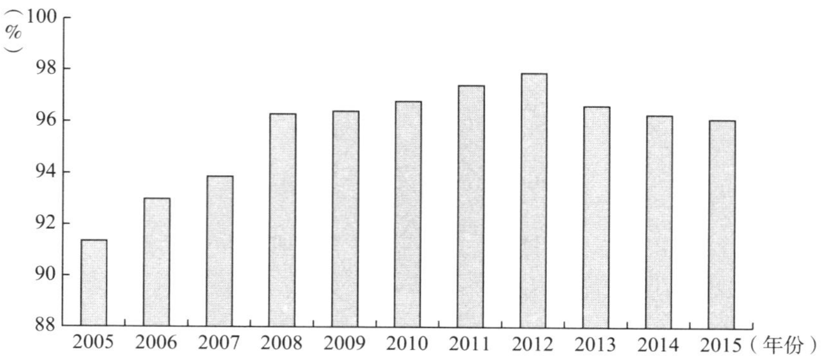

图 4－1　2005～2015 年我国蔬菜监测平均合格率

资料来源：2005～2015 年农业部发布的农产品安全例行监测公报。

（二）畜禽产品

农业部对畜禽产品的质量安全监测对象主要是我国31个省份市场中的猪肉、羊肉、牛肉、禽肉和禽蛋，检测瘦肉精和磺胺类药物等在大宗畜禽产品中的残留量，然后参照国际食品法典委员会标准判定发布当年畜禽产品检测合格率。2004～2016年全国畜禽产品抽样检测合格率呈波动上升的态势，但仍然是在97.0%以上的高位段的合格标准范围内，反映出近年来城乡消费者普遍关注的猪肉"瘦肉精污染"问题已经得到有效控制。

（三）水产品

农业部对水产品的质量安全监测对象主要是我国31个省份市场中的鲢鱼、青鱼、鳙鱼、草鱼、罗非鱼、对虾、大黄鱼等13种大宗消费水产品，检测孔雀石绿、硝基呋喃类代谢物，氯霉素、磺胺类、喹诺酮类等国家禁限使用的药物在主要水产品中的残留量，然后参照国际食品法典委员会标准判定发布当年水产品检测合格率。2005～2015年我国畜禽产品监测的抽检总体合格率如图4－2所示，近11年来全国水产品抽样检测合格率呈波动中略有下降的态势，其中2007年、2008年、2013年、2014年和2015年的检测合格率都低于96.0%。虽然2015年的检测合格率呈现上升势头，但是趋势中两次大的起伏反映了我国水产品的质量安全的稳定性仍不足，应该引起水产质量监管部门的重视。

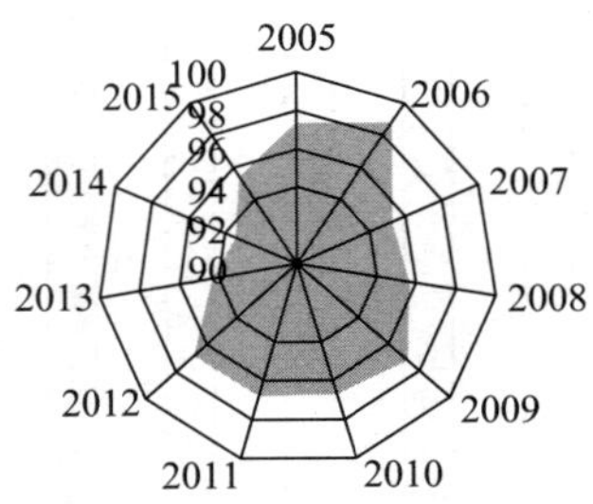

图4－2　2005～2015年我国水产品监测平均合格率

资料来源：2005～2015年农业部发布的农产品安全例行监测公报。

（四）水果

自2009年起，农业部开始对水果的质量安全进行例行监测，监测对象主要是我国31个省份市场中的主要水果产品，检测氧乐果、甲胺磷等禁限用农药在水果中的残留量，然后参照国际食品法典委员会标准判定发布当年水果检测合格率。近六年来全国水果抽样检测合格率呈逐年下降的态势，2015年的检测合格率更是跌破96.0%。检测合格率的趋势暴露了我国水果质量安全的保障形势仍然严峻，应该引起农业监管部门的高度重视。

（五）茶叶

自2009年起，农业部开始对茶叶的质量安全进行例行监测，监测对象是我国31个省份市场中的主要茶叶品种，检测甲胺磷、三氯杀螨醇、杀螟硫磷、氰戊菊酯、氟氯氰菊酯等禁限用农药在茶叶中的残留量，然后参照国际食品法典委员会标准判定发布当年茶叶检测合格率。数据显示近六年来全国水果抽样检测合格率呈波动中向好的态势，2015年的检测合格率达到97.6%。但是检测合格率的波动现状仍然反映了我国茶叶质量安全的不稳定，农业监管部门对茶叶的质量监管工作仍然不能放松。

第二节　基于媒体视角的我国食品安全事件特征分析

一　食品种类的分类方法

尽管我国的食品安全水平呈现稳中有升、趋势向好的整体态势，但近年来持续发生的一系列食品安全事件折射出我国食品在生产、供应与消费整个供应链体系中隐藏着巨大风险。国内公众对食品安全的高度关注，也源自我国食品安全事件的持续发生以及媒体对食品安全事件的频繁曝光。目前一个不可否认的事实是，食品安全风险与由此引发的安全事件已成为我国最大的社会风险之一（《中国食品安全发展报告》，2015）。此次对食品安全事件挖掘时所涉及的食品种类的划分，是基于食品质量安全市场准入所划的28个大类食品分类。同时为了提高数据挖掘过程中对食品安全事件的识别效度，参考《中国食品安全发展报告（2015）》中的界定标准，去掉原划分标准中的“其他”类别，同时在二级分类标准中增加了新鲜蔬菜、水果、生鲜肉类、生鲜水产品、生鲜蛋类。相应的，把这些增加的二级分类所对应的一级分类修改为蔬菜及蔬菜制品、水果及水果制品、肉及肉制品、水产及水产制品、蛋及蛋制品，如表4－2所示。

表4－2　食品安全事件挖掘中食品种类的分类方法

一级分类	二级分类	一级分类	二级分类
粮食加工品	小麦粉	水果及水果制品	蜜饯
	大米		水果制品
	挂面		水果
	其他粮食加工品	糖果制品（含巧克力及制品）	糖果制品
食用油、油脂及其制品	食用植物油		果冻
	食用油脂制品	薯类和膨化食品	膨化食品
	食用动物油脂		薯类食品
肉及肉制品	肉制品	冷冻饮品	冷冻饮品
	生鲜肉类	速冻食品	速冻食品
水产及水产制品	水产加工品	饮料	饮料
	其他水产加工品	方便食品	方便食品
	生鲜水产品	罐头	罐头
调味品	酱油	饼干	饼干
	食醋		
	味精	炒货食品及坚果制品	炒货食品及坚果制品
	鸡精调味料	蛋及蛋制品	蛋制品
	酱类		生鲜蛋类
	调味料产品	可可及焙炒咖啡产品	可可制品
乳制品	乳制品		焙炒咖啡
	婴幼儿配方乳粉	糕点	糕点食品
茶叶及相关制品	茶叶	淀粉及淀粉制品	淀粉糖
	含茶制品和代用茶		淀粉及淀粉制品

续表

一级分类	二级分类	一级分类	二级分类
蔬菜及蔬菜制品	蔬菜制品	特殊膳食食品	婴幼儿及其他配方谷粉产品
	食用菌	酒类	白酒
	新鲜蔬菜		葡萄酒及果酒
食糖	糖		啤酒
蜂产品	蜂产品		黄酒
豆制品	豆制品		其他酒

资料来源：吴林海等：《中国食品安全发展报告（2015）》，北京大学出版社，2015。

二　数据来源与研究范围

基于对文献的梳理，当前国内学者对质量安全事件的整理和分析并未借助技术较为成熟的大数据挖掘工具，而是根据各自的研究需要，人工搜索并筛选一些政府行业网站、新闻网站等的信息，网站数量一般在50个以下（李强等，2010；文晓蔚等，2012；罗兰等，2013；张红霞等，2013；王常伟等，2013；莫鸣等，2014；厉曙光等，2014）。由于不同学者数据统计口径不同，研究得出的结论也不尽相同，所以以往研究中数据的准确性、可靠性及研究结论的有效性都有待进一步考证。

本书的研究借助江南大学"江苏省食品安全研究基地"研发的食品安全事件监测平台，利用大数据挖掘工具专门研究了近十年来我国31个省份（港澳台地区的食品安全事件数据不在本次挖掘范围）发生的食品质量安全事件，研究的时间段是2006年1月1日至2015年12月31日，事件的来源涵盖政府网站、食品行业网站、新闻报刊等国内主流媒体（包括网络媒体）所报道的舆情事件。需要说明的是，在数据挖掘过程中，所确定的猪肉安全事件必须同时具备明确的发生时间、清楚的发生地点、清晰的事件过程"三个要素"。缺少其中任何一个要素，由社会舆情报道的与食品安全问题相关的事件均不被统计在内。

三　2006～2015 年食品安全事件的特征分析

本部分基于上述数据挖掘的统计口径，对 2006～2015 年食品安全事件发生的主要食品种类、时间分布和空间分布三个方面进行统计分析。

（一）按主要食品种类分析

图 4－3 显示了 2006～2015 年我国发生的食品安全事件中所涉及的主要食品种类的数量及占比，发生食品安全事件最多的前十种食品种类分别是“肉及肉制品”（22436 起，9.13%[①]）、“蔬菜及蔬菜制品”（20999 起，8.54%）、“酒类”（20262 起，8.24%）、“水果及水果制品”（18276 起，7.43%）、“饮料”（17594 起，7.16%）、“乳制品”（17249 起，7.02%）、“水产及水产制品”（16879 起，6.87%）、“粮食加工品”（14378 起，5.85%）、“食用油、油脂及其制品”（13408 起，5.45%）及“蜂产品”（10016 起，

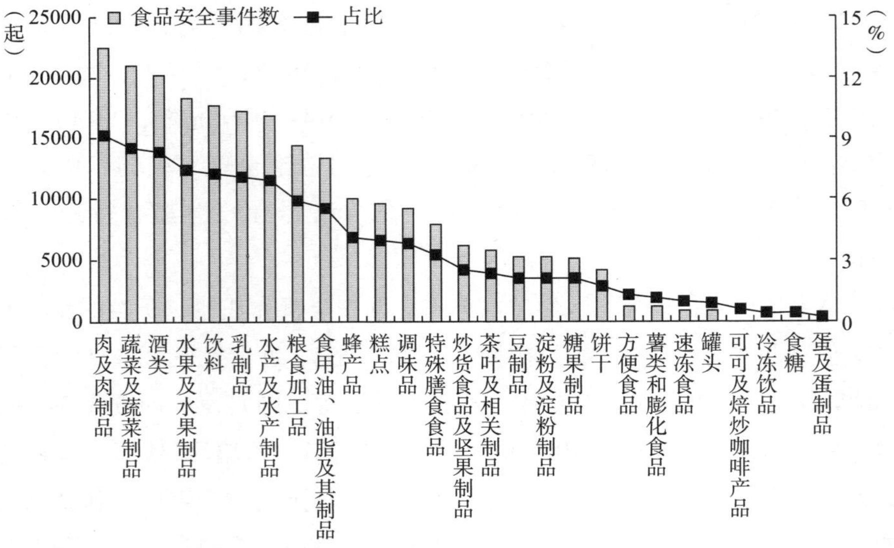

图 4－3　2006～2015 年我国发生食品安全事件的食品种类数量及占比

---

① 括号中的百分数为 2006～2015 年该食品种类发生的食品安全事件数占全部种类发生食品安全事件数量的比例，下同。

4.07%）。可见，肉及肉制品以及蔬菜及蔬菜制品的食品安全风险较大，已成为食品安全事件中排名前2的频发种类。

（二）按时间分布分析

从2006年到2015年中国共发生了245862起食品安全事件，平均每天发生的食品安全事件数约为67.4起。图4-4显示，2006~2015年我国的食品安全事件数量总体呈上升趋势，年均增长率20.93%。其中2006年到2011年食品安全事件数量逐年递增，年均增长率分别为100.13%、27.68%、29.82%、0.07%、41.66%，且在2011年达到食品安全事件的最高值（38513起）。2012年之后，我国的食品安全事件发生数有了大幅下降但降中有波动，到2013年底食品安全事件数降到近八年来的最低值（18189起），而2014年又出现较大反弹，食品安全事件发生数量比2013年增长37.48%，达到25006起。2013年食品安全事件发生较少的可能原因是自国务院食品安全委员会和国务院食品安全委员会办公室成立以来，各省份相继组建了食品安全办公室，加强了对食品安全监管工作的组织指导和跟踪督办工作，加大了对食品安全事件的处罚力度。同时2013年也称得上食品安全的“政策年”，《食品中农药最大残留限量》国标、《食品中污染物限量》国标、首部《固体饮料》国标等75项新食品安全国家标准的发布，《关于进一步加强婴幼儿配方乳粉

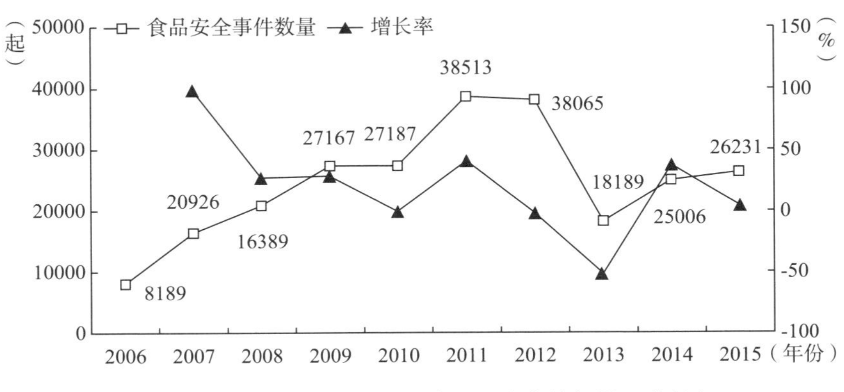

图4-4　2006~2015年我国食品安全事件数量及增长率

质量安全工作的意见》和《婴幼儿配方乳粉生产许可审查细则》的出台，《进出口乳品检验检疫监督管理办法》和《酒类行业流通服务规范》的实施使得食品安全成为2013年的主旋律，国家对食品安全问题的重视使得食品安全事件数量骤减。

（三）按空间分布分析

食品安全事件分布在全国31个省份，不同地域发生食品安全事件的次数不同。图4－5展示了2006～2015年我国31个省份发生食品安全事件的数量和占比排名。从大数据挖掘出的媒体曝光的食品安全事件数量的统计来看，近十年来发生食品安全事件数最多的前10个省份分别为北京（30002起，12.20%[①]）、广东（22024起，8.96%）、上海（18707起，7.61%）、山东（17514起，7.12%）、浙江（11988起，4.88%）、江苏（10204起，4.15%）、四川（9212起，3.75%）、河北（9181起，3.73%）、河南（9097起，3.70%）、湖南（8885起，3.61%）。发生食品安全事件数最少的5个省份分别为西藏（686起，0.28%）、青海（1977起，0.80%）、宁夏（2323起，0.94%）、新疆（2548起，1.04%）、内蒙古（3637起，1.48%）。从全国总体来看，经济发达省份食品安全的发生事件数量远高于经济相对欠发达省份所发生的食品安全事件数量。这可能是因为，相对于经济欠发达省份，经济发达省份的人口规模庞大，食品消费量也大，食品从生产到销售所涉及的供应链环节多，同时消费者食品安全意识较好，所以食品发生安全问题和曝光概率相对较高。此外，经济发达省份大多是国内主流媒体所在地，这些地区所发生的食品安全事件更容易被媒体所关注，而且经济发达省份的政府对食品安全信息的公开状况相对较好，食品安全问题举报的途径相对较多，所以经济发达省份被媒体曝光的食品安全事件数更多。

① 括号中的百分数为2006～2015年该省份发生食品安全事件数量占全国食品安全事件总量的比例，下同。

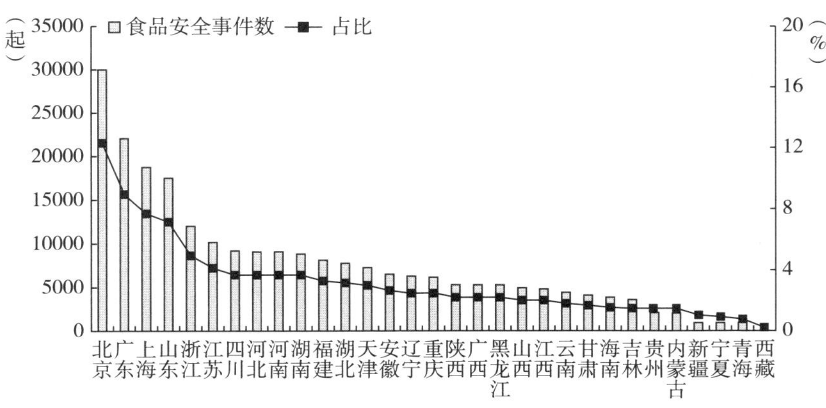

图 4-5　2006～2015 年我国 31 个省份所发生的食品安全事件数及占比

第三节　基于消费者视角的我国食品安全现状分析

一　数据来源

公众对食品安全现状的感知在一定程度上反映了我国食品安全的现状和水平。本部分的数据来源于 2015 年 9～10 月对江苏省苏南地区无锡市、苏中地区扬州市和苏北地区徐州市消费者的食品安全评价与可追溯食品认知的调查。问卷调查的地点是这四个城市的超市、商场、车站和菜市场，本次调查在三个城市等额发放 750 份问卷，回收有效问卷 682 份，有效率为 90.93%。

二　样本个体和家庭特征

参与本次问卷调查的受访者中 55.4% 为女性，共 378 人。女性参与者比例稍高的可能原因是本次调查采取参与问卷调查获取小礼品的形式更容易吸引女性。此外，本次调查的受访者在 18～35 岁以及36～60 岁年龄段的参与者比例分别为 47.2% 和 43.3% 。受访者的受教育程度以高中和大学/大专为主，分别占 27.6% 和 36.2% 。74.9% 的受访者已婚，家里有 12 岁及以下年龄儿童的受访者占样本量的 45.2% ，平均家庭人口数是 3.63 人。分别有 19.4% 、26.1% 和 21.8% 的参与者的家庭月收入为 5000 ~ 6999 元、7000 ~ 8999 元和 9000 ~ 10999 元。

三　消费者食品安全评价

Grunert（1995）认为食品的质量与安全可以被定义为三种类型：以产品为导向的质量安全、以流程为导向的质量安全以及以消费者为导向的质量安全（又可以称为面向产品的质量安全、面向流程的质量安全以及面向消费者的质量安全）。其中以产品为导向的质量安全是指通过可以客观测量的食品理化特性来显示的食品质量安全。以流程为导向的质量安全与食品生产过程的特点有关，通过生产过程的控制来显示食品的质量安全，也可以客观测量。而以消费者为导向的质量安全是指难以用客观指标重复测度的消费者对食品质量安全的主观感知。上文基于例行监测和基于食品安全事件的两种数据来源分析都是基于客观标准测度，而消费者对食品质量安全的感知和评价带有较大的主观性。但是消费者对食品安全的主观感知和评价是检验政府食品治理政策效果有效性的重要标准，在一定程度上反映我国食品质量与安全的现状，也是我国食品质量安全整体态势的重要组成部分（王常伟，2014）。本次调查主要从消费者对食品安全的关注度、消费者对食品安全的整体评分、消费者对政府食品安全监管工作的评价、消费者对食品安全风险的认知等方面着手测度消费者对食品安全的认知。

（一）消费者对食品安全的关注度和满意度

表 4 -3 的统计结果表明，消费者对食品安全的关注程度较高，分别有 23.3% 和 48.8% 的受访者表示对食品安全“非常关心”和“比较关心”。对于所列举的近年来热点食品安全事件（“福喜过期肉”事件、“江西病死猪流入市场”事件、“毒韭菜毒豆芽”事件、“三鹿奶粉三聚氰胺”事件），79.5% 的消费者表示听说过其中三件及以上的食品安全事件。对消费者当前的食品安全状况的满意度调查中，基于从 0 分到 10 分满意度逐级

递增的10分制评价标准，83.4%的消费者的评分在6分及以下，受访者的平均食品安全满意度评分仅为4.45分，满意度水平较低说明当前消费者对食品安全现状较为担忧。这与《中国发展信心调查（2015）》报告的研究结论相似，食品安全问题已经成为中国公众最担心的社会问题，消费者对国内食品的安全性普遍持消极的态度。

表4-3　消费者对食品安全的关注度和满意度

单位：%

	选项	频率		选项	频率
消费者对食品安全的关注度	非常关心	23.3	消费者对食品安全的满意度评分	0~2分	18.8
	比较关心	48.8		3~4分	23.4
	一般	22.1		5~6分	41.2
	不太关心	5.1		7~8分	13.3
	完全不关心	0.6		9~10分	3.3

（二）消费者对政府食品安全监管工作的评价

近年来政府采取多种举措加强对我国食品安全的监管，自2010年国务院食品安全委员会和国务院食品安全委员会办公室成立以来，各省份相继组建了食品安全办公室，上百项新食品安全国家标准发布，新食品安全法修订和出台，各级政府配套政策法规实施，切实加强了对食品安全监管工作的组织指导和跟踪督办，以及加大了对食品安全事件的处罚力度。但是政府食品安全监管工作的效果如何，公众的评价是重要的检验标准。

从表4-4的统计结果来看，公众对我国政府食品安全监管工作的效果评价并不高，46.5%的受访者认为政府对食品安全的监管效果“一般”，甚至有18.8%和5.1%的受访者认为政府对食品安全的监管效果“比较差”和“非常差”。此外，多数受访者对政府对食品违法事件中相关责任主体的惩罚力度并不满意，38.0%、29.2%和12.8%的受访者分别认为政府对食品违法的惩罚力度为“一般”、“不太严厉”和“极不严厉”。显然公众对政府食品安全治理效果的期望与实际的政府监管工作效果之间还有较大差距，但是44.9%的受访者肯定了近五年来政府在食品安全监管方面的努力，认为与五年前相比，政府增强了对食品安全的监管力度。仍然需要注意的是，还有31.8%的受访者认为政府的监管力度没有变化，甚至有23.3%受访者表示政府的监管力度变弱了。政府食品安全治理工作的实际与公众感知和评价出现不一致现象的原因可能是，一系列食品安全事件的曝光严重打击消费者对我国食品安全的信心，甚至代表较高质量食品的认证，食品市场的诚信体系建设也不够完善，知名企业的食品安全事件如“茅台企业假有机认证”丑闻的曝出进一步打击了消费者尚未完全建立的食品安全信任，使得一部分公众对我国食品安全现状持悲观态度，对政府的监管工作不满意。

表4-4　消费者对政府食品安全监管工作的评价

单位：%

	选项	频率		选项	频率
政府对食品安全的监管效果	非常好	4.5	消费者对食品违法的惩罚力度	非常严厉	3.2
	比较好	25.1		比较严厉	16.9
	一般	46.5		一般	38.0
	比较差	18.8		不太严厉	29.2
	非常差	5.1		极不严厉	12.8

（三）消费者对食品供应链风险环节的认知

图4-6显示，以猪肉生产为例，对于“从农田到餐桌”全程食品供应链的主要环节，682位受访者中，猪肉供应链源头——生猪养殖环节是受访者最担心发生食品安全事件的环节（324位），其次是屠宰加工环节（148位），接着是分割销售环节（125位）和配送运输环节（85位）。消费者对各环节食品安全风险的担忧程度的不同可能与媒体所曝光的事件对消费者造成的影响有关，从上文分析可知，近十年来生猪养殖环节被曝光的食品安全事件数排在首位，其次是屠宰加工环节被曝光的食品安全事件数，然后是销售环节被曝光的食品安全事件数。事实上，食品安全风险存在于供应链的每一个环节，任何一个环节关键质量控制措施的缺失都无法保证肉类产品在整个生产过程中的质量安全。所以食品供应链具有全程性

和系统性，对于食品的质量安全，食品供应链上的所有主体的活动都会产生外部性（Hennessy 等，2003）。研究结论进一步表明，政府对食品质量安全的监管应该完整地覆盖供应链体系中各环节的关键风险点，同时基于中国当前源头的种植和养殖环节是由大量分散、小规模的农户构成的现实，采取有效措施和手段对源头种养殖环节的关键食品安全风险点进行监控更为紧迫。

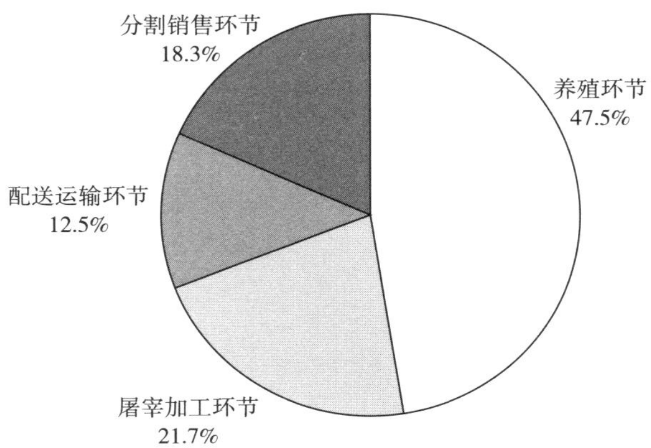

图 4－6　猪肉供应链中最易发生食品安全问题的环节

第四节　国内外食品可追溯体系发展的宏观考察

一　国外食品可追溯体系

（一）欧盟

“疯牛病”暴发后，为了应对消费者对食品安全关注度不断提升的问题，欧盟引入了牛肉鉴定和登记体系，并建立了肉类产品的特殊标签计划（Verbeke 等，2006）。事实上，欧盟基于 1997 年出台的《欧盟食品安全法律法规绿皮书》、2000 年 1 月 12 日欧盟理事会颁布的《欧盟食品安全白皮书》，进一步明确了“从农田到餐桌”的全程食品安全监管模式。随后出台的法规 1760/2000 和 1825/2000 也是保障食品安全措施的框架体系的一部分，提出在肉类食品中实行强制性可追溯和标签体系。EC178/2002 号法规对食品可追溯体系的建设提出了明确的分阶段实施的要求，直到 2015 年 1 月所有肉类及其制品要全部达到可追溯要求（肉品供应链的各环节都要具有可追溯性），包括动物的识别和登记体系包含动物佩戴耳标（能识别动物出生地的特殊代码），以及记载牛肉在其供应链体系中的转移路径、动物护照和企业间转入转出记录的数据库等若干条措施，提出“一步向前/一步向后”的追溯要求。强制性加贴可追溯标签的内容包括：用于联系动物和肉品的可追溯代码或者编号；动物出生和养殖地的地名；动物被屠宰以及肉品被分割的国家名；与可追溯体系有关的屠宰加工场的登记注册号（Golan 等，2004）。当然，企业可以在强制性标签内容的基础上加贴更多自愿性可追溯标签。以欧盟出台的实施牛肉标签制度的规定为例，该项规定要求成员国引入牛肉识别和注册系统，牛肉产品要附有一个可以追溯到原产地的号码，要能查询到肉品是哪个繁育场提供的、哪个养殖场饲养的、哪个屠宰场屠宰分割的等信息。除此之外更多的额外信息是自愿添加的，比如生产过程信息、动物福利信息等。欧盟的标签和可追溯性规定明显比许多国家有着更深的监管介入。此外，目前欧盟采用的食品可追溯标识系统是国际通用的 EAN—UCC 全球统一标识系统，并推广到世界上的其他国家。

（二）美国

美国政府对食品可追溯性的重视源于疯牛病、大肠杆菌（E. coli）、沙门氏菌（salmonella）对美国民众健康的威胁、对出口市场的威胁以及对国家生物安全性的担忧（Hoffmann 等，2005）。疯牛病案例被曝光之后，美国食品出口市场的份额大幅下降，而食品具有可追溯性成为美国重新打开出口食品市场的重要途径（Deborah，2007）。“9·11”事件发生后，美国的食品安全体系似乎很容易受到威胁和攻击（Chalk，2004）。食品恐慌激发了政府的溯源意识和公众的溯源要求，2002 年政府出台的《公众健康安全和生物恐怖应对法案》提出了“从农田到餐桌”的食品安全风险管理模式，对建立食品可追溯体系也提出了明确的要求，历经五年修订，于 2007

年8月出台了新的《生物安全法与农业法案》。2003年5月美国食品药品监督管理局（FDA）出台了《食品安全追溯条例》，要求相关食品企业保全食品加工流通的过程记录，并对大型企业实施食品可追溯体系提出期限要求。2004年，美国引入了“国家动物标识系统”（The National Animal Identification System，NAIS），若发生动物疫病疫情，能够在48小时内确立并锁定与发生疫病的动物有过接触的企业。美国对食品安全的监督和管理常采用多部门合作的方式，食品可追溯体系由美国农业部（USDA）、美国食品药品监督管理局、美国国土安全局（DHS）和联邦调查局（FBI）四大机构共同监管。与欧盟的强制性要求不同的是，美国食品可追溯体系更多的是私人部门驱动型，自愿追溯系统耦合了可追溯信息与动物的防疫信息、农兽药残留检测信息和市场资质信息等商业信息。

（三）日本

2000年至2010年疯牛病、虚假标签、金黄色葡萄球菌（Staphylococcus Aureus）污染奶制品等一系列食品丑闻的曝光严重损害了日本民众对食品安全的信心，此后日本开始重塑食品安全监管体系，日本食品可追溯制度也是在此背景下建立的。2002年日本政府出台了新的法规，要求每一头奶牛都必须佩戴有唯一编码的耳标，编码信息包括牛肉从屠宰场到零售网点的追踪记录，自2003年开始政府对可追溯性的要求已经扩展到其他的动物和食品方面（Clemens，2003）。同年4月，日本政府制定并发布了《食品可追溯指南》，为“从农田到餐桌”的食品全程供应链的可追溯体系建设提供了详细的指导，并在2003年对全国牛肉供应链实现了全程可追溯，2005年，日本农业协同组织（简称日本农协）生产的肉菜已实现可追溯（张梅，2014）。除了政府强制性的食品可追溯体系建设要求外，日本的食品可追溯体系也有自愿性，比如日本农业协同组织推行的全农放心系统，从信息管理、检查认证和信息公开三方面保障肉菜可追溯。

（四）加拿大

1987年加拿大曝光了由进口牛肉导致的第一例疯牛病病例，这使得加拿大政府开始重新审视食品安全监管体系并建立了由明确的部门负责的食品安全监管体系，即由联邦、省、市分级管理的食品监管体系（MacLachlan，2004），其中加拿大食品检验署/局（Canadian Food Inspection Agency，CFIA）统一负责全国的食品安全问题，监管范围涵盖了除最终零售和餐饮业以外从农场到加工流通环节的主要食品供应链环节，以保护消费者舌尖上的安全。加拿大养牛行业引入了牛只识别系统，要求每一头牛都拥有一个全球唯一的编码，这个编码要从牛出生一直跟随到牛屠宰和牛肉分割加工的最终检验检疫环节。2002 年加拿大政府出台法令使得食品全程供应链的可追溯性成为食品安全强制性要求。

（五）国际经验的启示

目前食品可追溯体系已在欧美、日本等发达国家和地区普遍实施，在加强食品安全传递、控制食源性疾病和保障消费者利益方面发挥着越来越重要的作用（Pizzuti 等，2015）。美国、欧盟、加拿大、日本等发达国家和地区建设食品可追溯体系的经验表明，政府在食品可追溯体系的建设和推广过程中发挥着重要的作用。在食品可追溯体系建设中，政府通过立法或者采取市场准入等方式在典型农产品种类中推行强制性可追溯体系，进而总结经验，通过制定和发布生产和操作指南或者基于政府税收优惠或补贴以及宣传教育等方式，鼓励生产者在其他食品品种的生产和流通中自愿建立食品可追溯体系。此外，法律法规体系的建设也非常重要，法律法规体系需要明确也需要完善。从上述分析可知，欧盟、美国、加拿大和日本都是在已有较完备的食品安全法律法规体系的基础上，针对典型的农产品品种进行可追溯体系建设，制定和出台一系列体系完善且条款明确的法律法规，为食品可追溯体系的建设和实施提供全面保障。

二　我国食品可追溯体系

（一）法规和政策考察

食品安全风险是世界各国普遍面临的共同难题（Krom，2009）。处在转型发展期的中国，食品安全问题尤为严峻，涉及瘦肉精、三聚氰胺、大肠杆菌、沙门氏菌等问题的一系列重大食品安全事件严重危害中国人的健康，阻碍经济发展。《中国发展信心调查（2015）》报告显示，食品安全问题已经成为中国公众最担心的社会问题，当前消费者普遍对食品安全持消极态度。政府与食品行业努力探索新颖有效的食品安全管理体系以恢复消费者对食品安全的信心，可追溯性就是重塑消费者信心的重要工具（Sterling 等，2015）。近年来中国制定了一系列法律法规来保障食品安全，其中《中华人民共和国农产品质量安全法》（2006 年 11 月 1 日起施行），《中华人民共和国食品安全法》（2009 年 2 月 28 日颁布，2015 年 4 月 24 日修订通过并在 2015 年 10 月 1 日起施行），以及《生猪屠宰管理条例》（1997 年 12 月 19 日发布，2007 年修订并于 2008 年 8 月 1 日公布施行）等法律法规是从法律层面上为食品可追溯体系的建设提供支持。此外国家出台一系列的政策措施使得肉菜等大众化食品逐步建立起可追溯体系（见表 4－5）。其中 2014 年 6 月工业和信息化部启动“食品质量安全追溯系统平台”，已在内蒙古设立牛羊肉全产业链质量安全追溯体系建设试点，目的是在食品行业运用现代信息技术和信息管理手段探索建立质量安全追溯体系，发挥“大数据”的作用，防范食品安全风险。2015 年、2016 年和 2017 年的中央一号文件，更是明确提出建立全程可追溯、互联共享的农产品质量和食品安全信息平台，为食品可追溯的建设提供政策支持。

表 4－5　相关政府部门建设可追溯体系的政策

年份	部门	政策文件	主要内容
2002	农业部	动物免疫标识管理办法	规定猪、牛、羊必须佩戴免疫耳标，建立免疫档案管理制度
2003	国家质检总局	中国条码推进工程	在全国广泛建立应用条码示范试点，内容涵盖食品、医疗卫生、家具建材等多个领域
2007	国家质检总局	食品召回规定	规定食品生产企业实施召回的流程
2010	财政部、商务部	关于 2011 年开展肉菜流通可追溯体系建设试点有关问题的通知	开展肉类蔬菜流通追溯体系建设试点，利用现代信息技术建立来源可追溯、去向可查证、责任可追究的质量安全追溯链条
2013	国务院	关于地方改革完善食品药品监督管理体制的指导意见	进一步改革食品安全监管体制，组建国家食品药品监督管理总局，对食品药品实行统一监督管理

续表

年份	部门	政策文件	主要内容
2014	工信部	食品质量安全信息追溯体系建设试点工作实施方案	启动“食品质量安全追溯系统平台”，在食品行业运用现代信息技术和信息管理手段探索建立质量安全追溯体系，发挥“大数据”作用，防范食品安全风险
2015	中共中央、国务院	一号文件	建立全程可追溯、互联共享的农产品质量和食品安全信息平台
2015	国务院办公厅	国务院办公厅关于加快推进重要产品追溯体系建设的意见	坚持政府引导与市场化运作相结合，发挥企业主体作用，调动各方面积极性。坚持政府监管与社会共治相结合，创新治理模式，保障消费安全和公共安全。推动追溯链条向食品原料供应环节延伸，实行全产业链可追溯管理。到2020年，社会公众对追溯产品的认知度和接受度逐步提升，追溯体系建设市场环境明显改善
2016	中共中央、国务院	一号文件	建立农产品全程可追溯、互联共享的信息平台
2017	中共中央、国务院	一号文件	建立全程可追溯、互联共享的追溯监管综合服务平台

（二）食品可追溯体系的建设

商务部和财政部自2010年起在全国范围内甄选肉类蔬菜流通追溯体系建设的试点城市，截至目前，已分五批共选择了58个试点城市开展肉菜流通追溯体系建设（刘增金，2015）。试点城市涵盖大中小城市的空间格局也在逐步构建。以“一荤一素”为重点，到目前试点城市肉类蔬菜流通追溯体系已基本覆盖全部大中型超市和大型批发市场、标准化菜市场和机械化定点屠宰场以及部分团体消费单位，追溯的食品种类也从肉类、蔬菜进一步扩展到水产品、水果、豆制品等主要的食品品种。

此外国家质量监督检验检疫总局（AQSIQ）、农业部等各部门分别颁布了一系列食品可追溯体系建设的试行方案。2007年11月中国物品编码中心（ANCC）和中国食品工业协会共同开发了“中国商品条码食品安全追溯平台”。2014年6月工业和信息化部搭建并启动了“食品质量安全追溯系统平台”。2016年1月国家发改委面向全国食品生产加工企业确定重点食品质量安全追溯物联网应用示范工程“国家食品安全追溯平台”，各省份也基于自身实际开发追溯平台以实现食品安全信息的追溯、防伪及监管。

（三）我国食品可追溯体系建设存在的问题

上文研究表明，近年来我国农业部、商务部、工业和信息化部和国家质量监督检验检疫总局等监管部门从各自职能出发分别发布了一系列指导食品供应链各环节的可追溯体系实施的标准与规范，以防范食品安全风险并推动食品可追溯体系的建设。然而到目前为止，我国真正意义上的全程食品可追溯体系尚未建立，我国可追溯食品市场在总体上仍未有跨越式的进展（吴林海等，2015；徐玲玲等，2016）。可能的原因有以下几个。

1. 政府对体系运行与维护资金的投入不足

食品可追溯体系的信息系统构成了食品质量安全管理的基础，追溯信息的价值是通过采集存储在食品供应链上的质量安全信息，并对其进行数据分析实现的。所以，构建信息体系的软件和硬件是食品可追溯体系建立和有效运行的前提，此外，也需要更多的人力和财力投入体系运行和体系维护中，才能确保食品安全信息在食品供应链上的共享，而这些因素都是食品可追溯体系建设和正常运行的成本。国际经验表明，政府是推动食品可追溯体系的主体，政府的资金支持，对食品可追溯体系的建设和实施具有重要的推动作用，而我国目前财政资金支持非常有限且可追溯体系建设和推广存在“重建设轻运行和维护”这样的头重脚轻的问题（徐玲玲等，2016），后期的运行、维护等工作几乎全部依赖食品生产加工企业的投入，从而导致生产者建设食品可追溯体系的积极性不高、实施效果不理想。

2. 可追溯体系建设的配套技术不完善

可追溯体系从信息管理的角度分析包括 3 个层次：产品编码（物理层次）、信息结构（信息层次）以及计划和控制（控制层次）（Van Dorp，2002）。与简单的纸质记录不同，可追溯体系是复杂的电子数据体系，包括软件、条形码、手持阅读器或扫描器、射频识别（RFID）标签等信息记录工具。不管信息采集、存储、共享的方式是什么，只有当沿着供应链传输的信息是标准的、可靠的时，可追溯性才是有效的（McEntire 等，2010；Nga，2010）。可追溯性的要素包括以下几个。①可追溯单位的确定。外部可追溯单位包括贸易单元、物流单元或者装运单元；内部可追溯力度包括一批或一堆，统一的定义有助于信息的互通。②可追溯单元的唯一识别。包括 GS1 编码、RFID 追踪的或者可被扫描的标签。唯一性非常重要，以使特定产品单位（一件、一项、一托盘等）不是模棱两可的。③关键数据要素（KDEs）。记录和存储有关产品或者单元的信息。④关键追溯事件。供应链中数据（KDEs）收集的步骤。

但是综观我国食品可追溯体系的建设实际，以生猪养殖为例，我国生猪耳标中编码信息的存储和读取识别较为落后，无线网络、移动智能识读设备以及中央和地方数据库等配套设备和技术并未得到广泛的推广和应用。在生猪屠宰加工和流通环节，《全国肉类蔬菜流通追溯体系建设规范》要求屠宰加工企业使用 IC 卡等智能服务卡进行信息记录和信息传递，但是许多屠宰加工企业采用纸质记录表对生猪收购和流通信息进行记录。在供应链终端的零售环节，部分超市和农贸市场没有接入网络，不具备安装终端的条件，或者安装了可追溯信息查询机但是长期不开机运行，严重制约了食品可追溯体系的实施和推广（李清光等，2014；徐玲玲等，2016）。

3. 生产者和消费者对食品追溯体系的认知不足

农户是食品供应链的源头，也是食品可追溯体系的重要主体，农户对食品可追溯体系了解、接受和重视才能使从“农田到餐桌”全程供应链环节的食品可追溯体系真正发挥降低食品安全风险的作用。但是当前食品生产主体特别是源头环节的种植户和养殖户大多是分散的和小规模的，受教育程度较低（侯博等，2014），所以对食品可追溯体系的功能、价值以及实施食品可追溯性的标准认识可能不足。比如养猪户对猪耳标的正确佩戴方法和使用方法、对相关检验检疫、追溯的具体法规制度等并不了解（徐玲玲等，2016）。此外，可追溯食品相较于普通食品具有额外信息属性，因而可追溯食品的生产成本也就相应上升（Buhr，2003；Glynn 等，2006；Bechini 等，2008），且通过可追溯码可查询到的食品质量安全信息越完整，可追溯食品的市场售价越高，可能会超出多数消费者的支付意愿（施晟等，2008；王怀明等，2011；吴林海等，2011；赵荣等，2011），导致可追溯食品难以在市场上推广。不仅如此，周应恒等（2008）的研究表明，大多数消费者对信息可追溯性的认知程度和关注程度都不够，不仅很少索取购物小票和追溯小票，而且对于查询溯源信息的查询机并不了解也并不乐意查询，弱化了食品可追溯体系的实施意义。

第五节　本章小结

从例行监测、媒体、消费者三种数据来源的角度对食品安全基本态势的分析可知，总体来看我国的食品安全治理形势依然较为严峻，公众对食品安全状况较为不满，我国食品安全的整体水平亟待提升。此外对比三类数据的结果还可看出对我国食品安全基本态势判断的差别。基于例行监测数据的结果来看，我国整体食品安全水平呈现“总体稳定、趋势向好”的基本态势。从媒体曝光的食品安全事件数上来看，近十年来我国的食品安全事件数总体呈上升趋势，年均增长率超过20%。从消费者对食品安全的评价来看，消费者对我国的食品安全现状较为担忧。三个层面的我国食品安全基本态势的分析让我们更清晰地看到了我国食品安全的现实情况，这也是本研究的现实基础和现实意义。

进一步的研究还表明，食品安全问题发生的区域性特征明显，西部地区相对较少，中东部地区较多。从食品类别上来看，肉及肉制品的食品安全风险最大，已成为食品安全事件排名第1的种类。此外，人为因素是我国食品安全事件频发的最主要原因，我国中小食品生产经营主体众多，规模较小且分散，食品产业链复杂且各环节均存在食品安全风险威胁，但是我国食品安全监管的资源配备是极其有限的，因此在这种有限的监管资源和风险因子相对无限的现实情境下，单纯依靠政府监管这一种治理手段难以完全实现对从“农田到餐桌”全产业链的监管，消费者是食品安全的受益者，基于消费者激励视角对我国食品安全进行协同治理的重要性便凸显出来。国外食品可追溯体系建设的经验也为我国食品可追溯体系建设提供了经验借鉴。所以本章的研究也为消费者对可追溯食品信息属性的支付意愿和偏好的研究提供了现实基础。

第五章
实验标的物选择和信息属性设置

Lancaster（1966）的消费者效用理论认为消费者的效用源于商品的属性而非商品本身。欧盟在 EC178/2002 条例中严格界定了食品可追溯信息的内涵，要求完整的可追溯信息必须涵盖食品全程供应链体系的主要环节，并明确了各环节应包含的信息及质量担保属性。Hobbs（2004）进一步区分了食品可追溯体系的功能，认为完整的食品可追溯体系应包含事前质量保证功能的属性与事后追溯功能的属性，融合事前质量保证和事后追溯功能的可追溯食品才能从根本上消除食品安全属性的信息不对称问题，有效重塑或者增强消费者对食品质量安全的信心。所以本章以我国食品安全问题频发且出现最早的可追溯猪肉的属性设置为例，研究能代表可追溯猪肉事前质量保证功能和事后追溯功能的信息属性设置，为后文消费者可追溯食品信息属性的支付意愿和偏好研究奠定实验标的物属性设置的基础。

第一节　选择猪肉作为实验标的物的依据

本书以猪肉为实验标的物展开消费者支付意愿和消费偏好研究，因为肉及肉制品是中国最具食品安全风险的第一大类食品，其中猪肉在我国最为大众化，其产量和消费量均占到肉类总量的 60% 以上。作为高风险食品的猪肉，也是国内最早建立可追溯体系的食品之一。

一 猪肉是中国生产和消费量最大的肉类食品

2000 年以来中国猪肉产量整体呈增长趋势，在 2010 年突破 5000 万吨，2015 年中国的猪肉产量达 5487 万吨，约占世界猪肉产量的 50%，已连续 27 年稳居世界猪肉产量的第一位。图 5-1 显示，从占比来看，2000 年到 2004 年，猪肉在肉类产量中的比重由 66% 增加至 71.2%，2004 年开始猪肉占比呈下降趋势，至 2007 年下降为 62.5%，之后趋于平稳（维持在 63% ~65% 的水平）。

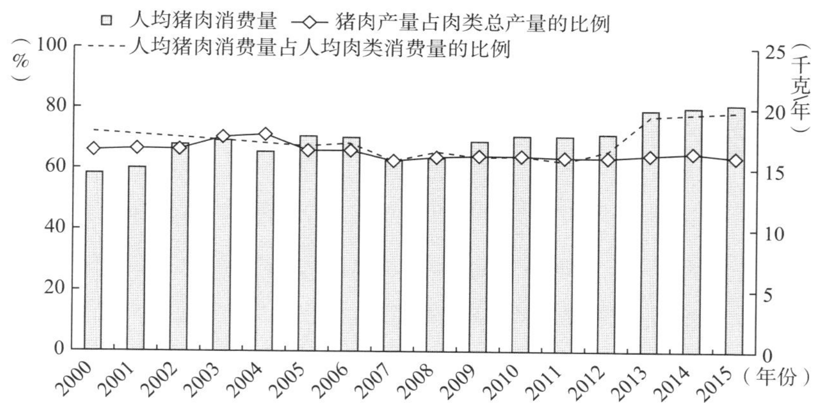

图 5-1 2000 ~2015 年中国猪肉生产和消费数量

资料来源：根据《中国统计年鉴》和《中国农业年鉴》历年统计数据整理。

从肉类消费量来看，猪肉所占比例最大，猪肉是中国消费者消费的主要肉类品种。图 5-1 显示，中国人均猪肉消费量整体呈上升趋势，已由 2000 年的 14.5 千克上升至 2015 年的 20.2 千克，增长率达 39.3%。人均猪肉消费量占人均肉类消费量的比例呈先下降后上升的趋势，从 2000 年的 71.86% 下降到 2011 年的 62.41%，随后开始反弹，至 2015 年猪肉占比已升至 78.81%。美国农业部的统计数据显示，2014 年中国大陆猪肉消费量为 5716.9 万吨，占全球的 52%，占中国肉类消费总量的 78.1%，人均猪肉消费量为 20 千克，消费量约为世界其他国家平均水平的 4.6 倍。

二　猪肉是中国最早尝试建立可追溯体系的食品之一

商务部和财政部自2010年起在全国范围内甄选肉类蔬菜流通追溯体系建设的试点城市，截至目前，已分五批共选择了58个试点城市开展肉菜流通追溯体系建设（刘增金，2015）。试点城市涵盖大中小城市的空间格局也在逐步构建。以“一荤一素”为重点，到目前试点城市肉类蔬菜流通追溯体系已基本覆盖大中型超市和大型批发市场、标准化菜市场和机械化定点屠宰场以及部分团体消费单位。猪肉是中国消费量最大、最具大众化的肉类食品，绝大多数试点城市选择“一荤一素”肉菜流通追溯体系建设时重点选择猪肉流通追溯体系，所以猪肉是中国最早尝试建立可追溯体系的食品之一。

三　猪肉是我国最具食品安全风险的食品之一

改革开放以来，我国肉类产业发展快速，但是对我国最近十年来食品安全事件所涉及的食品种类的统计也发现，肉及肉制品已经成为食品安全事件高发、食品安全风险最高的食品种类。在肉及肉制品中，猪肉消费量占肉及肉制品比例的78%以上，所以保障猪肉质量安全成为食品安全风险治理领域亟须解决的重大现实问题。本部分进一步借助江南大学“江苏省食品安全研究基地”自主研发的食品安全事件检测平台评估猪肉的安全风险，以确定实验标的物。利用大数据挖掘工具对近十年来我国31个省份（港澳台地区的食品安全事件数据不在本次数据挖掘范围）发生的猪肉质量安全事件进行挖掘与分析，研究的时间段是2006年1月1日至2015年12月31日，事件的来源涵盖政府网站、食品行业网站、新闻报刊等国内主流媒体（包括网络媒体）所报道的舆情事件。同样的，在数据挖掘过程中遵循“三个要素”原则。

（一）猪肉安全事件的基本特征

对食品安全事件检测平台中所有猪肉安全事件的数据挖掘结果进行总结分析，发现具有如下五个基本特征。

1. 猪肉成为最具风险的食品之一

2006～2015 年我国共发生了 22436 起肉及肉制品质量安全事件，占此时段内所发生的全部食品安全事件（245863 起）的 9.13%，成为最具风险的大类食品。其中，猪肉质量安全事件 14583 起，平均每天发生 4.0 起，且发生量自 2006 年以来呈波动上升趋势，年均增长率为 32.96%。猪肉安全事件数在 2011 年达到峰值（2630 起），以此为拐点，2012 年发生量明显下降（1396 起），2013 年则下降至最低点（1005 起），但在 2014 年出现反弹（1831 起），2015 年又缓慢下降（1690 起），如图5－2 所示。

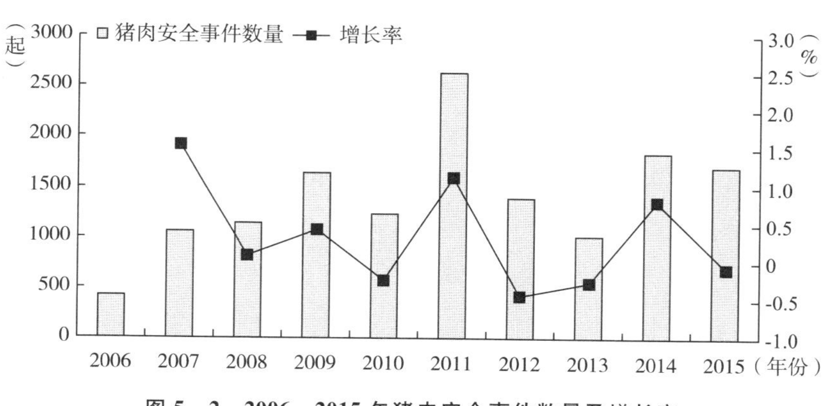

图 5－2　2006～2015 年猪肉安全事件数量及增长率

2. 四类事件总量超过 50%

猪肉供应链主要环节安全风险的表现如图 5－3 所示，2006～2015 年生猪养殖、屠宰加工与销售环节的猪肉安全事件发生量分别为 5556 起、5335 起、3692 起，分别占总量的 38.10%、36.58%、25.32%。统计数据显示，养殖环节非法使用瘦肉精、屠宰加工环节私自屠宰与注水、销售环节以次充好，以及病死猪肉流入市场是最为突出的四类问题，事件发生量分别为 2716 起、1987 起、1896 起、1615 起，分别占总量的 18.62%、13.62%、13.01%、11.07%，累计发生量 8214 起，占总量的 56.32%。

3. 人为因素是主因

人为因素导致的事件约占总量的 90%，其中非法添加或使用违禁物引发的事件数量最多，占事件总量的 22.83%，其他依次为造假或欺诈、生产和出售病死猪肉、注胶或注水肉等，分别占总量的 13.01%、11.07%、

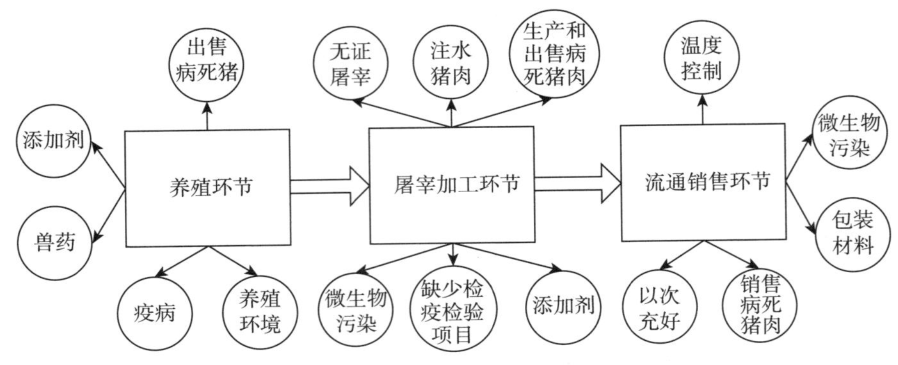

图 5－3　猪肉供应链主要环节安全风险的表现

8.37%。研究还发现，约 10.08% 的猪肉质量安全事件是菌落总数超标或含有致病微生物等非人为因素所致，其中沙门氏菌、金黄色葡萄球菌和大肠杆菌导致的事件分别占总量的 2.67%、2.06%、2.00%。

4. 区域性特征明显

我国 31 个省份均不同程度地发生了猪肉质量安全事件，如图 5－4 所示，北京、广东、上海、山东、河南是发生量最多的五个省份，累计发生 5774 起，占事件总量的 39.60%。广东、山东、河南是我国猪肉生产与消费大省，而北京、上海则是最大的消费区域。贵州、新疆、宁夏、青海、西藏五个省份人口相对稀少且是多民族聚居区，猪肉生产与消费量比较少，是事件发生量最少的五个省份，累计发生 615 起，占事件总量的 4.21%。

5. 病死猪肉流入市场的犯罪事件增多

2009 年以前此类事件尚未凸显，但近年来非法屠宰或黑作坊加工病死猪肉等犯罪事件大量曝光，呈现犯罪主体多元化、团伙化，且跨地界、跨省份联合作案的态势。典型的案例如，2015 年 1 月，山西省晋城公安机关破获一起制售“病死猪”案，抓获犯罪嫌疑人 257 名，打掉犯罪团伙 3 个，捣毁宰杀“病死猪”窝点 8 个，销毁病死猪肉 3700 千克，案值 400 余万元。这些犯罪团伙自 2012 年以来，相互勾结，在病死猪收购、屠宰、加工、销售等各个环节中分工明确，销往晋城地区的 100 余家饭店食堂，影响十分恶劣。

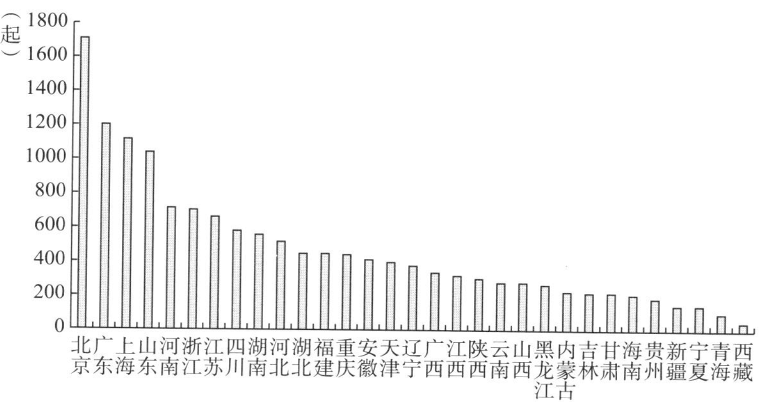

图 5－4　2006～2015 年我国 31 个省份发生的猪肉安全事件数

研究发现，2006～2015 年共发生了 1615 起病死猪肉流入市场的质量安全事件，占此时段猪肉质量安全事件总量的 11.07%。各年份的病死猪肉流入市场的质量安全事件数量如图 5－5 所示，2006 年病死猪肉流入市场的质量安全事件数量为 26 起，2007 年快速上升至 131 起，此后基本呈波动上升趋势，其中 2010～2012 年病死猪肉流入市场的质量安全事件数量连续增加，由 2010 年的 92 起上升至 2012 年的 229 起，事件数量增长了 1.49 倍，2014 年为近十年病死猪肉流入市场的质量安全事件数量最高的年份，达到 302 起，2015 年缓慢下降至 271 起，2006～2015 年病死猪肉流入市场的质量安全事件数量增长了近 9.5 倍。

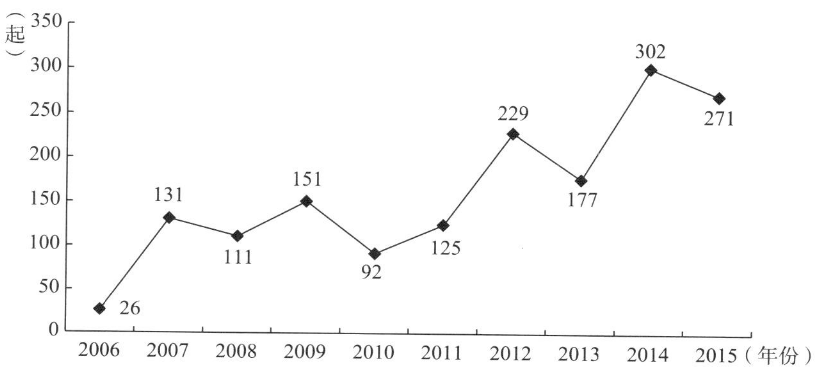

图 5－5　2006～2015 年我国病死猪肉流入市场的质量安全事件数量

（二）猪肉质量安全事件发生的原因分析

猪肉质量安全事件发生的原因十分复杂，最基本的有以下几个。

1. 养殖、屠宰加工与销售环节事件的多发性具有现实基础

虽然自2010年以来农业部在全国启动实施了畜禽养殖标准化示范创建活动，规模化养殖已成为保障市场有效供给的重要力量，但不同规模、多种形式的生猪养殖方式并存，2014年全国生猪规模养殖比重约为42%，58%的是散户养殖。农村地区极其有限的政府监管力量需要面对相对无限的监管对象，且农村基层动物防疫和畜牧技术等服务体系长期缺失，养殖环节质量安全事件多发难以避免。与此相对应的是，多年来，虽然猪肉屠宰加工企业的结构转型取得了积极成效，但以“小、散、低”为主的格局并未发生根本改变。2014年底全国规模以上屠宰及肉类加工企业3786家，约占此类企业总数的20%。双汇、雨润、金锣是最大的三家企业，在国内市场上的占有率总和不到10%，而美国前四大厂商的国内市场占有率达到69%，荷兰前三强企业的市场份额约为74%。据估算，每天全国猪肉市场需求约15.67万吨，而技术手段缺乏与道德缺失的小微型屠宰加工企业是重要的猪肉供应主体，猪肉质量安全事件多发难以避免。

2. 占主导的传统销售方式难以保障安全

我国的猪肉消费市场已形成以农贸市场、超市卖场和连锁专卖店为主体的零售终端业态，且随着城市化步伐的加快，以及“农改超、农加超”等政策的有效实施，超市、专卖店、便利店等现代零售业的猪肉销售比例也逐年上升，但农贸市场是猪肉流通主渠道的地位并未发生根本性改变，城乡居民猪肉需求的80%左右在农贸市场上实现。而在农贸市场中，生猪屠宰企业将整片的猪胴体批发或通过经销商销售给农贸市场个体经营者，再由个体经营者在销售摊点进行现场分割、销售，较为普遍地采用“一把刀、一个案板、一杆秤”的传统销售模式，卫生设施简陋，市场准入门槛低，猪肉渠道来源复杂，且都是在常温、裸露的环境下进行销售，质量安全难以有效保障。再加上安全知识匮乏的低收入群体“非理性”的低价格诉求，导致劣质猪肉“供需两旺”。

3. 人为因素占主导与现阶段社会现实环境密切相关

如图5－6所示，我国猪肉产业链长、触点多，涉及饲料生产供应商、养殖户（场）、屠宰加工商、经销与流通商、餐饮商等多个主体。由于分散化与小规模养殖户仍然是生猪养殖的基本主体，其自身普遍具有理性有限、文化程度低、养殖技术缺失等特征，且猪肉市场价格波动性大，出于提高经济收益的迫切需要，在监管不力的现实背景下难以避免不规范的养殖与经营行为。与此同时，大小企业间争夺生猪资源，造成先进产能闲置，不仅小微企业亏损面大，而且规模以上屠宰及肉类加工企业亏损率也一直居高不下。2014年，占全国9.3%的规模以上屠宰及肉类加工企业亏损，行业亏损率相较于上年的8.91%进一步提升。出于生存与市场竞争的需要，再加上诚信和道德缺失、经济与法律制裁不到位，一些屠宰及肉类加工企业必然采用非常手段，形成“破窗效应”①，由此诱发人源性的安全事件。

4. 监管职能交叉是制度原因

改革开放以来，我国食品安全监管体制经历了七次改革，平均五年为一个周期，形成了目前以农业部门与食品药品监督管理部门为主体的相对集中的监管模式。虽然监管体制逐步优化，但并没有从根本上消除基层猪肉监管体制存在的缺陷。2015年江苏省食品安全研究基地国家社科重大课题组对广西的专项调查发现，农贸市场上猪肉安全监管“九龙治水”的问题仍然突出。食品监管部门在主导监管农贸市场食品安全的同时，农业、商务、工商、卫生部门分别监管鲜活农产品、可追溯猪肉、假冒伪劣食品、场地环境卫生。虽然部门间的职责在文件上说得很清楚，但在实际操作中极易产生管理交叉或空白。尤其是部分监管人员不作为甚至失职渎职行为在生猪养殖、屠宰、加工及销售环节均有表现。更可

① “破窗效应”（Broken Window Theory）源于这样的假设：如果一栋建筑上的一块玻璃破碎了且未得到及时的修复，那么看到这块破碎玻璃（或称破窗）的人就会受到某种诱导性或者暗示性的纵容力量，去把这栋建筑上未破碎的玻璃也打碎。“破窗效应”在食品安全上的启示就是：如果食品行业中某种消极现象如食品造假、病死猪等出现在市场，而未被监管者及时发现并惩处，那么此消极因素就会对其他食品生产商的心理产生诱导性或暗示性纵容力量，大规模破坏性的后果就会随之而来，诱发人源性的食品安全事件。

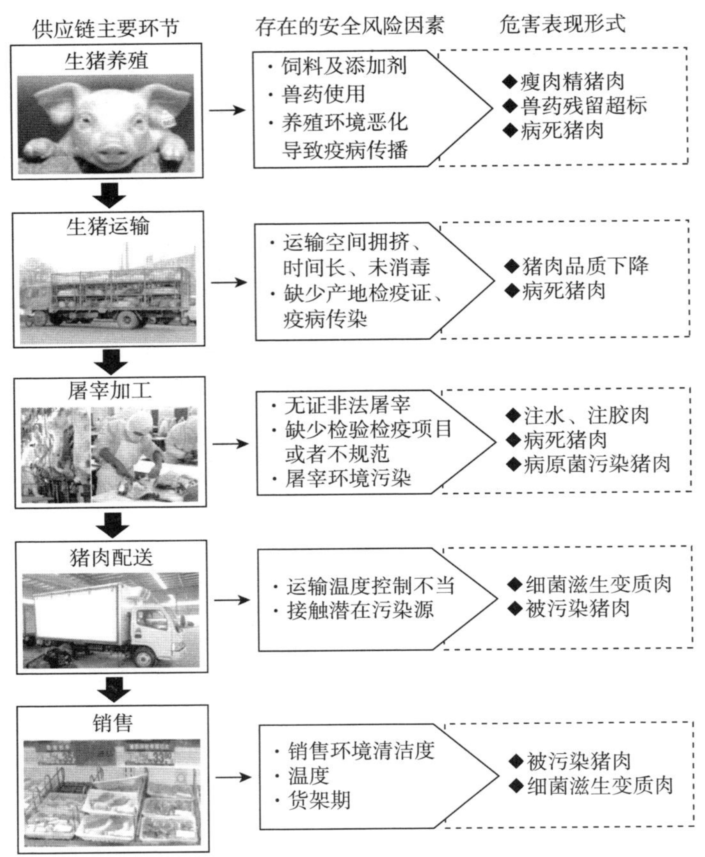

图 5－6 猪肉供应链主要环节安全风险因素及其危害表现

怕的是，一些政府公职人员直接参与犯罪。比如，在 2014 年 12 月的江西高安病死猪流入 7 省份的事件中，病死猪屠宰场七证齐全且有真实的检验检疫票据，猪贩子、生猪保险查勘员与猪肉市场管理员相互勾结，形成黑色利益链条。

5. 政策执行不力与政策缺失是重要因素

猪粮安天下。从 2007 年开始中央政府先后出台了能繁母猪、生猪良种与疾病防疫、病死猪无害化处理补贴，以及农业保险支持与规模养殖扶持等一系列政策，对促进生猪养殖业发展起到了重要作用。然而，政策执行不力在基层非常普遍。比如，农业部和财政部的政策规定，对年出栏量 50

头以上进行无害化处理病死猪的养殖户（场）给予每头 80 元的补贴。但根据笔者的调查，生猪养殖户（场）能够获得的补贴不足 80 元，如浙江某县补贴为 64 元，不足以支付无害化处理所需费用。与此同时，政策存在明显缺失。可追溯猪肉体系试点就是一个典型的案例。2010～2014 年商务部、财政部分五批在 58 个大中城市开展肉菜流通追溯体系建设试点，但始终没有取得突破性进展。主要原因在于，可追溯体系由政府主导，技术标准单一且厂商间不统一，消费者关注的产地与养殖信息等并未被纳入其中，更未为消费者提供猪肉品质检测、质量认证、信息认证等信息，市场上可追溯猪肉与普通的具有二维或多维条形码的猪肉几乎没有本质区别，而且品种单一，难以满足消费者的多样性需求。

（三）我国猪肉安全风险的治理思考

猪肉在我国具有特殊地位，党的十八届五中全会提出了“食品安全战略”，全面贯彻习近平总书记关于用“最严谨的标准、最严格的监管、最严厉的处罚、最严肃的问责”确保食品安全的要求，抓住猪肉质量食品安全风险的关键环节，采取立足现实国情且富有实效的治理举措，防范与遏制重大事件发生，切实保障猪肉质量安全是“十三五”期间食品安全治理领域必须优先解决的重大问题。

1. 深化改革与提升能力相结合，形成有效治理的微观基础

病死猪、未经检验检疫的猪肉流入市场等安全事件频发，本质上仍然是地方政府监管不到位甚至不作为。必须以整体性治理为视角，厘清各级政府间、同一层次政府部门间的职能与权限，特别是要在实践中探索解决食品安全问题的有效方法。“郡县治，天下安。”应该重心下移、力量下沉、保障下倾，以县级行政区为基点，优先向县及乡镇（街道）倾斜，优化配置监管力量，形成横向到边、纵向到底的监管体系。不论实行独立的食品监管局体制还是“三合一”的市场监管局体制，都必须按照中央的要求，以食品监管为首要任务。在食品监管体制改革过程中，县级政府应整合畜牧兽医与检疫、商务、工商、卫生、食品监督、城管、保险等多个部门的资源，努力避免多头向下。与此同时，要以县级行政区为单位，基于猪肉质量安全风险的区域性差异与技术能力建设的实际，

加强县（区）级技术支撑能力建设，将地方政府负总责直接落实到监管能力建设上。

2. 专项治理与系统治理相结合，营造有效治理的法治环境

依法严惩病死猪流入市场的团伙化、跨区域化的犯罪活动是十分紧迫的任务。养殖户片面追求经济利益是病死猪流入市场的关键动因，应该按照“四个最严”的要求，全面贯彻《食品安全法》《农产品安全法》等法律法规，加大基层政府对养殖户病死猪处理的监管力度，特别是要加大经济处罚力度，提高违法违规处理病死猪行为的成本，从源头上遏制非法出售病死猪的行为。依托“食药警察”或食品执法的专业队伍，以专项治理为手段，坚持刑事责任优先原则，严厉打击病死猪购销、宰杀、加工、运输、销售等环节的犯罪活动。统筹不同行政区域间、城市与农村间的联合行动，依法惩处非法添加或使用违禁物、造假或欺诈、以次充好、出售注胶或注水肉等行为，防范区域性、系统性风险。努力消除地方保护主义，确保相关法律法规在实际执行中的严肃性。以“零容忍”的态度，依法治理执法人员的不作为、乱作为问题，扎实提高监管效能。

3. 完善政策与有效服务相结合，遏制病死猪肉流入市场

必须基于实际，完善能繁母猪、生猪良种与疾病防疫、病死猪无害化处理等补贴及农业保险支持与规模养殖扶持等政策，重点将病死猪无害化处理补助范围由规模养殖场（区）扩大到生猪散养户，并参照能繁母猪保险办法，建立无害化处理与保险联动机制。建议在生猪养殖密集的地区开展生猪保险试点，保费可由政府和养殖场（户）共同承担，通过提高病死猪无害化处理的补偿标准与实施保险补助政策，补偿养殖户的经济损失，提高病死猪无害化处理率。加强养殖大县的畜牧兽医站与畜禽社会化服务体系建设，全面贯彻农业部 2009 年发布的《关于深化乡镇畜牧兽医站改革的意见》，建立“机构健全、职责明确、保障有力、素质优良”的基层动物防疫与技术推广体系。

4. 结构性改革与技术进步相结合，建立精准监控与新型可追溯体系

在有效保护农业生态环境的前提下，促进生猪养殖的现代化与适度

规模化。以市场需求为导向，加快形成“定点屠宰—集中分割—成品包装—冷链配送—连锁专卖”的生产与消费模式。在引导消费的同时，推进供给侧结构性改革，提高精深加工猪肉产品的比重，开发多样化的混合猪肉制品等，实现猪肉及其制品“由大变小、由粗变精、由生变熟、由量的满足转向质的提高”。加快技术进步，特别是加快应用信息技术建设，逐步实施大型屠宰、加工与流通消费企业的全程信息化监控；借鉴国际经验，从实际出发，集养殖、屠宰与加工、流通与消费全程供应链的可追溯属性以及肉品质量检测属性、质量认证属性等于一体，全面推进可追溯体系建设，满足多样化的市场需求。科学确定国家、省份、市（县）等不同层次的随机抽查分工体系，保证抽查监管覆盖面和工作力度；规范事中事后监管，建立随机抽取检查对象、随机选派执法检查人员的“双随机”抽查监管机制；搭建纵横衔接的信息主平台，彻底解决猪肉质量安全信息分散与残缺不全的问题，特别是充分运用大数据挖掘技术，结构化地主动发布“双随机”抽查监管结果，形成有效震慑，推进市场治理。

5. 政府主导与社会参与相结合，构建社会共治新格局

由于病死猪处理等行为十分隐蔽，且病死猪屠宰加工点往往在较偏远的地区，单纯依靠政府监管部门难以取得实效。建议分层推进与完善现有的投诉举报体系，建立健全“信件、电话、网络”三位一体的投诉举报体系，扩大奖励范围，丰富奖励形式，形成富有特色的举报者保护和奖励机制。在农村尤其是生猪养殖大县设立专项举报奖励机制，通过养殖户参与监管举报等方式，凝聚力量构建天罗地网，揭露偏远与隐蔽区域的病死猪地下交易市场、非法屠宰加工点。逐步推行屠宰加工企业内部“吹哨人”制度，用社会力量弥补政府监督力量的不足。加强与新闻媒体等的合作，鼓励和支持新闻媒体参与舆论监督，建立与媒体事前执法沟通机制和事后处理结果通报机制。养殖大县要加快培育法律地位明确、公益属性强的社会组织，逐步推广村委会自治监管的治理方式，发挥社会组织与村委会的专业性、自治性等优势，推进风险治理力量的增量改革，实现农村食品安全风险治理体系的重构，促进传统的政府主导型治理向“政府主导、社会

协同、公众参与”的协同型治理转变。

综上所述，肉及肉制品是世界各国较为普遍的消费食品之一，而猪肉则是中国消费量最大、最具大众化的肉类食品之一。但猪肉作为中国老百姓最常消费的食品，恰恰也是发生质量安全事件最多的食品，上文研究表明，2006～2015 年的 10 年间中国国内主流网络舆情共曝光 22436 起肉及肉制品质量安全事件，占此时段内所发生的全部食品安全事件总量的 8.9%，成为最具风险的大类食品。其中，猪肉质量安全事件发生 13278 起，猪肉成为我国最具风险的食品之一。与此同时，我国试点城市的食品市场最早出现的可追溯食品类别就有可追溯猪肉，因此，以猪肉为例的研究具有一定的代表性。同时，考虑到消费者对同一品种的可追溯猪肉的不同部位具有偏好的差异性，为排除非本质性因素对研究结论可能产生的影响，本研究选取可追溯猪后腿肉（为简单起见，以下简称为可追溯猪肉）作为研究消费者对融合事前质量保证与事后追溯功能的可追溯食品消费偏好的品种。

第二节　可追溯猪肉信息属性的设置

一　可追溯猪肉事后追溯信息属性的确定

（一）事后追溯属性的分类

如前所述，食品可追溯体系的事后追溯功能主要是在安全事件发生后便于问题食品的召回，确定问题源和责任方，所以食品可追溯体系中供应链上的各主体应该记录食品及所有成分的单位和批次信息、食品及成分何时何地发生移动转入转出的信息、加工过程和包装材料的溯源信息以及质量检验记录信息等。对于猪肉生产而言，猪肉全程产业链涉及种猪、仔猪、饲养、屠宰加工、运输与销售等诸多环节（见图 5－7）。中国猪肉的主要安全风险存在于供应链全程体系的养殖、屠宰、运输与销售等所有环节中（吴林海等，2015），所以事后追溯功能能否发挥召回和定责的作用以及发挥作用的程度有多高，取决于可追溯猪肉信息属性的设置能否覆盖猪肉全程供应链中的各风险环节及其关键控制点，仅包含某个环节可追溯信息的猪肉可追溯体系是无法实现事后追溯功能的。因此，本研究事后追溯属性的设置首先要基于全程猪肉供应链的风险环节才能建立有效的猪肉可追溯体系以保障猪肉质量安全。按照食品链中信息被调出的活动或方向，可追溯性被划分为供应链追溯属性以及内部追溯属性（Moe，1998）。

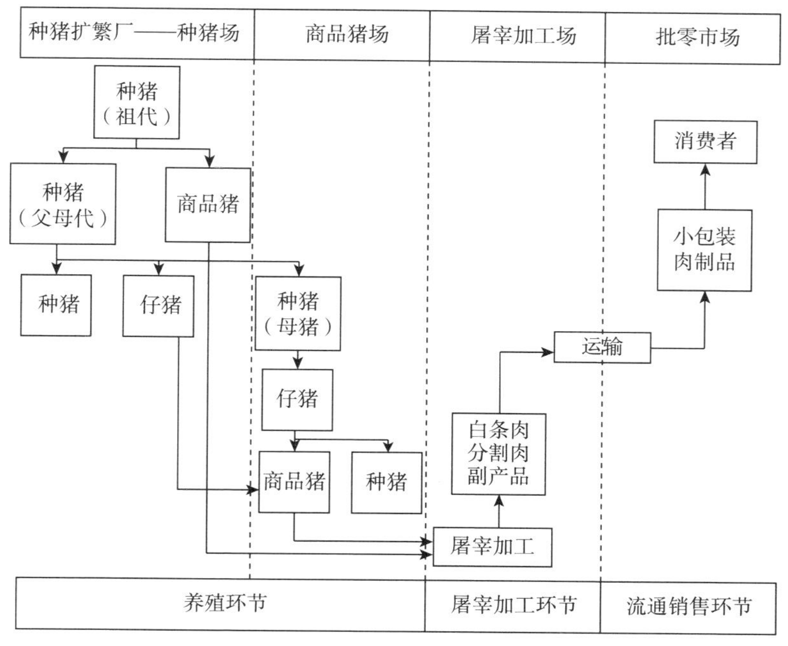

图 5-7 猪肉供应链

供应链追溯也叫外部追溯，是指食品沿着供应链移动时从一个贸易伙伴转移到另一个贸易伙伴所产生的追溯过程。对于猪肉来说，供应链上活猪或猪肉的接受双方都需要对肉品的身份标识进行识别，也就是说活猪或猪肉供货方必须能够根据肉品上的标识码向前追踪活猪或猪肉的接收方，而且活猪或猪肉的接收方也必须能够根据肉品上的标识码向后追溯活猪或猪肉的供货方，动物或肉品的接收双方也必须按照要求对交接记录进行妥善保存。其实对于供应链追溯而言，溯源的对象是确定的，比如具有唯一身份标识码的一单位或一批次的猪肉。需要追溯的信息主体就是以动物或肉品为交易对象的贸易双方，供应链追溯的实质也就是通常所说的食品供应链上的节点管理（Link Management）。外部可追溯体系是完整可追溯性的前提条件。

内部追溯是指对供应链的其中一个环节来说，从食品输入到输出的内部生产历史的溯源过程。每一个环节都具有内部追溯性，相较于供应链追溯来说，内部追溯环节往往较复杂，因为可能涉及多种原料的投入、多种加工方法以及可能不止一种形式的食品产出，所以节点环节的责任主体必须做好过程信息的管理和记录，确定好最小追溯单元（单品、单批次或混合批次）的精确性。内部可追溯体系是完整可追溯性的保证（Thakur & Donnelly，2010）。

此外，从信息的公开权限上来看，溯源信息还可以分为公众信息和企业信息（姜利红等，2009）。公众信息通常是为了保护消费者的知情权，法律法规所要求公开的转运信息、质量信息和标签标识信息等。随着法律法规的完善，所要求的最低公开信息的内容和数量会有所不同。企业信息通常是关于生产过程的细节信息或者有关企业商业机密等的信息。为了提高消费者对产品质量安全等的信心，随着信息平台、信息技术的发展，更多的企业愿意通过可追溯信息查询平台向公众消费者提供更多的生产过程信息。如前分析，我们所关心的是哪些生产过程信息需要向公众开放，所以本章接下来就利用 HACCP 原理来确定猪肉生产的关键控制环节和溯源信息。

（二）猪肉生产流通中的关键控制点解析

猪肉在生产和流通过程中的安全风险主要包括细菌、病毒等生物学危害因子，抗生素、农兽药残留、重金属离子等化学危害因子，以及金属、异物等物理危害因子。如果不对这些危害因子进行有效的预防和控制，不安全的猪肉及其产品将给消费者的健康带来严重危害。具体的危害因素虽然纷繁复杂，但是可以应用质量管理手段对猪肉生产前、生产过程中以及生产后的流通环节进行质量控制以减少这些安全风险危害因子。我国市场上供给的猪肉包括热鲜猪肉、冷鲜猪肉和冷冻猪肉三种类型。其中，冷鲜猪肉是指严格执行检验检疫制度并按卫生标准屠宰的生猪胴体，经屠宰劈半后迅速进行冷却处理，使得生猪胴体的深层肉温在24小时内迅速降至 -1℃ ~4℃（通常检测猪后腿中心部位的温度），且在后续的排酸、分割加工、包装及流通零售等环节使猪肉始终处于 -1℃ ~4℃的冷链温度条件下（陶斐斐等，2010）。而热鲜猪肉是不经冷却加工工艺，直接上市的猪肉。冷冻猪肉则是将温度降至肉冰点以下（-18℃）进行贮藏和流通销售的猪肉。随着冷链物流的发展、人们生活水平的提高和食品安全意识的增强以及超市和标准化集贸市场的发展，冷鲜猪肉由于具有保质期长、肉质鲜美、抑制有害细菌繁殖等优点而受到消费者的广泛认可，市场份额逐年扩大（程述震等，2016）。所以本章拟以冷鲜猪肉为例，以生猪养殖、屠宰加工及猪肉运输销售为基本流程，深入分析猪肉的生产过程和CCP关键控制点，进而确定猪肉生产的关键控制环节和溯源信息。

1. 冷鲜猪肉的加工工艺流程

仔猪出生和哺乳—养殖饲养—育成—生猪产地检验检疫—生猪运输—生猪入场验收—刺青编号—候宰管理—宰前检疫—冲淋—电麻/ CO_2致晕—真空放血—预清洗—蒸汽烫毛/二级脱毛—燎毛修刮/抛光—头部检疫—开膛/挑肛—开胸/取内脏—去头/尾—同步检疫—锯半—冰水冷却—胴体修整—宰后检验—胴体称重/打码—冲淋清洗—速冷—冷却排酸—胴体分割—称重包装—金属探测—销售包装/运输包装—冷藏保鲜—出厂检验—冷链物流装运配送—分割销售。

2. 对冷鲜猪肉相关工艺流程的说明

（1）生猪入场验收：驻场兽医应该查验入场生猪是否具有有效的“动物检疫合格证明”、是否佩戴符合国家规定的畜禽标识，了解生猪运输途中的有关情况，检查生猪群体的精神状况、外貌、呼吸状态及排泄物等是否正常。证物合格且相符，临床检查健康，检疫员方可允许生猪入场并回收“动物检疫合格证明”。

（2）宰前检疫和同步检疫：驻场兽医应按《生猪产地检疫规程》中“临床检查”部分的要求实施宰前检疫和同步检疫。其中宰前检疫包括是否有感染口蹄疫、猪瘟、高致病性猪蓝耳病、猪丹毒、猪肺疫、炭疽病的症状。对怀疑患有规定疫病及临床检查发现其他异常情况的，应按相应疫病防治技术规范进行检测。在与屠宰操作相对应的同步检疫中，对同一头猪的头、蹄、内脏、胴体等统一编号进行检疫。宰前和屠宰同步时任何一个过程检疫不合格，都应该按照《中华人民共和国动物防疫法》《动物疫情报告管理办法》《重大动物疫情应急条例》《病害动物和病害动物产品生物安全处理规程（GB16548）》等有关规定，在动物卫生监督机构监督下依法依规处理。

（3）宰后检验：宰后检验环节必须对每头猪进行头部、体表、内脏及胴体初验，然后经过全面复验，检验员确认健康、卫生、质量及感官性状符合《生猪屠宰产品品质检验规程（GB /T17996 - 1999）》要求的，盖上本厂/场的检验合格印章。检验后不合格肉品对照规程所列情形进行高温处理、非食用处理或者销毁处理等。

（4）猪肉的冷却和储运：胴体剥皮及开膛净腔后要进行冷却排酸，冷却的工艺有多种，应在 -1℃ ~4℃的冷链中进行胴体和肉品的切割以及储藏和运输，且冷藏间温度一昼夜升降幅度不得超过 1℃，使得微生物在低温下被抑制生长，特别是金黄色葡萄球菌等致病菌无法分泌毒素，以保证冷藏猪肉的安全卫生和新鲜猪肉的品质（分割鲜、冻猪瘦肉，GB/T 9959.2 -2008）。

3. 猪肉生产过程危害分析、关键控制点和预防措施

HACCP 体系是食品供应链所有环节预防食品安全危害的重要方法（FAO & WHO，2003），通过对可能存在的问题进行预防分析从而更精准地定位猪肉生产和流通过程中安全问题的所在环节，提高猪肉的安全性。所以本部分依据《中华人民共和国动物防疫法》《生猪屠宰管理条例》等法律法规和标准的要求，应用 HACCP 原理对冷鲜猪肉生产各环节的工艺和潜在物理性危害、化学性危害和生物性危害进行相应分析，然后在具体危害分析的基础上确定冷鲜猪肉生产和流通过程的关键控制点（Critical Control Point，CCP）。详细的冷鲜猪肉生产流通过程中的危害分析如表 5 - 1 所示。

表 5－1　生鲜猪肉生产流通过程中的危害分析

工艺流程	安全危害	危害是否显著	判断依据	危害的预防措施	是否为CCP
仔猪出生	物理性危害	否	引入猪经接收地兽医检测确定合格后，方可繁殖使用，按期为仔猪戴免疫耳标	戴有免疫耳标、有有效检疫证、非疫区证明和车辆消毒证明	否
	化学性危害	否			
	生物性危害	否			
养殖饲养/育成	物理性危害	否	进行免疫或疾病用药时，可能造成注射器断针残留	借助金属探测仪器在后续工序中予以剔除，按照 SSOP 卫生标准操作规范做好环境清洁和消毒工作，按照 GMP 良好操作规范进行生猪养殖日常管理，做好免疫、饲料、兽药等养殖档案的记录	是（CCP1）
	化学性危害	是	药物饲料添加剂、兽药等使用品种和剂量		
	生物性危害	是	饲养条件不佳、水源不洁等因素使得生猪在育成过程中可能染上动物疫病		
生猪产地检验检疫	物理性危害	否	—	—	是（CCP2）
	化学性危害	否	—	—	
	生物性危害	是	人畜共患的动物疫病可能会传染给人类	官方兽医到现场实施检疫，确保病死猪全部进行无害化处理	
生猪运输	物理性危害	否	—	—	否
	化学性危害	否	—	—	
	生物性危害	否	运输条件不佳会使生猪致病、致残等	对运载工具进行有效消毒，查验车辆消毒证明，确保运载工具卫生	
生猪入场验收/候宰/宰前检疫	物理性危害	否	—	—	是（CCP3）
	化学性危害	是	生猪饲养过程中违规使用饲料添加剂、抗生素，兽药过量而造成兽药残留超标	抽检瘦肉精检测项目，根据检测结果对猪厂进行结算以及合格等级评定	
	生物性危害	是	在生猪饲养和运输过程中感染动物疫病，带有病原体	密切关注生猪入场及候宰时的临床表现，同时采样留样检查	
致晕/放血/浸烫脱毛	物理性危害	否	未脱净的猪毛污染猪肉品质	控制烫毛水温、脱毛后燎毛刮黑去除污物	否
	化学性危害	否	电击等致晕过程不当使生猪产生应激反应而释放毒素	采用现代化屠宰致晕技术以保证击晕效果，减少应激反应	

续表

工艺流程	安全危害	危害是否显著	判断依据	危害的预防措施	是否为CCP
致晕/放血/浸烫脱毛	生物性危害	否	放血及脱毛过程可能造成沙门氏菌等病原菌的交叉污染和二次感染	刺杀部位准确、刀具消毒后轮换使用，改进传统水烫毛工艺	否
开膛净腔/去头尾/去内脏	物理性危害	否	器具带来的金属屑等	借助金属探测仪器在后续工序中予以剔除	否
	化学性危害	否	刀具易误划破胆囊、膀胱、胃肠道而污染肉品品质	按照《生猪屠宰操作规程》猪宰	
	生物性危害	否	—	—	
同步检疫	物理性危害	否	—	—	是（CCP4）
	化学性危害	否	盖检疫章的色素可能对肉品造成污染	使用食用色素加盖检疫印章	
	生物性危害	是	动物疫病、寄生虫、囊肿等会对肉品和人造成交叉感染	严格按照《生猪屠宰检疫规程》综合判断	
胴体劈半/冷却/修整	物理性危害	否	劈半技术和工具不佳将会增大肉品损耗	借助金属探测仪器在后续工序中予以剔除	否
	化学性危害	否	—	—	
	生物性危害	否	—	—	
宰后检验	物理性危害	否	—	—	是（CCP5）
	化学性危害	否	盖检疫章的色素可能对肉品造成污染	使用食用色素加盖检验印章	
	生物性危害	是	动物疫病、寄生虫、囊肿等会对肉品和人造成交叉感染	严格按照《生猪屠宰产品品质检验规程》综合判断	
称重/冲淋/冷却排酸	物理性危害	否	—	—	是（CCP6）
	化学性危害	否	若未及时且充分冷却，聚集于猪胴体肌肉组织中的乳酸会影响肉质	严格控制预冷车间的温度和冷却时间彻底排酸	
	生物性危害	是	冷却温度控制不当易造成微生物滋生和肉品腐败	正确实施预冷工艺，严格控制预冷车间的温度	
分割/包装/探测/出厂检验	物理性危害	否	金属探测器可能带入的金属碎屑或残渣	正确使用金属探测仪器	是（CCP7）
	化学性危害	是	与肉品直接接触的包装材料未达标则可能对肉品造成污染	使用经检验合格的食品级包装材料	

续表

工艺流程	安全危害	危害是否显著	判断依据	危害的预防措施	是否为CCP
分割/包装/探测/出厂检验	生物性危害	是	包装材料不洁和生产过程温度控制不当可能造成微生物滋生和肉品二次污染	减菌化处理包装材料和设备仪器，SSOP控制包装过程	是（CCP7）
配送销售	物理性危害	否	—	—	是（CCP8）
	化学性危害	否	—	—	
	生物性危害	是	运输车辆不洁和配送过程中温度控制不当可能造成微生物滋生和肉品二次污染	对运输工具消毒并取得运载工具消毒证明，控制车辆和销售间温控系统	

注：判断依据的法律法规包括：《中华人民共和国动物防疫法》《生猪屠宰管理条例》《中华人民共和国传染病防治法》《生猪屠宰产品品质检验规程（GB/T 17996－1999）》《中华人民共和国农业部第193号公告（食品动物禁用的兽药及其他化合物清单）》《生猪屠宰操作规程（GB/T 17236－2008）》《猪控制点与符合性规范（GB/T20014.9－2008）》《种畜禽调运检疫技术规范（GB16576－1996）》《农产品安全质量无公害畜禽肉安全要求（GB18406.3－2001）》《屠宰和肉类加工企业卫生注册和管理规范（GB/T20094－2006）》《屠宰和肉类加工企业卫生注册和管理规范（GB/T20094－2006）》《畜禽屠宰HACCP应用规范（GB/T20552－2006）》等。

所谓CCP关键控制点是指在整个工艺流程中若不对某一个或某几个程序/工艺加以重点控制的话，可能对公共卫生产生严重危害的生产流程/工艺点。CCP的确定可应用CCP判断树方法，通过填写CCP判定回答表来判定各危害因素的关键程度。回答的要点包括本程序/工艺是否有控制危害因素的措施，该措施能否将危害因素降到安全范围内或者甚至完全消除危害，若不对本程序/工艺进行控制是否会导致危害发展到不可接受的水平/程度以及下一个程序/工艺/措施能否将危害因素降到安全范围内或者完全消除危害。

依据确认CCP的判断树，在对冷鲜猪肉生产工艺流程进行认真分析研究的基础上，确认了养殖饲养/育成、生猪产地检验检疫、生猪入场验收/候宰/宰前检疫、同步检疫、宰后检验、称重/冲淋、冷却排酸和配送销售八个程序为关键控制点。

4. 确立猪肉生产关键限值，采取纠偏措施

关键限值（Critical Level，CL）就是关键控制点的上下安全界限，食品企业对产品工艺关键限值的确定首先应满足国家标准和法律的最低限度指标要求，同时积极探索并建立符合本企业实际、可操作性强且高于基本国家标准的企业关键限值。《HACCP 体系及其应用准则》要求对每个关键控制点都设立关键限值以确保食品安全。所以当对生鲜猪肉生产工艺流程进行了详细的危害分析并确定了关键控制点之后，有必要对 CCP 所对应的关键限值进行确定，以备关键控制点失效时能及时采取纠偏措施。冷鲜猪肉生产流通过程中关键控制点所对应的 HACCP 工作计划如表 5－2 所示。

表 5－2　冷鲜猪肉生产流通过程中的 HACCP 工作计划

关键控制点（CCP）	显著危害	关键限值	监控				纠偏措施	记录	验证
			内容	方法	频率	监控者			
CCP1	不规范养殖将导致生猪染疫病、残留农兽药和重金属	养猪场址、设施、设备符合标准，有完整规范的生猪免疫、喂饲、用药停药记录，检测报告的证明文件	证明性文件材料	索证、文件和现场审核	每批	验收员	屠宰环节禁止无合格证明材料的生猪入场	材料审核和现场审核的记录	屠宰环节生猪入场检验检疫
CCP2	产地检疫不规范将导致动物疫病的传播，甚至人类感染人畜共患病	有效的免疫证明、生猪群体检疫（静态、动态、食态）和个体检查（视、触、听、叩诊、体温脉搏呼吸、排泄物分泌物）相结合	证明性文件材料	索证和文件	每批	动物检疫员	屠宰环节禁止未进行产地检疫或检疫证明不全的生猪入场	免疫证明、临床健康检查记录	屠宰环节生猪入场检验检疫

续表

关键控制点（CCP）	显著危害	关键限值	监控				纠偏措施	记录	验证
			内容	方法	频率	监控者			
CCP3	入场和宰前检疫不规范将导致疫病传播、农兽药残留超标等	索取动物检疫合格证明、运载工具消毒证明和非疫区证明，盐酸克伦特罗（瘦肉精）等符合检测标准	证明性文件材料	索证和文件	每头	动物检疫员	发现异常上报、送实验室确诊并对检疫不合格的生猪进行无害化处理	宰前检疫结果记录	同步检疫和宰后检验合格证明
CCP4	同步检疫不规范将导致动物疫病和病原微生物寄生虫传播影响肉品品质	头部检疫、皮肤检疫、内脏检疫、寄生虫检疫、胴体检疫符合标准，且最后要进行复检，防止漏检、错检	证明性文件材料	索证和文件	每头	动物检疫员	发现异常上报、送实验室确诊，对检疫不合格的生猪进行无害化处理	同步检疫结果记录	动物及动物产品检疫合格证明和印章
CCP5	宰后检验不规范将导致病变肉品流入市场，危害公共卫生安全	头部、体表、内脏、胴体检验结果符合标准，且最后要进行复检，防止漏检、错检	证明性文件材料	索证和文件	每头	肉品检验员	对检验不合格的肉品进行修割、高温、非食用或销毁等处理	肉品品质检验记录	肉品品质检验合格证明和印章
CCP6	冲淋和冷却温度控制不当易造成微生物滋生，肉品腐败、品质不佳等	充分淋浴洗净体表污垢、宰后进入冷冻间速冻使肌肉深层中心温度降至 -15℃，冷却排酸温度处于 -1℃ ~4℃	证明性文件材料	索证和文件	每头	冲淋和冷却间管理员	对胴体抽样进行微生物检验，对检验不合格肉品进行处理，调整库温和时间	冲淋记录、冷却间温度时间记录	水质量检测、库温肉温测定及记录审核
CCP7	包装或温控不佳将导致二次污染或微生物滋生、肉品腐败	包装材料应无毒、无害符合卫生要求，冷却猪肉应储存在 -1℃ ~	证明性文件材料	索证和文件	每批	包装和冷库管理员	对包装和肉品进行抽样检测，对检验不合格的包	包装抽检记录、温度检测记录	出厂检验时对抽检记录进行审核

续表

关键控制点（CCP）	显著危害	关键限值	监控				纠偏措施	记录	验证
			内容	方法	频率	监控者			
CCP7		4℃的环境中且冷藏间昼夜温差不得超过1℃					装和肉品进行处理		
CCP8	车辆不洁或温度控制不当可能造成微生物滋生和肉品的二次污染	对运输工具进行消毒，取得有效的运载工具消毒证明，冷藏车和销售柜的温度控制在-1℃～4℃	证明性文件材料	索证和文件	每辆	运输和销售监督员	禁止未有运载工具消毒证明以及车控温度检测未达标的车辆进入销售环节	车辆消毒记录、温度检测记录	对车辆和销售柜抽检结果的审核

注：关键限制的确定依据包括《中华人民共和国动物防疫法》《生猪屠宰管理条例》《中华人民共和国传染病防治法》《生猪屠宰产品品质检验规程（GB/T 17996－1999）》《中华人民共和国农业部第193号公告（食品动物禁用的兽药及其他化合物清单）》《生猪屠宰操作规程（GB/T 17236－2008）》《猪控制点与符合性规范（GB/T20014.9－2008）》《种畜禽调运检疫技术规范（GB16576－1996）》《农产品安全质量无公害畜禽肉安全要求（GB18406.3－2001）》《屠宰和肉类加工企业卫生注册和管理规范（GB/T20094－2006）》《屠宰和肉类加工企业卫生注册和管理规范（GB/T20094－2006）》《畜禽屠宰HACCP应用规范（GB/T20552－2006）》等。

（三）可追溯猪肉事后追溯属性的信息确定

钱建平等（2014）认为追溯体系的建立包括中央数据库、产品的标识和信息的采集三个基本要素。所以在研究可追溯猪肉事后追溯属性信息的确定和采集之前必须先建设好中央数据库，正确编码猪肉产品的标识。随着食品国内贸易和国际贸易的发展，当前猪肉从农田到餐桌的距离比以前更长，涉及猪肉供应链的多个主体。所以应在“上一级供应链主体—企业/合作社/养殖户—下一级供应链主体”的供应链协作模式下，以猪肉产品标识、溯源信息采集和中央数据库三个基本要素为核心建立起猪肉可追溯体系。

1. 中央数据库和猪肉产品标识

追溯信息中心数据库的建立是实现猪肉全程供应链可追溯的基础，不仅可以为终端消费者提供猪肉产品的追溯信息，而且可以方便政府监管部门对猪肉生产加工的质量安全进行实时监管。在技术方面要求供应链各环节采集的数据能够实时输入中心数据库，并且中央数据库和各地区各环节数据库之间的数据传输能够实现无缝对接，如图 5－8 所示。

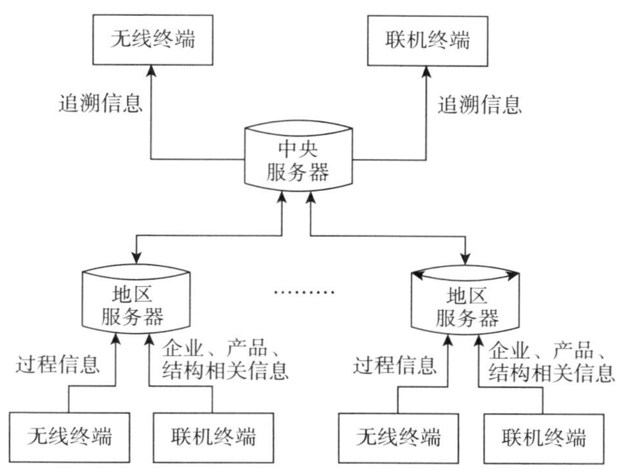

图 5－8　信息采集方式

其中猪肉安全追溯的标识系统采用了联合国欧洲经济委员会（United Nations Ecomonic Commission for Europe，UNECE）推荐的 EAN ·UCC 全球统一标识系统（也称 GS1 系统）。该系统的编码语言由国际物品编码协会（EAN）制定并进行全球统一管理。当前猪肉产品采用的标识技术主要有一维条形码、二维条形码和 RFID 射频识别等。一维条形码编码简单，但是利用一维条形码进行产品标识和产品溯源时，需要依赖后台数据库，且一维条形码信息存储容量小，条形码不完整时影响扫码仪的正常信息读取。二维条形码较之一维条形码在技术上有改进，不仅进行了数据加密处理而且提高了空间利用率。与一维和二维条形码相比，RFID 射频技术具有读取准确率高、读取距离远且耐脏污等恶劣环境的优点，在全球猪肉可追溯体系中被广泛应用。除了标识技术的选择外，还要及时对标识技术和标识信息进行转换，即在生猪标识、猪胴体标识和猪分割肉标识之间进行标识转换。

2. 可追溯猪肉事后追溯属性的确定

生鲜猪肉生产详细的工艺流程说明生鲜猪肉的质量安全不是一个企业

或一个工艺程序的问题，从供应链管理视角而言，猪肉的质量安全是涉及生猪养殖环节、屠宰加工环节以及流通销售环节的质量控制活动。其中，生猪养殖环节包括仔猪出生和哺乳、养殖饲养、育成、生猪产地检验检疫。

食品供应链具有全程性和系统性特征，食品供应链上的所有主体的活动都会产生外部性，影响食品的安全（Hennessy 等，2003）。从表 5－1 冷鲜猪肉生产流通过程中的危害分析中可以看出，从生猪养殖环节、屠宰加工环节到流通销售环节，每个环节都有多个安全危害因子和关键控制点，任何一个环节关键质量控制措施的缺失都无法保证肉类产品在整个生产过程中的质量安全。所以，猪肉可追溯体系追溯信息的采集要完整地包含供应链追溯（或外部追溯）信息和内部追溯信息。

（1）猪肉可追溯体系供应链追溯信息的确定。食品安全风险存在于供应链的每一个环节，因此一个良好的追溯管理体系能够从供应链的任何一个环节实现向前追踪和向后追溯，可以在食品安全问题发生时实现对产品的有效识别和召回（Opara，2003）。Olsen 等（2013）认为食品可追溯性是物流管理的一部分，通过充分采集、存储和传输食品供应链所有环节有关食品、饲料以及用于食品生产的动物或添加物的信息，产品在任何时候都能在质量安全控制的检查中向前追踪以及向后追溯。同时根据 ISO“一步向前＋一步向后”的基本溯源原则，猪肉可追溯体系的建立首先必须确定猪肉全程供应链中的环节节点，明确各环节中责任企业的基本信息和猪肉安全生产的基本责任（也称为基本安全信息，包括养殖场主/分散养殖户的姓名、地址和电话，养殖基地地址，负责该养殖场的兽医的姓名、地址和电话等，养殖屠宰运输销售企业公司的工商注册信息、公司管理人员姓名和电话等）。所以，在猪肉可追溯体系的供应链追溯（或外部追溯）中必须完整地包含 3 个供应链环节的控制节点，即养殖环节、屠宰加工环节和运输销售环节责任单位（企业或者个体户）的基本安全信息。

（2）猪肉可追溯体系内部追溯信息的确定。基于上文对冷鲜猪肉生产流通过程中关键控制点的分析，确定猪肉可追溯体系各环节内部的追溯信息。生猪养殖环节的关键追溯信息包括饲料及添加剂信息、生猪免疫信息、兽药用药停药信息以及生猪产地检疫信息。屠宰加工环节的关键追溯信息包括生猪入场、宰前和同步检疫信息、宰后检验信息和冷却信息。运输销售环节的关键追溯信息包括运输工具消毒信息、配送温度信息和包装信息。

（四）可追溯猪肉事后追溯系统整体架构

全程猪肉供应链各环节的责任主体和质量管理方式不同、所在地域和监管力度不同，将会使追溯信息的采集上传、数据交换和信息发布方式产生不匹配不兼容的现象，所以要基于猪肉安全追溯的全球统一标识系统完善生猪及其产品的标识制度，建立覆盖全程的猪肉生产流通供应链追溯体系，以实现猪肉安全生产的全程信息可向后追踪、可向前追溯。事实上，健康的种猪苗猪和安全卫生的养殖、屠宰加工、运输流通过程，才能生产出无病害、无污染、无残留的安全猪肉产品。而生猪疫病将造成生猪病害，饲养、屠宰加工、运输销售过程的违规操作将造成猪肉产品的污染，饲料添加剂、兽药用药和水源不洁、环节污染将造成残留（或超标）。所以基于上文对猪肉全程供应链的梳理、基于 HACCP 工作表对猪肉生产流通过程中的关键控制点的剖析，猪肉事后追溯体系整体架构如图 5－9 所示，包括 4 个供应链节点的企业基本信息，各节点环节信息（9 个关键控制点信息、4 个转入转出信息），需要注意的是还有 3 个信息载体/信息标识。第一个是活猪在养殖环节佩戴生猪标签，第二个是进入屠宰加工环节后生猪标签要转换为胴体标签，第三个是分割销售环节胴体标签要转换为销售标签。

特别的，如果事后追溯仅限于从养猪场、屠宰加工厂、配送运输到分割销售各环节的企业基本信息，则在本研究的猪肉属性的界定中被定义为“供应链追溯”属性，属于低追溯水平；而如果事后追溯不仅包括从养猪场、屠宰加工厂、配送运输到分割销售各环节的企业基本信息，还能查询到各环节内部关键生产信息，那么在本研究的猪肉属性的界定中被定义为“供应链＋内部追溯”属性，属于高追溯水平。即如图 5－9 所示，“供应链＋内部追溯”属性的具体信息包括：养殖环节可查询到养猪场企业基本信息、饲料及添加剂信息、兽药信息、免疫信息、活猪检疫信息和转出信息，屠宰加工环节可查询到屠宰加工厂企业基本信息、转入信息（生猪入场信息）、宰前与同步检疫信息、宰后检验信息、冷却信息和转出信息，配送运输环节可查询到运输商基本信息、运输工具消毒信息、运输温度信息和包装信息，分割销售环节可查询到销售商基本信息、转入信息和分割包装信息。

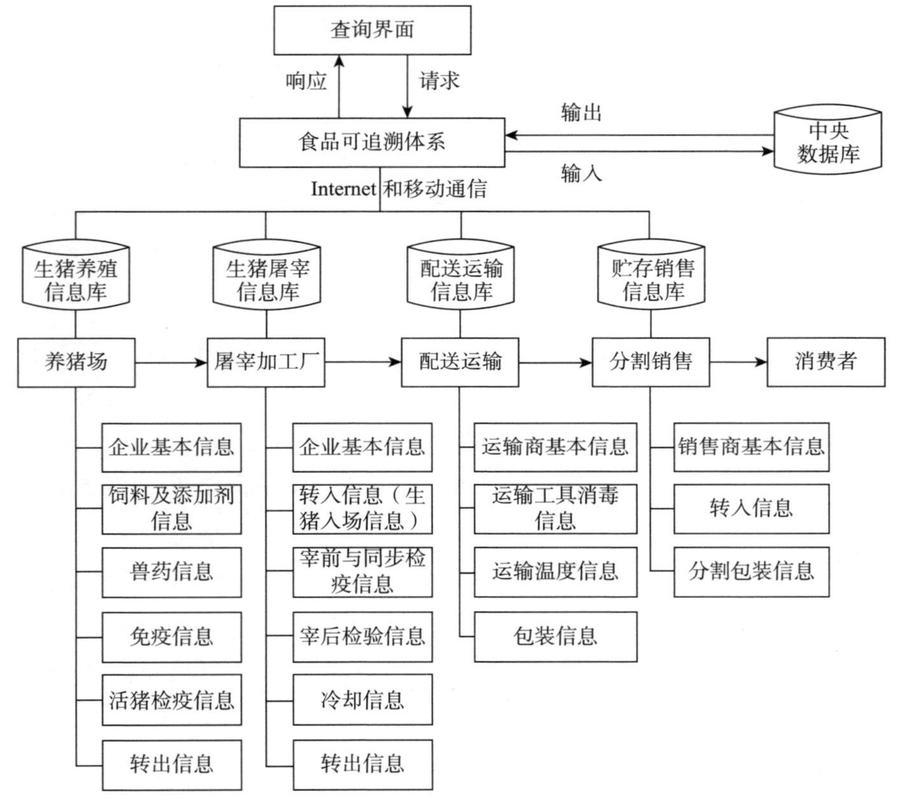

图5-9　可追溯猪肉事后追溯系统整体架构

二　可追溯猪肉事前质量保证信息属性的确定

可追溯体系的事前质量保证功能是为了降低消费者的质量信息搜寻成本，因为可追溯系统里展现了食品的质量安全、动物福利、环境友好型生产操作等信任属性的信息，并以标签的形式将食品信任属性转变为消费者易于辨别的搜寻属性（Shaosheng Jin 等，2014）。当前，消费者对食品安全非常关注，在做出购买决策之前就希望能够确认食品的质量和安全级别（Chul Woo Yoo 等，2015）。而且 Hobbs（2004）的研究认为，事前质量保证功能在消除消费者信息不对称问题方面的作用远大于事后追溯功能。比如，日本、澳大利亚、欧盟零售市场畅销的“有故事的肉”，便能够查询到防疫信息、农兽药残留基本生产信息以及牲畜出生地的供应链节点环节信息。这种形式的可追溯性也就具有了事前质量保证功能，关注的是主动的信息提供和质量认证（Meat and Livestock Australia，2001；Clemens，2003）。在 Golan 等（2003b）的理论中，这也叫有更宽的可追溯系统。吴林海等（2015）深入研究了中国食品可追溯体系建设的现状，认为当前可追溯食品市场并未取得实质性发展的可能原因之一就是缺乏食品安全的事前质量保证，导致可追溯食品无法满足消费者需求。消费者想在购买之前就能够确认食品的质量，因为低质量的食品将给自己和家人的健康带来重大危害。也就是说消费者可能更愿意购买具有事前质量保证功能的可追溯食品，而不是购买具有事后追溯功能的可追溯食品。基于中国的实际，本研究以猪肉品质检测与质量管理体系认证作为消费者事前降低可追溯猪肉风险的两个属性。

（一）猪肉品质检测属性的设置

许多生物性、化学性和物理性危害因子都会威胁肉品的质量安全，其中生物性危害因子由于相对短期的致病特性而被学者们认为是对肉类消费者的健康威胁最大的食源性风险（Pointon 等，2006；Norrung 等，2008；Lawley 等，2008）。Blagojevic 等（2014）认为生物性危害因子主要来自待宰动物携带的人畜共患病菌，包括能引起待宰动物肉眼可见病变的病菌以及不易引起肉眼可见病变但存在于待宰动物消化道和/或隐藏在皮肤下的病菌两大类。第一类病菌可以通过官方要求的产地检疫、宰前检疫、同步检疫和肉品检验措施而被检测出来，这类病菌不会进入肉品供应链中（CE，2004）。但是第二类病菌可以由任何动物（健康的或者患病的）排泄出，甚至引起待宰动物的病变，但是这类病菌通常不能通过常规的动物检疫以及肉品检验措施检测出来，而只能通过额外的实验室检测予以甄别。

我国主要依据《动物防疫法》和《生猪屠宰管理条例》两个法律法规对生猪及其产品的质量安全进行监管。屠宰加工企业主要依据《生猪屠宰检疫规程（NY/T909－2004)》与《肉类加工厂卫生规范（GB12694－1990)》两个标准对生猪和猪肉的质量安全进行常规检验检疫，同时辅之以农业部的例行监测。当前对生猪和猪肉检疫主要是为了对禽流感、疯牛病、口蹄疫等传染病和寄生虫病进行防控。对肉品的检验主要是对猪胴体进行头部检验、体表检验、内脏检验，防止病变猪肉流入市场。但是日常的猪肉检验检疫措施并不强制对肉品进行理化指标和微生物指标的实验室检测，无法甄别“瘦肉精猪肉”“注水、注胶猪肉”“抗生素重金属超标猪肉”“微生物超标猪肉”等。虽然农业部及地方质检部门对畜禽产品中“瘦肉精”、微生物、农兽药残留、抗生素等指标例行监测的结果普遍表明合格率高于90.0%，但是3.0%～5.0%的低抽检比例且指标合格率年际间仍存在波动，以及一系列猪肉安全事件的发生让“瘦肉精”与兽药残留等成为中国消费者普遍关注的猪肉安全风险因子。所以本研究设定额外“猪肉品质检测”属性，由具有资质的检测机构对猪肉中的瘦肉精与抗生素等兽药残留、水分、农药残留等理化指标、大肠杆菌数等微生物指标进行检测，检测合格后加贴猪肉品质检测合格的标签，且这些理化指标和微生物指标的具体检测类型和检测结果的信息可通过可追溯系统追溯查询。

（二）质量管理体系认证属性的设置

国家强制性标准规定的动物和肉品基本的检验检疫是大中小规模的养殖和屠宰加工企业必须遵守的最低要求。对肉品中的瘦肉精、抗生素、微生物、农兽药残留等的额外质量检测使大中型屠宰加工企业有实力和有动力去主动提供质量保证证明，以区别于普通肉品检验检疫。如果企业按照国际化食品质量管理的标准和体系进行食品品质管理，则不仅可以促进食品检验合格率的提高，而且有助于企业管理效率和收益的提升，同时还会在食品国际贸易中消除贸易壁垒、推进国际交流合作方面发挥重要作用。因为通过质量管理体系的认证说明企业具有过程控制的能力，所以部分大中型企业愿意在食品上加贴由第三方机构颁发的质量管理体系认证标识，来向消费者表明本企业有能力生产安全食品。

本书借鉴 Reid（2006），Brian（2015）等的研究结论，在事前质量保证措施中同时设置猪肉屠宰加工企业“质量管理体系认证”属性，由具有资质的认证机构对猪肉屠宰加工企业的质量安全管理与保障能力进行审核，通过审核后加贴质量管理体系认证的标识，以提示消费者该企业具有生产过程控制能力。质量管理体系认证的具体类型、认证机构、认证时效、认证过程等信息可通过可追溯系统追溯查询。

一直以来，FAO 和 WHO 大力推荐的 HACCP 体系是食品供应链所有环节预防食品安全危害的重要方法。HACCP 是危害分析与关键控制点的英文术语“Hazard Analysis Critical Control Point”的首字母缩写，是一种基于 FMEA（失效模式和影响分析）的食品生产流通 HACCP 计划表的制定和实施，而对整个食品供应链中的安全风险进行识别、评估和控制的系统性方法。HACCP 体系的实施是肉类产品等食品生产者/企业的一项重大任务，既要依靠上层管理者对食品安全监管的决心和积极性，也要依靠食品生产人员对 HACCP 体系中各个单独质量管理活动的重要性的充分理解和接受。如果仅仅依靠中层管理人员或者技术人员对 HACCP 体系的支持，那么基于 HACCP 的有效质量管理是不能完成的任务。所以首先要指定一个既拥有组织和沟通技能、熟悉食品生产的工艺和流程，又具有绝对权威的团队领导者去监督公司的实施程序。这位团队领导者开始组织一批事先挑选并经过 HACCP 原则培训的人员组成 HACCP 小组，小组人员的专业应涉及质量、商品采购、生产、工艺、微生物学、毒理学和审计等不同领域，同时协助培训 HACCP 原则的专家顾问建议从企业外部聘选，如贸易和行业协会、高校专家库、监管部门等。

1993 年，食品法典委员会把 HACCP 体系作为安全食品供给最有效的质量保证体系向全世界的食品企业和政府进行推广（Beulens 等，2005）。其中良好操作规范（GMP）和标准卫生操作程序（SSOP）是 HACCP 体系的前提方案。HACCP 体系通过 GMP 和 SSOP 的有效实施控制食品安全风险，目的是在与食品供应链相关的任何环节通过积极主动采取预防性措施，确定可能的危害。HACCP 实施的一般步骤如下。

（1）对食品工艺程序进行危害分析（对存在于食品中可能对消费者健康造成伤害的生物性、化学性和物理性危害因子进行危害识别和危害评价），列出每个程序可能的危害并提出风险预防措施和控制措施。

（2）确定该食品生产工序的关键控制点。

（3）为每个关键控制点基于法律法规和标准等建立关键限值，关键限值必须是可衡量的、预防控制危害的措施必须是可操作的，而且也必须定义关键限值的偏差公差。

（4）对所有的关键控制点进行有效监控，明确具体的监控要求。

（5）建立纠偏措施以使监管人员在发现关键控制点发生偏差（甚至处于失控状态时）时能够有效应对。

（6）建立 HACCP 是否有效实施的验证程序。

（7）对上述步骤实施的监控程序、纠偏措施、验证措施的记录进行保存。

所以，HACCP 体系可以推动食品的生产监督与过程管理体系科学有效运行，保证食品的质量安全，是食品行业应用最广泛的预防性质量管理体系之一（Wang 等，2015）。Fabrizio 等（2014）也认为单纯的可追溯并不能改变食品的质量与安全状况，但可追溯性是完善质量管理体系的重要方面，可追溯性与 HACCP 等质量管理工具结合将能显著提高食品供应链的安全管理绩效。

第三节　本章小结

本章以可追溯猪肉为例研究了可追溯食品信息属性的设置。由于目前我国猪肉质量安全风险存在于供应链的养殖、屠宰、运输与销售等所有环节（Wu 等，2016），仅包含某个环节信息属性的可追溯体系均无法实现事后追溯的目的，因此事后追溯信息属性的设置必须基于全程猪肉供应链的主要环节，本章事后追溯功能的属性设置了供应链追溯属性以及供应链 + 内部追溯属性。前者的可追溯条形码能查询猪肉全程供应链主要环节的企业基本信息，后者属性在前者属性的基础上还能查到厂商内部关键生产过程的信息。由于目前我国日常的猪肉检验检疫措施并不要求对猪肉进行理化指标和微生物指标检测，故本章基于实际设置猪肉品质检测属性，并通过加贴由第三方机构颁发的标签，为消费者提供更具体的猪肉安全信息。同时借鉴学者的研究结论，设置质量管理体系认证属性，向消费者提供猪肉屠宰加工企业对猪肉质量的保证措施与生产过程控制能力的信息。当然，猪肉品质检测和质量管理体系认证的具体信息，消费者可进一步通过可追溯系统查询。

第六章 消费者对可追溯猪肉信息属性的支付意愿研究：基于实验拍卖法

第三章的理论分析表明，对可追溯食品的溢价支付以及对不同追溯程度的可追溯食品支付意愿的差异，即消费者对更高追溯程度（代表高质量安全性）食品具有更高的支付意愿，是激励食品生产者主动生产更高追溯程度食品的前提条件。因此研究消费者对可追溯食品信息属性的认同度和支付意愿，是激励食品生产者生产高追溯水平的食品以及进一步提升质量安全水平的基础和起点。本章以江苏省无锡市消费者为研究对象，以食品安全风险较高的猪肉为例，设定事前质量保证与事后追溯功能相结合的复合功能可追溯猪肉信息属性，引入实验拍卖法，研究消费者对可追溯食品事前质量保证信息属性和事后追溯信息属性的支付意愿，实证检验市场（消费者）对食品安全改善措施（可追溯食品信息属性）的认同，以期为可追溯食品市场的发展及其支持政策制定提供研究支撑和依据。

第一节　实验方法与具体实施

一　实验属性的设置

本研究对猪肉信息属性的设置见表 6－1，不同功能的可追溯猪肉信息属性设置的基本依据详见第五章。基于所包含信息属性的不同形成了四种类型的猪后腿肉。

（1）含有猪肉品质检测信息属性（类型Ⅰ）的猪后腿肉。

（2）含有质量管理体系认证信息属性（类型Ⅱ）的猪后腿肉。

（3）含有供应链追溯信息属性（类型Ⅲ）的猪后腿肉。

（4）含有供应链+内部追溯信息属性（类型Ⅳ）的猪后腿肉。

其中，类型Ⅰ和类型Ⅱ的可追溯猪肉仅含有事前质量保证属性，并无事后追溯属性，而类型Ⅲ和类型Ⅳ的可追溯猪肉仅含有事后追溯属性，无事前质量保证属性。其中，类型Ⅲ的可追溯猪肉仅具有全程供应链主要环节（养殖、屠宰、销售）的基本安全信息，类型Ⅳ的可追溯猪肉在类型Ⅲ的基础上增加了生产加工等厂商的内部关键安全信息，相对于类型Ⅲ，类型Ⅳ的可追溯猪肉相当于一个增加了宽度的可追溯体系。

表6-1　信息属性的设置说明

功能	属性	类型	对实验参与者的说明
事前质量保证功能	猪肉品质检测	类型Ⅰ 加贴具有猪肉品质检测合格的标识	由具有资质的检测机构对猪肉中的瘦肉精与抗生素等兽药残留、水分、农药残留等理化指标、大肠杆菌数等微生物指标进行检测，检测合格后加贴猪肉品质检测合格的标识*
	质量管理体系认证	类型Ⅱ 加贴具有质量管理体系认证的标识	由具有资质的认证机构对猪肉屠宰加工企业的质量安全管理与保障能力进行审核，通过审核后加贴质量管理体系认证的标识
事后追溯功能	供应链追溯	类型Ⅲ 加贴具有全程供应链主要环节基本安全信息的可追溯条形码**	通过公众查询平台，扫描可追溯条形码可查询养殖、屠宰分割、运输销售等全程供应链主要环节的企业基本信息
事后追溯功能	供应链+内部追溯	类型Ⅳ 加贴具有全程供应链主要环节基本安全信息与各环节内部生产关键安全信息的可追溯条形码	通过公众查询平台，扫描可追溯条形码可查询养殖、屠宰分割、运输销售等全程供应链主要环节的企业基本信息，以及各环节厂商内部生产过程的关键历史信息，如：饲料来源、兽药使用与基本检疫检验、环节间转入转出等信息

注：*由于饲料中可能含有农药残留而导致猪肉中含有农药残留，故猪肉品质检测应包含农药残留量这一理化检测指标。

**可追溯条形码是基于当前中国猪肉可追溯体系实施现状而设置的，由于可追溯猪肉标签容量有限，难以在此标签中提供较为详尽的可追溯信息，因此目前中国试点市场的可追溯猪肉就是以可追溯码的形式提供可追溯信息，买卖场所均设有可追溯查询机，消费者可自主选择是否需要在可追溯查询机中输入可追溯码查询验证相应的可追溯信息。

二　实验方法的确定

研究消费偏好的方法主要是假想实验（假想性场景测度方法，包括选择实验法、联合分析法、条件价值评估法等）与非假想实验（非假想性场景测度方法，即模拟真实的市场交易场景获得消费者的引致价值，包括随机N阶价格拍卖法、真实选择实验、实验拍卖法等）。由于在假想性环境中对估价任务难以产生充分的认知，且由于缺乏揭示真实价值的经济激励，参与者往往夸大或不真实地表述自己的支付意愿（Lusk等，2005；Yue等，2009），更倾向于选择主观认为正确或者社会接受度较高的答案（Olesen等，2010），且总是高于非假想性实验（Non-Hypothetical Experiments）的支付意愿，消费偏好具有假想性（Xue等，2010）。而实验拍卖法属于非假想性实验方法，通过市场竞拍机制和真实支付环节模拟商品市场中的真实交易情境，达到真实市场中的激励相容效果，可激励参与者更精确更真实地表达自己的支付意愿，较好地克服了假想性实验偏差与社会期望偏差（Ginon等，2014）。但实验拍卖方法的有效性取决于拍卖机制的选择，不同的实验拍卖方法具有不同的适用范围（吴林海等，2014b）。其中，随机N阶价格拍卖虽然具有一定的优势，但是随机N阶价格拍卖机制需要消费者群体的参与，在同一时间和空间找到代表消费者总体特征的实验样本具有较大的难度，所以实验样本的选取难以保证随机性，研究结论并不一定能反映消费者的总体特征（朱淀等，2013）。而维克瑞（Vickrey）拍卖机制由于参与者出价过低，结果往往出现偏误（Ausubel等，2006）；联合分析方法具有多样化特征，其中的一些方法虽然可以模拟真实市场环境研究消费偏好，但其理论假设并不符合随机效用理论，缺乏严格的微观经济基础（Louviere等，2010），而且测试程序较为复杂（Toubia等，2003），研究结论难免与消费者的实际购买行为存在差异（Chang等，2009）。在真实选择实验的机制下，由于消费者需要对产品轮廓中的价格做出反应，可能导致消费者在价格和属性偏好之间做出非最优权衡（Non-optimal Trade-off）（Ginon等，2014）。而能够一对一进行实验拍卖的实验拍卖法在机制上对保证抽样随机性具有较好的作用，且消费者报出的价格较为真实地揭示了其偏好（朱淀等，2013；Ginon 等，2014）。基于本研究共有四个用于拍卖的实验标的物，为了防止消费者在多重物品拍卖过程中做出不真实出价行为，并同时兼顾实验的随机抽样要求，本研究借鉴朱淀（2013）、Ginon（2014）和尹世久（2015）的研究方法，采用实验拍卖方法展开研究。

按照实验拍卖机制的规则，相对于普通猪肉，首先要求实验参与者对每一种包含信息属性的猪后腿肉进行最大支付意愿的出价，然后实验员基于电脑中事前设计好的随机价格发生器随机抽取一个报价，当然实验参与者在实验前后并不知道随机发生器中计算机随机报价的概率分布，实验员将计算机随机报价与实验参与者的出价进行比较，如果参与者报告的最大支付价格高于或等于计算机的随机报价，则参与者获胜并将手中已有的普通猪肉兑换此类型的可追溯猪肉同时支付随机价格的报价，否则竞价失败。由此可见，实验拍卖机制并不需要竞买人群体性现场参与，而是进行一对一的诱导实验，适用于满足随机抽样方法的个体实验。同时，在实验拍卖机制下，随机价格发生器的随机出价使得无论竞买人出价高低均有获胜机会，由此避免了参与者过高或过低的“非真诚”出价行为。

三　实验准备和实验程序

在实验开始前，由实验员向实验参与者发放代表其身份的 ID 号码，赠送 0.5 千克普通猪后腿肉与 5.0 元现金作为参与实验的奖励，说明实验地普通猪后腿肉的价格是 28 元/千克。然后，由实验员向参与者展示所竞拍的四种类型的可追溯猪后腿肉，陈述实验要点等相关注意事项①，并在标的物上分别加贴对应的检验与认证标识，以及可以在可追溯平台上用于查询的可追溯标签，确保实验参与者充分相信实验拍卖标的物的真实性，最大限度地减少实验测量偏差。为防止多个标的物在逐个竞价时可能出现的次序效应（Sequence Effects），由实验员随机抽取其中的任一类型标的物开

① 在此由实验员向参与者说明，除质量安全风险有所不同外，四种类型的可追溯猪肉与普通猪肉在包装、外观和重量等方面并无差异。

始实验拍卖。

实验拍卖机制的全过程实验程序如图6－1所示。在参与者报出本轮实验拍卖所对应类型可追溯猪肉的最大支付意愿后，由计算机一次抽签系统从随机价格发生器中抽取电脑随机报价，如果参与者对本轮标的物的出价高于或等于电脑随机报价，则参与者竞拍待获胜，如果出价低于电脑随机报价，则参与者竞拍失败。待四轮实验拍卖全部完成后，启动计算机二次抽签系统，即从刚完成的四轮拍卖中随机抽取一轮实验拍卖的结果用于最后的实验结算[①]，如果在所抽取到的结算轮数中参与者赢得竞拍，那么参与者就可以拿已获得的普通猪后腿肉去交换所抽取到的结算轮数所对应的

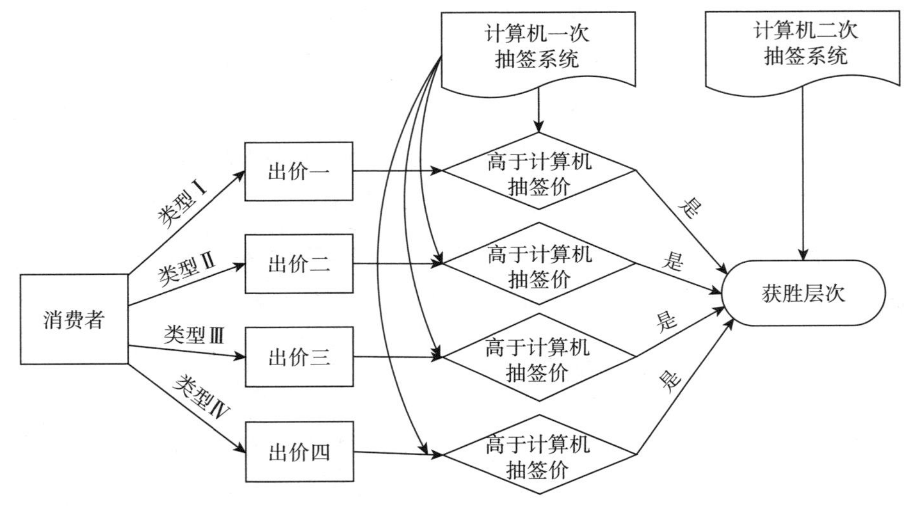

图6－1　实验拍卖法的程序

① 消费者最终带走一块猪肉而不是四块，这是因为如果让消费者购买所有的猪肉，可能超出家庭的一次最大需求量，势必导致边际效用递减，从而降低支付意愿。这反而难以反映消费者对单位猪肉的支付意愿。我们在研究过程中，主要参考了 Gracia 等（2011），Chen 等（2013）的观点，即拍卖实验和真实选择实验的普遍方法是，每一位参与者对问卷所包含的所有选择集进行选择，最后通过随机选择一个选择集生效进行真实支付，随机选择保证了每个选择集都有被选中的可能，从而促使参与者认真对待每一个选择集，真实表达自己的选择，保证了拍卖实验和真实选择实验等的非假想性，这是国际上拍卖实验和真实选择实验等的普遍做法。本书参考了这种通用做法，在实验过程中严格按照步骤进行，保证了最终抽取的报价的随机性，并在真实交换（Real Exchange）环节，切实进行可追溯猪肉与现金的交换。

安全猪肉类型，同时需要支付所抽取到的结算轮数所对应的电脑报价的钱数。相反，如果在所抽取到的结算轮数中参与者竞拍失败，则参与者只能保留所赠送的普通猪肉，无法获得交换安全性更高猪肉的资格。

四　实验的组织与实施

实验地点选在江苏省无锡市，这是因为无锡市处于长江三角洲中心，经济社会发展在江苏省乃至在全国居于领先水平，居民改善食品质量的愿望强烈，而且无锡市是我国首批肉类可追溯体系建设的十个试点城市之一，目前已基本形成了猪肉从流通、批发到零售终端的可追溯体系。① 需要说明的是，如果在没有实施可追溯食品试点或刚实施可追溯食品试点没多久的城市进行消费者的调查，由于那里的消费者可能非常不了解可追溯食品的概念，如果进行调查，则需要作为研究人员的我们详细地解释相关概念，这不仅大大增加了调查的时间成本，也可能增大调查结果对调查人员概念解释与调查中语言说明的依赖性，从而可能导致结果的不确定性甚至出现偏差。由于无锡市是可追溯猪肉的试点城市，城市居民对可追溯猪肉有一定的认知，相对而言具备可追溯猪肉消费偏好的研究条件，所以本研究以无锡市区的消费者为对象展开实验和调查。由于农贸市场、连锁超市和猪肉专卖店是无锡城市居民购买猪肉的场所（吴林海等，2012），所以本研究的实验地点分别选在无锡市五个行政区（梁溪、锡山、惠山、滨湖、新吴）的农贸市场、连锁超市和猪肉专卖店。

实验在 2015 年 10 月的工作日和周末进行并完成，考虑到城市居民购买习惯，参照 Xue 等（2010），Wu 等（2015）的实验方法，实验时间安排在居民食材采购的密集期：上午八点至十点，下午四点至六点。以保证参与者样本的多样性和代表性。本次实验由江南大学“江苏省食品安全研

① 2010 年 10 月 21 日无锡市人民政府与商务部签署了《肉类蔬菜流通追溯体系建设试点协议》，无锡正式成为商务部首批肉类蔬菜流通追溯体系建设的十个试点城市之一。2012 年 10 月，商务部充分肯定了无锡肉菜流通追溯体系建设项目，认为无锡肉菜追溯项目已经达到了商务部的要求，初步实现了本市肉菜产品来源可追、去向可查、责任可究的目标，整个项目建设在全国具有示范作用。

究基地”① 的专业研究者与研究生担任实验员，并进行预实验，在总结预实验经验，完善实验流程与修正问卷的基础上正式展开实验。借鉴 Wu（2012，2015）等学者的调查方法，为保证实验样本的随机性，在具体实验过程中将进入实验员视线的第三个消费者作为实验对象。② 为确保实验质量，在实验之前首先向招募的参与者讲解实验拍卖的规则，然后测试参与者是否理解拍卖规则③，并填写实验参与者个体和家庭特征、可追溯食品认知与购买行为的调查问卷（一）。完成本次实验拍卖后，实验参与者需要填写调查问卷（二），以收集实验参与者在实验拍卖法结束后对可追溯食品的购买态度的信息。

第二节　实验参与者的统计性分析

本次实验共招募到 270 位参与实验拍卖的猪肉消费者（以下简称实验参与者或参与者），有效样本为 259 份，有效率为 95.9%。

一　参与者个体和家庭特征

表 6－2 描述了实验参与者的个体和家庭特征。参与者以女性为主，占参与者样本量的比例为 53.3%，35.5% 的参与者年龄在 31～45 岁，55.6% 的参与者受教育程度在高中及高中以下，57.2% 的参与者月收入在 3501～8000 元，62.6% 的参与者家庭成员为 3～4 人。已婚的参与者占参与者样本量的比例为 84.2%，且 46.7% 的参与者家中有 12 岁及以下的小孩。参

① 江南大学“江苏省食品安全研究基地”是江南大学直属的专业性研究机构，是食品科学与经济学、管理学交叉融合而形成的新型研究团队，主要从事食品安全与消费者行为、食品安全与生产者行为、食品安全与政府咨询决策等方面的研究。

② 为避免调查对象的选择受调查员主观印象的影响（比如有魅力的受访者可能会得到调查员更多的关注），实验过程统一约定调查员选择的受访者为进入视野的第三个人，这一方式基本能够确保调查对象的随机性。此抽样方法得到了国内外评审专家的认可。

③ 测试受访者是否理解规则的题目：如果在实验过程中，您提交的报价为 3 元，计算机随机出价为 2.8 元，那么在这种情况下，按照实验规则，您需要向我们支付多少钱；假如现在计算机随机出价为 3.1 元，在这种情况下，您需要向我们支付多少钱。

与者家庭平均每周购买猪肉 2.5 次，平均每周猪肉的消费量为 1.8 千克。需要指出的是，女性参与者比例为 53.3%，而 2015 年无锡城市人口分布中女性的比例为 50.5%。样本与无锡城市人口的统计特征稍有差异主要的原因是，实验是在城市居民家庭食材采购密集期进行的，实验样本与由中国女性购买食物为主的实际情景相符，在此时间段招募参与者难以与城市的人口统计特征完全保持一致。

表 6－2　实验参与者的基本特征

单位：人，%

	分类指标	样本数	百分比
性别	男	121	46.7
	女	138	53.3
学历	小学及以下	16	6.2
	初中	62	23.9
	高中	66	25.5
	大专及本科	76	29.3
	硕士及以上	39	15.1
年龄	18～30 岁	60	23.2
	31～45 岁	92	35.5
	46～60 岁	70	27.0
	60 岁以上	37	14.3
个人月收入	2000 元及以下	22	8.5
	2001～3500 元	64	24.7
	3501～5000 元	81	31.3
	5001～8000 元	67	25.9
	8000 元以上	25	9.7
家庭每周猪肉消费量	1.0 千克及以下	59	22.8
	1.1～2.0 千克	137	52.9
	2.1～3.0 千克	39	15.0
	3 千克以上	24	9.3
家庭每周购买猪肉的次数	2 次及以下	151	58.3
	3 次	62	23.9

续表

	分类指标	样本数	百分比
家庭每周购买猪肉的次数	4 次	19	7.4
	5 次及以上	27	10.4
家庭人口数	1 人	4	1.5
	2 人	19	7.3
	3 人	106	40.9
	4 人	56	21.7
	5 人及以上	74	28.6
婚姻状态	未婚	41	15.8
	已婚	218	84.2
家中是否有 12 岁及以下的小孩	是	121	46.7
	否	138	53.3
对自身健康状况的判断	健康	221	85.3
	一般	36	13.9
	较差	2	0.8

二　参与者对食品安全的关注度和满意度

表 6－3 的统计结果显示，实验参与者对包括猪肉在内的食品安全的整体关注程度很高，选择“非常关注”和“比较关注”的比例分别占样本量的 30.9% 和 49.3%。98.9% 的参与者听说过近年来发生的猪肉安全事件。总体而言，参与者对当前食品安全满意度的评价普遍较低。与此同时，分别有 49.8%、36.7%、12.7% 的参与者在农贸市场、连锁超市和猪肉专卖店购买猪肉，51.0%、23.1%、14.3%、11.6% 的参与者分别将外观、价格、品牌、固定摊点作为购买猪肉时最关注的因素。

表 6－3　实验参与者对食品安全相关问题的认知

单位：人，%

	分类指标	样本数	百分比
食品安全关注度	非常关注	80	30.9
	比较关注	128	49.3

续表

	分类指标	样本数	百分比
食品安全关注度	一般	39	15.1
	不太关注	10	3.9
	非常不关注	2	0.8
主要猪肉购买场所	连锁超市	95	36.7
	农贸市场	129	49.8
	猪肉专卖店	33	12.7
	其他	2	0.8
食品安全满意度	0～2分	39	15.1
	3～4分	58	22.4
	5～6分	104	40.2
	6～8分	47	18.1
	9～10分	11	4.2
食用不安全猪肉品而患食源性疾病的经历	有	90	34.7
	无	169	65.3
听说过的猪肉质量安全事件数	0件	3	1.1
	1件	6	2.3
	2件	30	11.6
	3件	140	54.1
	4件	80	30.9
购买猪肉时最关注的因素	品牌	37	14.3
	外观	132	51.0
	价格	60	23.1
	固定摊点	30	11.6

三　参与者对可追溯食品的认知与购买

本次实验拍卖地点选择的全是肉菜可追溯体系试点城市，但是在本次实验之前，仅有44.4%的参与者听说过可追溯食品，高达55.6%的参与者没有听说过可追溯食品，参与者的认知度不高表明肉菜可追溯体系在试点运作中的知名度不足、宣传力度不够。此外，从被调查者获取可追溯食品信息的渠道来看，如图6－2所示，50.4%的参与者是通过电视广播听说的，24.3%的参与者是从报纸书籍上获得的，27.8%的参与者是从亲朋好友处得知可追溯食品的。值得注意的是，网络渠道所占的比例达到47.8%，说明网络媒介在可追溯食品市场推广中发挥了重要作用。

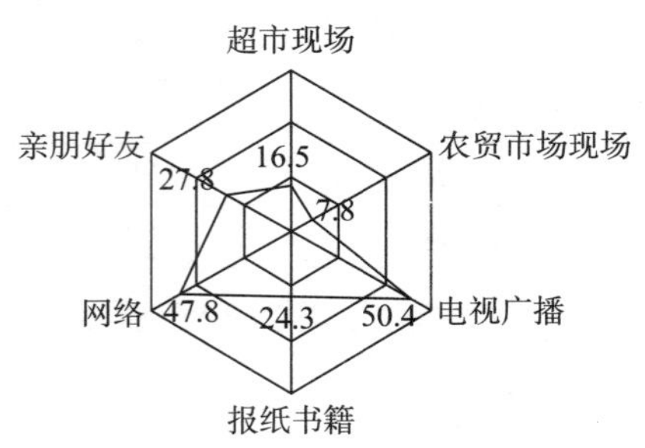

图6－2　实验参与者的可追溯食品认知途径

此外，如表6－4所示，了解可追溯食品的115位实验参与者中，80%的参与者没有购买过可追溯食品。有过可追溯食品购买经历的23位实验参与者中，69.6%的参与者表示从来不索要或偶尔索要溯源小票。可追溯标签向参与者传递安全信息的媒介是溯源小票上的溯源码，参与者只有索要了溯源小票并将溯源码输入可追溯网络平台，才能查询到可追溯代码上的供应链节点环节的责任人和安全生产过程信息。因此索要溯源小票，并有过溯源码查询行为的参与者才能更好地了解所购买食品的质量信息，才能满足参与者购买可追溯食品的安全需求，这也符合实施可追溯系统、加贴溯源码标签的意图。但是进一步对索要过溯源小票的参与者进行调查后发现，即使拥有了溯源小票，34.8%的参与者也不会去查询溯源码中的溯源信息。统计表明参与者对可追溯性的认知程度还很不足，关注程度也不够。此外，索要了溯源小票但是从不去或者几乎不去查询溯源信息的参与者，可能是由于查询不便或者没时间。

表6－4　实验参与者的可追溯食品购买与查询行为

单位：%

购买可追溯食品的频率	百分比	索要溯源小票的频率	百分比	查询溯源信息的频率	百分比
没有购买过	80.0	每次都要	21.7	每次都查询	0.0
购买过1次	3.5	经常索要	8.7	经常查询	8.7

续表

购买可追溯食品的频率	百分比	索要溯源小票的频率	百分比	查询溯源信息的频率	百分比
购买过 2 次	3.5	偶尔索要	34.8	偶尔查询	26.1
购买过 3 次及以上	13.0	从来不要	34.8	从来不查询	65.2

四 实验参与者对信息属性的出价

实验参与者对四种类型的可追溯猪肉信息属性的出价见表 6－5，数据显示参与者基于实验拍卖法最大支付溢价的平均水平，均高于初始报价的平均值，故采用实验拍卖机制的实验拍卖法测度参与者对不同类型信息属性的最大支付意愿是有效的。与普通猪后腿肉相比，参与者愿意为具有猪肉品质检测的猪后腿肉多支付 7.8 元/千克，愿意为具有质量管理体系认证标识的猪后腿肉多支付 6.4 元/千克。此外，参与者愿意为具有能够追溯到全程供应链主要环节安全信息的可追溯猪后腿肉多支付 5.8 元/千克，而且参与者对能够提供生产加工等厂商内部关键安全信息的属性具有更高支付意愿，愿意多支付 6.8 元/千克。

表 6－5 实验参与者对不同类型信息属性的支付意愿与 T 检验结果

类型	初始报价				最终报价			
	最大值	最小值	平均值	标准差	最大值	最小值	平均值	标准差
类型Ⅰ	9.0	0.0	3.2	1.8	11.0	0.0	3.9	2.1
类型Ⅱ	8.0	0.0	2.5	1.7	9.0	0.0	3.2	1.9
类型Ⅲ	7.0	0.0	2.5	1.4	10.0	0.0	2.9	1.6
类型Ⅳ	8.5	0.0	2.9	1.6	10.0	0.0	3.4	1.8
	序号	组别		平均值	标准误	均值标准误	T 值	显著性
不同类型信息属性出价均值间的 T 检验结果	Pair 1	类型Ⅰ—类型Ⅱ		0.737	1.451	0.091	8.173	0.000
	Pair 2	类型Ⅰ—类型Ⅲ		0.945	1.591	0.099	9.559	0.000
	Pair 3	类型Ⅰ—类型Ⅳ		0.526	1.628	0.101	5.201	0.000
	Pair 4	类型Ⅱ—类型Ⅲ		0.208	1.524	0.095	2.198	0.029
	Pair 5	类型Ⅱ—类型Ⅳ		－0.211	1.492	0.093	－2.274	0.024
	Pair 6	类型Ⅲ—类型Ⅳ		－0.419	0.833	0.052	－8.098	0.000

从支付溢价的平均水平来看，参与者对具有事前质量保证功能的信息属性的支付意愿更高，这与 Hobbs（2005），Verbeke 等（2006），Loureiro 等（2007）的研究结论相吻合。以无锡市 2015 年 10 月普通猪后腿肉的价格 28 元/千克为基准，则四种类型的信息属性中猪肉品质检测、质量管理体系认证、供应链追溯、供应链 + 内部追溯等属性溢价的均值，分别占普通猪后腿肉价格的 27.9%、22.9%、20.7%、24.3%。表 6－5 的 T 检验结果显示，参与者对不同类型的信息属性的出价均具有显著的差异性。

五　实验前后参与者可追溯食品购买态度的变化

在实验拍卖前对消费者溯源信息的潜在需求度的调查中发现，73% 的消费者表示想知道所购买的猪肉来自哪个养殖场、哪个屠宰场。而在实验拍卖后，80.7% 的消费者认为可追溯码里查询到的溯源信息对其判断猪肉的安全性是有较大帮助的，91.1% 的消费者愿意再次尝试购买可追溯猪肉，其中 41.3% 的消费者较强烈地表示肯定会经常购买。实验前后消费者对可追溯猪肉认同度的提升，也说明实验过程中信息传递的有效性，实验拍卖过程起到了信息强化的作用，提高了普通消费者对可追溯性的认识。

进一步研究实验参与者对可追溯食品的购买与拒购动因，如果只要求被调查者选择某一项原因难以反映实际情况，会丢掉很多有用信息（尹世久，2013），因此在调查中要求被调查者按照重要性选三项，既可涉及多种因素，又可考虑作用程度。统计结果如图 6－3 所示，消费者愿意购买可追

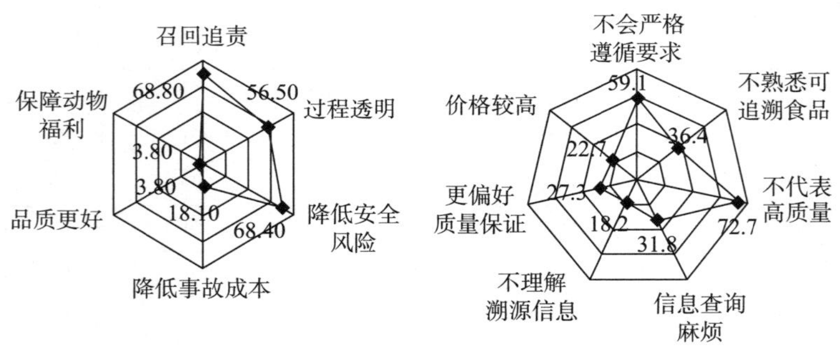

图 6－3　参与者对可追溯食品的购买动因（左）与拒购动因（右）

溯食品的原因主要包括“有利于产品召回和责任追究”（68.8%）、“生产过程透明满足消费者知情权”（56.5%）和“降低食品安全风险”（68.4%）。消费者不愿意购买可追溯食品的原因主要包括“生产者可能不会严格遵循食品可追溯体系的要求”（59.1%）、“可追溯食品并不代表高质量食品”（72.7%）。

第三节　研究框架、计量模型和研究结果

一　模型理论框架

依据 Lancaster 的消费者效用理论框架，令 U_{ni}为第 n 个实验参与者选择类型 i 可追溯猪肉所获得的属性效用，参与者的消费效用 U_{ni}由确定性部分 V_{ni}和随机部分 ε_n构成，即：

$$U_{ni} = V_{ni} + \varepsilon_{ni} \tag{1}$$

如果将类型 i 可追溯猪肉的市场供给价格定义为 P_i，则参与者 n 从类型 i 可追溯猪肉中得到的消费者剩余可表示为：

$$CS_{ni} = V_{ni} - P_i + \varepsilon_{ni} \tag{2}$$

（2）式中，V_{ni}无法观测到，但是，基于显示性偏好公理以及实验拍卖机制的激励相容特性，存在 $BID_{ni} = WTP_{ni} = V_{ni}$，其中，$BID_{ni}$为第 n 个实验参与者对类型 i 可追溯猪肉的出价。由于现实市场中并不存在本书所设置的四种类型的可追溯猪肉，因此，P_i也是未知的。对此，借鉴朱淀等（2013）的方法，假设生产者以获取消费者剩余为目的，从而把参与者平均支付价格作为 P_i的替代价格，此时有：

$$CS_{ni} = WTP_{ni} - \overline{WTP}_i + \varepsilon_{ni} \tag{3}$$

其中，$\overline{WTP}_i$为所有参与者对类型 i 可追溯猪肉支付价格的算术平均数。若参与者 n 愿意为类型 i 可追溯猪肉支付额外的市场价格，则 $Y_{ni} = 1$，此时 $CS_{ni} \geqslant 0$；反之，则 $Y_{ni} = 0$，此时 $CS_{ni} < 0$。据此构建以下二元离散选择

模型：

$$Y_{ni} = \begin{cases} 1, CS_{ni} \geqslant 0 \\ 0, CS_{ni} < 0 \end{cases} \tag{4}$$

对于有多个标的物的实验而言，参与者 n 需要对 m 个类型的可追溯猪肉连续出价，故 CS_n 为 m 维列向量矩阵，即 $CS_n = (CS_{n1}, CS_{n2}, \cdots, CS_{nm})'$。（3）式中，$\overline{WTP_i}$被定义为常量，基于朱淀等（2013）、Xue 等（2010）学者的研究，WTP_{ni}受到参与者个体特征、家庭特征、认知态度等因素的影响，因此，（3）式可进一步表示为：

$$CS_n = \alpha X_n + \varepsilon_n \tag{5}$$

（5）式中，$X_n = \begin{bmatrix} X_{n11}, & X_{n12}, & \cdots, & X_{n1k} \\ X_{n21}, & X_{n22}, & \cdots, & X_{n2k} \\ \vdots & \vdots & & \\ X_{ni1}, & X_{ni2}, & \cdots, & X_{nik} \end{bmatrix}$，为 $i \times (i \times k)$ 维度的准对角矩阵，X_{nik}表示在第 i 类型可追溯猪肉的拍卖中，影响第 n 个参与者出价的第 k 个自变量。$\alpha = (\alpha_{11}, \alpha_{12}, \cdots, \alpha_{1k}; \alpha_{21}, \alpha_{22}, \cdots, \alpha_{2k}; \cdots; \alpha_{i1}, \alpha_{i2}, \cdots, \alpha_{ik})'$。$\varepsilon_n$是残差项，即有 $\varepsilon_n = (\varepsilon_{n1}, \varepsilon_{n2}, \cdots, \varepsilon_{ni})'$。

参与者 n 愿意为类型 i 可追溯猪肉支付额外市场价格的概率可表示为：

$$prob(Y_{ni} = 1) = prob(CS_{ni} \geqslant 0) = F(\varepsilon_{ni} \geqslant -X_{ni}\beta) = 1 - F(-X_{ni}\beta) \tag{6}$$

如果 ε_n满足正态分布，即满足多变量 Probit 模型（Multi-variate Probit Model，MPM）的假设，则有：

$$prob(Y_{ni} = 1) = 1 - \Phi(-X_{ni}\beta) = \Phi(X_{ni}\beta) \tag{7}$$

二　变量设置和模型选择

本研究将实验参与者对四种信息属性的出价是否高于或等于平均价定义为因变量 Y_1、Y_2、Y_3、Y_4，分别代表类型Ⅰ信息属性出价、类型Ⅱ信息属性出价、类型Ⅲ信息属性出价和类型Ⅳ信息属性出价。自变量设置如表

6－6所示。本书采用多变量Probit模型的分析方法，研究参与者个体特征、食品安全风险认知、食品安全关注度与对安全信息标识的信任等自变量对消费者信息属性出价的影响。

表6－6　变量的定义与赋值

变量	定义
类型Ⅰ信息属性出价（Y_1）	虚拟变量，出价高于或等于平均价＝1，否则＝0
类型Ⅱ信息属性出价（Y_2）	虚拟变量，出价高于或等于平均价＝1，否则＝0
类型Ⅲ信息属性出价（Y_3）	虚拟变量，出价高于或等于平均价＝1，否则＝0
类型Ⅳ信息属性出价（Y_4）	虚拟变量，出价高于或等于平均价＝1，否则＝0
低年龄（X_1）	虚拟变量，年龄在40岁及以下＝1，否则＝0
高年龄（X_2）	虚拟变量，年龄在60岁以上＝1，否则＝0
低学历（X_3）	虚拟变量，学历为初中及以下＝1，否则＝0
高学历（X_4）	虚拟变量，学历为大学及以上＝1，否则＝0
低收入（X_5）	虚拟变量，月收入2000元及以下＝1，否则＝0
高收入（X_6）	虚拟变量，月收入高于8000元＝1，否则＝0
对自身健康状况的判断（X_7）	虚拟变量，健康＝1，否则＝0
食用不安全猪肉制品而患食源性疾病的经历（X_8）	虚拟变量，有＝1，否＝0
不安全猪肉危害程度认知（X_9）	非常大＝1；比较大＝2；一般＝3；比较小＝4；没有危害＝5
对食品安全的关注程度（X_{10}）	非常关心＝1；比较关心＝2；一般＝3；不太关心＝4；完全不关心＝5
对食品安全的满意度（X_{11}）	按照满意度的高低从0分到10分分别赋值
对食品安全标识的信任程度（X_{12}）	非常信任＝1；比较信任＝2；一般＝3；不太信任＝4；完全不信任＝5

借助Stata 12.0分析工具进行多变量Probit模型拟合，回归方程的协方差矩阵见表6－7。表6－7的数据显示，模型卡方值等于90.236，且通过1%显著性水平检验，表明各方程随机扰动项之间存在相关性，因此使用多变量Probit模型是合适的。在协方差矩阵中，四个系数通过显著性检验，这意味着实验参与者对某一类型安全信息的支付意愿会受到其他类型安全信息支付意愿的影响。具体而言，类型Ⅰ与Ⅱ，类型Ⅱ与Ⅲ、Ⅳ，类型Ⅲ与Ⅳ的消费者支付意愿之间存在互补效应。总体而言，多变量Probit模型

的拟合程度较好，且表6－8中的模型回归结果显示，影响因素基本通过了显著性检验，各变量的系数符号与预期影响方向基本一致。

表6－7 多变量Probit回归方程的协方差矩阵

	类型Ⅰ	类型Ⅱ	类型Ⅲ	类型Ⅳ
类型Ⅰ				
类型Ⅱ	0.464*** （0.137）			
类型Ⅲ	0.156（0.135）	0.361*** （0.118）		
类型Ⅳ	0.142（0.136）	0.452*** （0.121）	1.108** （0.072）	
卡方值	90.236			
显著性水平	0.000			
似然比检验	$\rho_{21}=\rho_{31}=\rho_{41}=\rho_{32}=\rho_{42}=\rho_{43}=0$			

注：①括号中的数字为标准误；②**、***分别表示在5%、1%水平上通过显著性检验。

三 结果分析与讨论

基于表6－8多变量Probit模型的回归结果，可以得出以下结论。

表6－8 不同类型信息属性的多变量Probit模型回归结果

自变量	因变量			
	“猪肉品质检测”属性的支付意愿	“质量管理体系认证”属性的支付意愿	“供应链追溯”属性的支付意愿	“供应链＋内部追溯”属性的支付意愿
低年龄	－0.108（0.236）	0.023（0.221）	0.145（0.221）	－0.086（0.220）
高年龄	－0.685* （0.404）	－0.273（0.325）	0.005（0.335）	0.361（0.318）
低收入	－0.418（0.272）	－0.616** （0.247）	－0.977*** （0.269）	－1.263*** （0.263）
高收入	1.895** （0.286）	0.874*** （0.235）	0.827** （0.232）	0.785*** （0.241）
低学历	－0.222（0.481）	－1.105** （0.563）	－0.784（0.571）	－1.294** （0.644）
高学历	0.732** （0.228）	0.516** （0.210）	0.341（0.213）	0.321（0.215）
对自身健康状况的判断	0.456（0.324）	0.658**（0.293）	－0.155（0.277）	0.193（0.270）
食用不安全猪肉制品而患食源性疾病的经历	0.403* （0.231）	－0.121（0.206）	0.188（0.209）	0.112（0.206）

续表

自变量	因变量			
	"猪肉品质检测"属性的支付意愿	"质量管理体系认证"属性的支付意愿	"供应链追溯"属性的支付意愿	"供应链+内部追溯"属性的支付意愿
不安全猪肉的危害认知	-0.100（0.181）	-0.115（0.157）	-0.016（0.158）	-0.229（0.156）
对食品安全的关注度	0.133（0.135）	-0.435***（0.126）	-0.020（0.114）	-0.125（0.113）
对食品安全的满意度	0.059（0.050）	0.099**（0.046）	0.144***（0.048）	0.109***（0.045）
对食品安全标识的信任度	0.435**（0.218）	-0.262（0.191）	-1.020**（0.195）	-0.957**（0.197）
常数项	-1.665**（0.765）	-2.859***（0.732）	-0.235（0.674）	0.870（0.691）

注：① 括号中的数字为标准误；② *、**、*** 分别表示在10%、5%和1%水平上通过显著性检验；③ Log likelihood = -399.77641；Wald chi2（48） = 243.25；Prob > chi2 = 0.0000；④所有结果均为稳健回归结果（利用Stata12.0中的mvprobit命令进行多变量Probit模型估计，在该命令后加入robust选项可得到稳健性回归结果）。

（1）年龄变量显著影响实验参与者对"猪肉品质检测"属性的支付意愿，即60岁以上参与者对"猪肉品质检测"属性的支付意愿显著低于60岁及以下年龄段的参与者，这与Lim等（2013），Wu等（2015）的研究结论相似。总体而言，60岁以上的老年参与者由于其退休后的平均收入水平明显低于其他年龄段的参与者，且此年龄段的参与者猪肉食用量随年龄的增长而下降，因此上述结论并不难理解。同时，学历变量显著影响参与者对"猪肉品质检测"、"质量管理体系认证"与"供应链+内部追溯"属性的支付意愿，且对高学历参与者的影响方向为正，对低学历参与者的影响方向为负。这与吴林海等（2010），Sánchez等（2012）的研究结论完全吻合。此外，表6-8的模型结果还表明，高学历的参与者对"猪肉品质检测"属性和"质量管理体系认证"属性的支付意愿较低学历参与者更高，低学历参与者对于"供应链+内部追溯"属性和"质量管理体系认证"属性的支付意愿较高学历参与者更低。这也说明相较于低学历参与者，高学历参与者更注重事前质量保障措施。

（2）个人月收入变量显著影响参与者对"猪肉品质检测"、"质量管理体系认证”、“供应链追溯”与“供应链+内部追溯”属性的支付意愿，且对2000元及以下低月收入参与者的影响为负，对8000元以上高月收入参与者的影响为正。这不难理解，收入越高的参与者越有能力保障猪肉的食用安全，对更具安全性的猪肉具有更高的支付意愿。这与Angulo等（2007），Jin（2014），吴林海等（2014c）的研究结论一致。与此同时，对于四种类型的属性，高收入的参与者对“猪肉品质检测”属性具有最高的支付意愿，其次分别是“质量管理体系认证”“供应链追溯”“供应链+内部追溯”属性。低收入参与者对供应链追溯属性以及“供应链+内部追溯”属性具有较低的支付意愿，且对“猪肉品质检测”属性没有显著的支付意愿。由此可以看出，高收入参与者更注重的是事前质量保证措施，而低收入参与者更注重的是事后追溯措施。这与吴林海等（2015b）的结论一致。

（3）参与者的健康状况变量显著影响其对属性的支付意愿。其中，参与者对自身健康状况的评价变量显著正向影响其对“质量管理体系认证”属性的支付意愿，这与Lijenstolpe（2008），Schnettler等（2009），Xue等（2010）的研究结论一致，说明健康状况良好的参与者更关注生猪屠宰加工企业保障猪肉质量安全的过程控制能力。此外，因食用不安全猪肉制品而患食源性疾病的经历变量显著正向影响参与者对“猪肉品质检测”这一属性的支付意愿，这与Xue等（2010）的研究结论相似。但是参与者健康状况变量并不显著影响对“猪肉品质检测”、“供应链追溯”以及“供应链+内部追溯”属性的支付意愿，这与Angulo等（2005）的研究结论并不一致。可能的原因是与本研究中采集的参与者样本的身体健康状况有关。表6-2显示，85.3%的参与者认为自己身体健康，且具有良好健康状况的参与者对食品安全满意度的评分（4.9分）高于健康状况一般或者较差的参与者（4.5分）。故具有良好健康状况的参与者对猪肉的检验检疫较为放心，不愿意溢价支付相关属性，而健康状况一般或较差的参与者可能由于恢复健康需要额外的医疗支出，增加的预算约束降低了其对可追溯猪肉相关属性的支付意愿。

（4）参与者对食品安全的关注度变量显著负向影响参与者对“质量管

理体系认证”属性的支付意愿，但并不影响对“猪肉品质检测”、“供应链追溯”以及“供应链＋内部追溯”属性的支付意愿。这与 Lijenstolpe（2008），Maria（2006），Schnettler 等（2009），吴林海等（2012），朱淀等（2013）的研究结论并不一致。可能的原因是，我国尚未采取猪肉品质检测措施，参与者较为熟悉在我国实施多年的质量管理体系认证（如 HACCP 认证），而越关注食品安全的参与者，其对诸如双汇瘦肉精、福喜过期肉等猪肉质量安全事件了解越多，必然对通过质量管理体系认证的猪肉屠宰加工企业的质量保证能力越怀疑，因而其属性的支付意愿越低。

（5）参与者对食品安全的满意度变量显著正向影响“质量管理体系认证”、“供应链追溯”以及“供应链＋内部追溯”属性的支付意愿，但是对“猪肉品质检测”属性的支付意愿没有显著影响，这与 Ubilava（2010）的研究结论并不相符。主要的原因可能是，食品安全满意度评价越高的参与者，对政府、企业等相关主体的信任度越高，越愿意支付溢价购买经过质量管理体系认证企业生产的猪肉与具有可追溯性的猪肉。同时，对食品安全满意度越高的参与者对常规检验检疫措施保障普通猪肉安全的满意度也越高，对额外的“猪肉品质检测”属性需求可能并不迫切。

（6）对食品安全标识的信任程度变量显著影响参与者对“猪肉品质检测”、“供应链追溯”以及“供应链＋内部追溯”属性的支付意愿，这与 Menozzi 等（2015）的研究结论一致。值得注意的是，研究结果还显示，参与者信任度正向影响其对类型Ⅰ属性的支付意愿，反向影响其对类型Ⅲ和类型Ⅳ属性的支付意愿。可能的原因是，“猪肉品质检测”在我国目前主要由政府直属的检测机构或官方指定的具有资质的第三方检测机构承担，对猪肉的理化指标和微生物指标检测合格后才允许加贴“猪肉品质检测合格”标识，所以对食品安全标识越信任的参与者，对具有资质的检测机构出具的“猪肉品质检测合格”标识的猪后腿肉的支付意愿越高。但对政府直属检测机构或官方指定的第三方监管机构较为信任，并不等同于信任整个猪肉供应链体系中的屠宰、加工、分割、运输与销售等所有环节，特别是由于企业不诚信导致猪肉质量安全事件经常发生，可能的结果是对类型Ⅲ和类型Ⅳ属性的支付意愿不足。

第四节　本章小结

本章以无锡市259位消费者为例，设定含有“猪肉品质检测”“质量管理体系认证”“供应链追溯”“供应链+内部追溯”四个类型的信息属性，构建具有事前质量保证与事后追溯功能的可追溯猪后腿肉轮廓，引入实验拍卖机制研究消费者对信息属性的支付意愿，并在此基础上通过多变量Probit模型分析影响消费者对不同类型信息属性支付意愿的主要因素。研究的主要结论包括以下两点。

（1）消费者愿意为可追溯猪肉不同类型的信息属性支付溢价。与普通猪后腿肉相比，消费者愿意为具有“猪肉品质检测”信息属性的猪后腿肉多支付7.8元/千克，愿意为具有“质量管理体系认证”信息属性的猪后腿肉多支付6.4元/千克。此外，消费者愿意为具有“供应链追溯”以及“供应链+内部追溯”信息属性的可追溯猪后腿肉分别多支付5.8元/千克和6.8元/千克。总体而言，消费者对具有事前质量保证功能的信息属性的支付意愿高于事后追溯功能的信息属性。

（2）消费者对可追溯猪肉不同类型信息属性的偏好具有明显的异质性。相对于中青年消费者，老年消费者不愿意为具有“猪肉品质检测”信息属性支付溢价；高收入的消费者愿意为四种类型的信息支付溢价；高学历消费者相对于低学历者对“猪肉品质检测”“质量管理体系认证”信息属性均有较高的支付意愿；消费者对自身健康状况的评价显著正向影响其对“质量管理体系认证”信息属性的支付意愿；有过食源性疾病经历的消费者更偏好“猪肉品质检测”信息属性；对食品安全关注度较低的消费者不愿意为“质量管理体系认证”信息属性支付溢价；对当前食品安全满意度越高的消费者越偏好“质量管理体系认证”、“供应链追溯”以及“供应链+内部追溯”信息属性；对食品安全标识信任度高的消费者对“猪肉品质检测”、“供应链追溯”以及“供应链+内部追溯”均有较高的支付意愿。消费者对可追溯猪肉不同类型信息偏好的差异，为生产厂商细分可追溯猪肉市场提供了依据。

第七章
消费者对可追溯猪肉信息属性的偏好研究：基于序列估计方法

如前文所述，完整的食品可追溯体系应具有事前质量保证与事后追溯的基本功能。然而，目前在市场上试点推广的可追溯食品仅具有并不完整的事后追溯功能，这可能是我国可追溯食品市场体系建设并未取得实质性进展的重要原因（吴林海等，2013）。当然同时具有事前质量保证与事后追溯功能的可追溯食品的生产必然会增加成本，并反映到价格上，可能会超出普通消费者的购买能力，导致市场需求不足。因此，研究具有事前质量保证与事后追溯复合功能的可追溯食品的市场需求不仅符合消费者利益，而且也可以对食品厂商的生产决策起到引导作用，更可为政府实施可追溯食品政策提供参考。由于假想性实验方法和非假想性实验方法各有优缺点，本章尝试使用序列估计方法，即首先运用非假想实验法就产品属性的消费偏好进行估算，以降低假想实验可能存在的虚拟误差，在此基础上再采用假想性实验方法，发挥样本易获得优势，以测度基本属性的变化与属性间的交互作用，这可能是一个较优的研究思路。基于前文第二章对实验方法的对比研究，本章首先基于实验拍卖法测度可追溯猪肉信息属性的支付意愿，然后引入菜单选择实验方法深入研究消费者对具有事前质量保证与事后追溯功能的相对完整的可追溯食品信息属性的消费偏好、属性需求弹性以及属性间的交叉效应。

第一节　实验属性的设定

一　非价格属性的设定

Hobbs（2004）的研究认为，猪肉（畜禽类）可追溯体系应具有事前质量保证与事后追溯两个功能。不同功能可追溯猪肉信息属性的基本设定依据如下。

第一，可追溯猪肉事后追溯属性的设定。如前所述，猪肉可追溯体系的事后追溯功能主要是在安全事件发生后便于问题猪肉的召回，确定问题源和责任方，这是目前包括我国在内的大多数国家实施食品可追溯体系的主要目的。事后追溯的有效性取决于可追溯猪肉信息属性的设置完整地覆盖猪肉供应链体系中的关键风险点。目前中国猪肉的主要安全风险存在于供应链全程体系的养殖、屠宰、运输与销售等所有环节，仅包含某个环节可追溯信息的可追溯体系无法实现事后追溯的功能。此外，Moe（1998）基于食品链中信息回溯活动的特征，将可追溯性划分为供应链追溯以及内部追溯。供应链追溯的实质也就是通常所说的食品供应链上的节点管理（Link Management）。内部追溯是指从食品的输入到输出的内部生产历史的溯源过程。因此，本研究基于全程猪肉供应链的风险环节及其信息回溯活动的特征，将供应链追溯和供应链+内部追溯作为可追溯猪肉事后追溯功能的两个属性。

第二，可追溯猪肉事前质量保证属性的设定。可追溯体系的事前质量保证功能是为了降低消费者的质量信息搜寻成本，因为可追溯系统里展现了食品的质量安全、动物福利、环境友好型生产操作等信任属性的信息，并以标签的形式将食品信任属性转变为消费者易于辨别的搜寻属性（Jin等，2014）。基于中国的实际，本研究将猪肉品质检测与企业质量管理体系认证作为事前质量保证的两个属性。我国日常的猪肉检验检疫措施并不强制要求对猪肉进行理化指标和微生物指标检测，所以本研究设置猪肉品质检测属性，并通过加贴由第三方机构颁发的“猪肉品质检测合格”标签，为消费者提供猪肉中农药、瘦肉精与抗生素等残留信息，大肠杆菌数等理化与微生物指标安全质量信息（Reid 等，2006）。在质量保证措施中，除了对产品进行检验检疫外，企业加贴由第三方机构颁发的“质量管理体系认证”标识，被视为质量管理体系认证属性。这是向消费者提供本企业对猪肉质量的保证措施与生产过程的控制能力的信息（Reid 等，2006；Sterling 等，2015）。

二 价格属性的设定——序列估计法第一步

为了研究多重属性间的交互作用以及受成本驱动价格产生变动时消费者的反应，需要对属性的价格进行层次区分以探索消费者的价格敏感性，而菜单法就是捕获价格变动时消费者相应反应的合适工具（Orme，2013）。由于目前中国市场尚不存在本研究所假设的含有不同功能属性的可追溯猪肉类型，所以为了合理设定可追溯猪肉不同功能属性的价格层次，序列估计法的第一步就是采用实验拍卖方法估算消费者对不同信息属性的支付意愿，以便在模拟真实的市场交易场景中获得消费者的引致价值，即获得准确价格信息的平均值。与假想性场景测度方法不同，实验拍卖法通过模拟真实的交易环境，把实物作为标的物，设定市场竞拍机制和真实支付环节以满足激励相容，激励参与者更精确、更真实地表达支付意愿，从而可以克服假想性实验的偏差（Ginon 等，2014）。本书基于实验拍卖法测度消费者对可追溯猪肉不同信息属性的支付意愿，实验地点选在我国肉菜可追溯体系的试点城市之一：江苏省无锡市。此次实验共获得 259 份有效样本，实验结果见表 7－1。

表 7－1 消费者对不同类型信息属性的最大支付溢价

单位：元/0.5 千克

属性	最大值	最小值	平均值	标准差
供应链追溯	10.0	0.0	2.9	1.6
供应链＋内部追溯	10.0	0.0	3.4	1.8

续表

属性	最大值	最小值	平均值	标准差
猪肉品质检测	11.0	0.0	3.9	2.1
质量管理体系认证	9.0	0.0	3.2	1.9

需要指出的是，根据支付行为的模型化（Mas-colell，2001）假设，支付意愿的高低已经反映了消费者对属性的偏好。表7－2显示，实验拍卖的结果表明，实验参与者对属性偏好的次序从高到低依次是“猪肉品质检测”属性、“供应链＋内部追溯”属性、“质量管理体系认证”属性以及“供应链追溯”属性。然而，由于一次实验拍卖中实验标的物的数量有限，实验拍卖法只对单个属性进行拍卖，并未测度属性之间可能存在的替代关系或互补关系，而这些替代或互补的关系可能会影响到消费者的选择。

此外，实验拍卖法得出的支付意愿是两个价格极点（Priceextreme Point）之间的连续数值，如果仅仅设置两个价格点，便无法观测到消费者对两个点之间的价格的反应。菜单法通常将价格水平设置为五个层次（Orme，2013），所以依据实验拍卖法的实验结果，对四个类型的猪肉分别设置五个价格层次，以平均值（保留一位小数）为中间价，上下浮动0.5个和1个标准差（保留一位小数）作为价格设定的依据（见表7－2）。

表7－2　复合功能可追溯猪肉信息属性及价格层次

价格层次设置	事后追溯功能		事前质量保证功能	
	供应链追溯属性	供应链＋内部追溯属性	猪肉品质检测属性	质量管理体系认证属性
价格层次1	Price1＝1.3元	Price1＝1.6元	Price1＝1.8元	Price1＝1.3元
价格层次2	Price2＝2.1元	Price2＝2.5元	Price2＝2.9元	Price2＝2.3元
价格层次3	Price3＝2.9元	Price3＝3.4元	Price3＝3.9元	Price3＝3.2元
价格层次4	Price4＝3.7元	Price4＝4.3元	Price4＝5.0元	Price4＝4.2元
价格层次5	Price5＝4.5元	Price5＝5.2元	Price5＝6.0元	Price5＝5.1元

注：所有价格单位均为元/0.5千克。

三　菜单法实验的设计——序列估计法第二步

菜单法模拟了现实中的市场购物情境，以菜单列表的形式向消费者展现商品的不同属性，消费者根据自己的偏好选择产品属性构建新的产品轮廓。这种定制化的调查方式由于再现了消费者每天购物和选择的情境，对受访者来说非常具有吸引力。本研究有四个属性，每个属性包括五个价格水平，如果按照完全析因设计（Full Factorial Design）方法共有 5 ×5 ×5 ×5 =625 种实验方案，菜单法机制下每种实验方案对应一次选择任务，让每位受访者做完 625 次选择任务是不现实的，一般而言，受访者在辨别 15 ~ 20 个选择轮廓后会产生疲劳（Allenby 等，1998；Wu 等，2015a）。因此需要在满足数据分析有效性的基础上，对实验方案进行优化，选取设计空间中更少的点满足有效性和可行性相结合的分析需求，即部分析因设计（Fractional Factorial Design）方法。Hensher 等（2005），Ubilava 等（2009）的研究表明，为了有效估计主效应和双向交互效应甚至高阶效应，选择实验方法中最少的任务数应该为 i。其中，L 是属性的层次数，A 是属性数，X 是二阶交互项。所以本实验方案的设计中受访者需要完成的最低任务数是 83，远超受访者辨别任务的疲劳阈值。对此，Sawtooth（2012）的建议是把总任务数拆分成多版本同时进行菜单实验，此方法不仅可以提升问卷的整体设计效率，而且减少了由于超过受访者完成菜单选择任务的疲劳阈值而导致的测量偏差。

所以本书应用 Sawtooth MBC1. 0. 10 软件，基于"Balanced Overlap"随机任务数方法①生成设计效率最高的 10 个不同版本的问卷，每个问卷含有 10 个菜单任务，总菜单数满足了最低任务数和受访者实验效率保证的要求。属性层次设计的效率检验见表 7 -3，效率检验结果显示，猪肉品质检验属性、质量管理体系认证属性以及供应链追溯属性的第一和第二价格层

① 菜单选择实验适用的随机任务数生成方法有 Complete Enumeration 和 Balanced Overlap，但是 Bryan K. Orme（2010）认为如果价格层次数超过 4 个，Balanced Overlap 方法要优于 Complete Enumeration 方法，因为 Balanced Overlap 方法对交叉效应估计时需要的重叠水平设计比 Complete Enumeration 方法中的最低重叠策略好。

次的设计频率达到平衡要求，实验任务设计的理想标准差（Actual Standard Deviation）和实际标准差（Ideal Standard Deviation）的效率比值均大于90%。但是供应链+内部追溯属性和供应链追溯属性的第三和第四层次的实际设计标准差与理想设计标准差之间的偏差大于10%，其原因在于供应链+内部追溯属性的安全信息内容包含供应链追溯属性，所以实际菜单任务设计时采用了非平衡设计方法，即限制了供应链+内部追溯属性的价格大于供应链追溯属性的价格。最终的菜单选择实验设计样例可见图7-1。菜单选择实验的每一次选择的总价由实验员现场加总，同时再告知受访者他们所选择信息的总价是多少，并询问受访者是否修改，直到实验参与者不再修改为止。正式调查的问卷设计分为两个部分：第一部分为菜单选择实验的调查内容，同时在每次任务开始之前进入 Cheap Talk Script① 核验版块以减少假想性偏误（Wu 等，2015a）；第二部分包括接受调查的消费者（以下简称受访者）的基本特征、猪肉购买行为、对可追溯信息的认知与信任等问题。

表7-3 属性层次设计的效率检验

属性和层次	设计频率	实际标准差	理想标准差	设计效率
供应链追溯属性-价格层次1	22	—	—	—
供应链追溯属性-价格层次2	21	0.2921	0.3215	0.9087
供应链追溯属性-价格层次3	20	0.2897	0.3215	0.9011
供应链追溯属性-价格层次4	20	0.2847	0.3215	0.8856
供应链追溯属性-价格层次5	17	0.2691	0.3215	0.8371
供应链+内部追溯属性-价格层次1	16	—	—	—
供应链+内部追溯属性-价格层次2	20	0.2888	0.3215	0.8982

① 受访者对假想型问题的回答和真实情境下做出的购买决定的差异称为假想型偏误。在假想型调查中，受访者愿意以某一特定价格购买商品是根据自己猜测的这个商品在商店的价格，但是在真实的购买场所，人们会考虑到自己金钱的有限，如果购买此种商品就不能再买其他商品，所以请您在回答以下选择实验任务时，问自己：如果我真的在超市或者其他地方，我是否愿意支付×元购买这种类型的猪肉？如果选择“是”，那么进入下一个实验任务，如果选择“否”，引导受访者重新思考本任务下的属性和价格场景，选择自己真正愿意购买的猪肉类型。

续表

属性和层次	设计频率	实际标准差	理想标准差	设计效率
供应链＋内部追溯属性－价格层次 3	21	0.2744	0.3215	0.8534
供应链＋内部追溯属性－价格层次 4	21	0.2657	0.3215	0.8263
供应链＋内部追溯属性－价格层次 5	22	0.2675	0.3215	0.8319
猪肉品质检测属性－价格层次 1	21	—	—	—
猪肉品质检测属性－价格层次 2	20	0.3226	0.3203	0.9852
猪肉品质检测属性－价格层次 3	19	0.3277	0.3203	0.9553
猪肉品质检测属性－价格层次 4	21	0.3144	0.3203	1.0378
猪肉品质检测属性－价格层次 5	19	0.3230	0.3203	0.9833
质量管理体系认证属性－价格层次 1	20	—	—	—
质量管理体系认证属性－价格层次 2	20	0.3228	0.3190	0.9766
质量管理体系认证属性－价格层次 3	20	0.3265	0.3190	0.9547
质量管理体系认证属性－价格层次 4	20	0.3229	0.3190	0.9761
质量管理体系认证属性－价格层次 5	20	0.3254	0.3190	0.9615

注：理想标准差是指满足正交条件的理想标准差；设计效率是在每个版本样本量相同的假设下实际标准差与理想标准差之比。

菜单法任务 1

当前的猪肉价格为 14 元/0.5 千克，为了猪肉的质量安全，您还需要增加以下哪些安全措施？

☑	通过可追溯码，可查询到“各环节责任人信息”　2.5 元/0.5 千克
☐	通过可追溯码，可查询到“各环节责任人信息＋内部生产过程信息”　4.5 元/0.5 千克
☑	额外的“猪肉品质检测”　5.0 元/0.5 千克
☐	生产企业通过“质量安全管理体系认证”　2.5 元/0.5 千克
总价：	

☐ 以上信息，我均不需要

图 7－1　基于菜单的选择实验设计样例

第二节　实验地区和调查方法

我国不同地区的猪肉价格与消费者支付愿意均存在差异，为了保证一致性，菜单法的实验城市仍选在江苏省无锡市。无锡市是中国首批肉类可追溯体系建设的10个试点城市之一，目前已基本形成了肉类制品从流通、批发到零售终端的全过程追溯体系，且城市居民对可追溯猪肉有初步的认知，相对而言具备可追溯猪肉消费偏好的研究条件。在无锡市的五个行政区（梁溪、锡山、惠山、滨湖、新吴）进行菜单法实验时，均选取人流量较大的超市、肉制品专卖店和农贸市场。在实际调研过程中，由经过培训的调查员在超市生鲜猪肉货架附近、肉制品专卖店门口以及农贸市场猪肉摊贩附近对消费进行面对面访谈，为了保证调查对象的随机性，本研究借鉴 Wu 等（2012）的经验，选择进入视线的第三个人作为调查对象。在调查之前，调查员会向受访者解释，每个属性所代表的具体含义以及菜单实验法的规则。在确认受访者完全理解菜单选择实验任务后，调查正式开始，时间为 15 ~ 30 分钟。在完成调查之后，我们会给予受访者 20 元，作为参与奖励。

由于样本量会影响到基于虚拟代码或效用代码“成分效用”方程形式的非线性价格方程的估计能力，应该确保每个价格点都能在数据中充分体现，进而能够对每个价格点的效用进行合理稳定的估计。[①] Sawtooth（2012）认为菜单选择实验的一般规则就是独立属性的每一个层次需要最少出现500次，在1000次时估计效果最佳。因此样本量的计算公式为（样本量×菜单任务数）/价格层次 = [500，1000]。由于本书的菜单任务数为 10 × 10 = 100，有 5 个价格层次，所以菜单选择实验估计所需要的样本量为 [250，500] 个。[②] 本次实验在 2016 年 1 月进行并完成，分别在无锡市五个行政区等额发放 70 份菜单法问卷，共发放问卷 350 份，收回有效问

① 价格水平的支撑点数低于500时，对线性或者对数线性估计不会造成任何影响，但是这会给基于虚拟代码或效用代码的成分效用方程的估计带来麻烦。成分效用方程的目的就是独立估计每一个离散价格点的效用。例如：如果有800个样本量，每个受访者完成8个选择任务，总共就是6400个菜单任务。如果每一个菜单选项定义了20个价格层次，就意味着每一个价格水平仅仅出现6400/20 = 320次。所以对于6400个总菜单任务来说，意味着属性的价格层次设置最好不要超过6个层次。

② 事实上，在菜单选择实验中，每个菜单任务会有 24 × 16 种实验结果，所以理论上 500 个样本量会出现 500 × 16 = 8000 种菜单结果，这将使模型估计满足显著性和稳定性要求。

卷 345 份，实验样本的有效率为 98.6%，样本量符合菜单法估计的要求。

第三节　菜单法实验统计性描述分析

一　实验参与者的基本特征

表 7-4 显示了 345 位实验参与者的基本特征。本实验的女性参与者占参与者样本总量的 50.4%，这与无锡市统计局人口普查基本情况数据相符[①]，说明样本具有一定的代表性。49.3% 的参与者年龄在 26~40 岁。40.3% 的参与者受教育程度为大专或本科。参与者的家庭人口数以 3 人居多，占样本总人口数的比为 44.9%。家庭月收入在 7000~13000 元的参与者构成了样本的主体，占样本比例的 59.5%。此外，已婚的参与者占参与者样本量的 66.7%，且 42.9% 的家中有 12 岁以下的孩子。

表 7-4　受访者的基本特征

单位：人，%

	分类指标	样本数	比例
性别	男	171	49.6
	女	174	50.4
年龄	25 岁及以下	67	19.4
	26~40 岁	170	49.3
	41~60 岁	99	28.7
	61 岁及以上	9	2.6
受教育程度	高中及以下	154	44.6
	大专及本科	139	40.3
	研究生及以上	52	15.1
家庭规模	1 人	5	1.5
	2 人	21	6.1

① 《无锡统计年鉴 2015》显示：2014 年无锡市总人口中男性占 49.5%，女性占 50.5%。

续表

	分类指标	样本数	比例
家庭规模	3 人	155	44.9
	4 人	77	22.3
	5 人及以上	87	25.2
家庭月收入	3000 元以下	3	0.9
	3000～4999 元	6	1.7
	5000～6999 元	44	12.7
	7000～8999 元	83	24.0
	9000～10999 元	72	20.9
	11000～12999 元	50	14.5
	13000～14999 元	34	9.9
	15000～17999 元	21	6.1
	18000 元及以上	32	9.3
婚姻状态	未婚	115	33.3
	已婚	230	66.7
家中是否有 12 岁以下的孩子	没有	197	57.1
	有	148	42.9

二　菜单法实验结果的统计性分析

（一）菜单法实验版本的统计分析

本次实验共完成 10 个版本的菜单法问卷，表 7－5 中各版本样本统计结果表明，样本在 10 个版本间的分布较为均匀，总样本数为 345。而且根据离散价格支撑点的计算公式，本实验各独立属性的每一个价格水平的出现次数为 690，满足菜单法实验一般规则中“最少出现 500 次”的要求（Orme，2013）。

表 7－5　菜单法各版本样本数的统计性分析

单位：人，%

版本	样本数	比例
版本一	32	9.3

续表

版本	样本数	比例
版本二	31	9.0
版本三	36	10.4
版本四	37	10.7
版本五	35	10.1
版本六	33	9.6
版本七	34	9.9
版本八	33	9.6
版本九	36	10.4
版本十	38	11.0
总计	345	100.0

（二）菜单法中各属性出现的频率统计

本研究还统计了10个版本共计3450个选择任务中每个属性在各个价格水平上的出现情况，如图7-2所示。对于事前质量保证功能下的猪肉品质检测属性而言，各价格层次出现的频率较为稳定，波动幅度在20.0% ±0.1%的范围内。事前质量保证功能下的质量管理体系认证属性也较为稳定，波动幅度在20.0% ±0.2%的范围内。而对于事后追溯功能下的供应链追溯属性和供应链+内部追溯属性而言，价格层次间频率出现的次数波

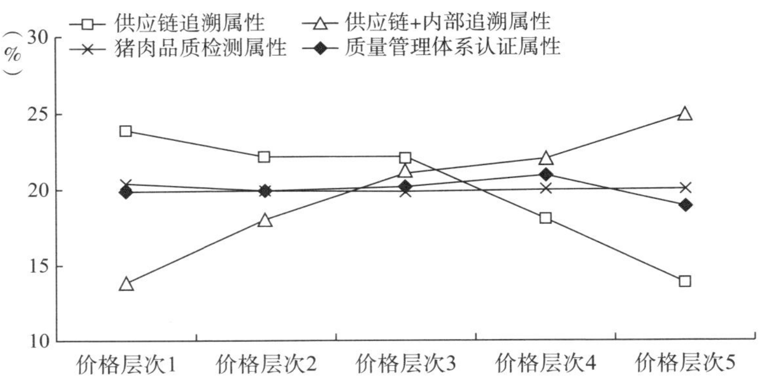

图7-2　每个属性在各价格水平上出现的频率

动幅度稍大，这是因为本研究中菜单选择实验采用了非平衡性设计，相较于仅可查询到养殖、屠宰分割、运输销售环节的责任人基本信息的供应链追溯属性而言，供应链 + 内部追溯属性不仅可以查询到猪肉供应链各环节的责任人基本信息，而且可查询到养殖、屠宰分割、运输销售各环节内部（生产）过程的关键历史信息，所以供应链 + 内部追溯的价格要高于供应链追溯的价格。

（三）菜单法中各属性的选择统计

如前所述，本实验采用随机法设计菜单任务。随机设计不仅是复杂菜单法 MBC 任务设计的直接方法，而且为应用计数法进行实验参与者选择结果的最优分析提供了数据量的保证。通过计数分析法，不仅可以计算每个选项被选择的频率，而且可以计算出所有选择的可能性或者被菜单中不同价格所分离出的选择可能性（Orme，2013）。表 7－6 的计数分析结果则表明，“猪肉品质检测”属性被选择的频率最大，为 31.5%，其次是“质量管理体系认证”属性、“供应链 + 内部追溯”属性以及“供应链追溯”属性，被选择的频率分别为 27.0%、26.4% 以及 12.7%。从可追溯猪肉的功能上来看，实验参与者选择事前质量保证功能属性的频率最大，为 58.5%，其次是事后追溯功能，选择频率为 39.1%。值得注意的是，在 MBC 的计数分析中，虽然“猪肉品质检测”属性所设置的价格最高，但仍然具有最高的选择频率，表明消费者最偏好“猪肉品质检测”属性，这与实验拍卖机制是一致的。对于“质量管理体系认证”属性与“供应链 + 内部追溯”属性，菜单选择实验计数分析却没有显示出与实验拍卖机制一致的结果。但是可以确定的是，整体而言，“猪肉品质检测”属性是消费者最偏好的具有事前质量保证功能的属性，“供应链 + 内部追溯”属性是消费者最偏好的具有事后追溯功能的属性。

表 7－6　菜单法中各属性被选择频次及频率统计

属性	选择与否	选择频次（次）	总数（次）	选择频率（%）
供应链追溯	是	438	3450	12.7
	否	3012		87.3

续表

属性	选择与否	选择频次（次）	总数（次）	选择频率（%）
供应链+内部追溯	是	909	3450	26.4
	否	2541		73.6
猪肉品质检测	是	1086	3450	31.5
	否	2364		68.5
质量管理体系认证	是	931	3450	27.0
	否	2519		73.0

（四）不同价格层次下各属性的选择频率

属性的类型及价格是参与者是否选择该属性的重要因素。表7-7展现不同属性的各个价格层次下，实验参与者选择各属性的频率。计数分析结果显示，随着各属性所对应的价格层次的提高，参与者选择购买供应链追溯、供应链+内部追溯、猪肉品质检测及质量管理体系认证这四个属性的频率总体波动递减。

表7-7 不同价格层次下各属性的选择频率

单位：%

属性	价格	供应链追溯属性	供应链+内部追溯属性	猪肉品质检测属性	质量管理体系认证属性
供应链追溯	1.3	16.60	42.80	27.10	27.30
	2.1	15.40	27.60	28.30	21.10
	2.9	14.00	20.20	31.60	28.30
	3.7	7.40	17.70	39.90	29.60
	4.5	6.70	17.10	32.80	30.50
供应链+内部追溯	1.6	12.40	50.50	27.10	30.00
	2.5	14.40	35.40	28.80	23.00
	3.4	14.00	23.80	31.20	28.30
	4.3	15.20	19.60	34.00	25.60
	5.2	8.30	14.40	34.00	28.30
猪肉品质检测	1.8	11.50	23.80	53.90	25.90
	2.9	11.10	25.90	43.30	23.70

续表

属性	价格	供应链追溯属性	供应链 + 内部追溯属性	猪肉品质检测属性	质量管理体系认证属性
猪肉品质检测	5.0	14.80	27.50	19.10	29.70
	6.0	12.90	24.80	15.40	30.30
	3.9	13.20	29.80	25.60	25.30
质量管理体系认证	1.3	10.40	28.30	27.10	46.70
	2.3	12.20	22.30	31.00	33.90
	3.2	12.90	25.60	31.20	24.80
	4.2	14.50	24.40	36.40	16.70
	5.1	13.50	31.55	31.40	12.90

此外，除了“供应链追溯”属性的价格与参与者选择“供应链 + 内部追溯”属性的频率之间是明显的负相关关系、“供应链 + 内部追溯”属性的价格与参与者选择“猪肉品质检测”属性的频率之间是明显的正相关关系外，随着其他属性价格的递增，参与者选择某一属性的频率并无明显的递增或递减趋势。值得注意的是，从本研究的属性设置来看，“供应链 + 内部追溯”属性是在“供应链追溯”属性查询到猪肉供应链各环节的基本安全信息的基础上，还可查询到养殖、屠宰分割、运输销售各环节内部（生产）过程的关键历史信息，“供应链追溯”属性和“供应链 + 内部追溯”属性之间在经验上存在替代关系，但“供应链追溯”属性的价格与参与者选择“供应链 + 内部追溯”属性的频率之间呈负相关，表明两者存在互补关系，与经验判断不符。与这种简单分析不能剔除其他信息的影响有关，在之后的回归模型分析中可以解决遗漏变量偏误这一问题。

需求价格弹性反映市场规律，有助于政府补贴政策的制定和企业在细分市场中的产品定价决策（刘志彪等，2002；邢丽荣等，2013）。可追溯食品需求价格弹性是定量分析属性特征变化对消费者属性选择的影响程度的一种分析方法，在可追溯食品政府推广政策的制定中发挥重要作用。所以将选择频率作为属性需求的替代变量，计算各属性的需求价格弹性，其中“供应链追溯”属性、“供应链 + 内部追溯”属性、“猪肉品质检测”属性及“质量管理体系认证”属性的需求价格弹性分别为 -0.776、-1.055、-1.094 和 -0.946。各属性的需求价格弹性值为负数，这符合需求理论，也验证了上文中属性自身价格负向影响参与者选择购买该属性的可能性的结论。此外，弹性数值也反映了实验参与者对属性价格的敏感度。“猪肉品质检测”属性和“供应链+内部追溯”属性都是富有弹性的属性，对价格变动的敏感性较高，而“质量管理体系认证”属性以及“供应链追溯”属性都是缺乏弹性的属性，对价格变动的敏感性较低。

第四节　模型构建与结果分析

考察属性的多元线性关系是弥补前文不能剥离出唯一有影响变量而导致偏误的方法，故需进一步建立多元回归模型。

一　模型构建

通常可分别构建四个简单二元 Probit 模型来研究影响消费者做出对四种可追溯猪肉信息属性（供应链追溯属性、供应链+内部追溯属性、猪肉品质检测属性以及质量管理体系认证属性）选择决策的相关因素，假设消费者 n 在 t 情景中从菜单选项空间 C 中选择第 i 类型信息属性的潜效用（Latent Utility）U_{nit} 为：

$$U_{nit} = \alpha_{ni} + \beta'_{ni} X_{nit} + \varepsilon_{nit} \tag{1}$$

其中，α_{ni} 是常数项，X_{nit} 是属性价格等解释变量，β_{ni} 为估计参数，ε_{nit} 是随机项。虽然 U_{nit} 不能被观测，但可以通过消费者的选择予以甄别。令 Y_{nit} 为指示变量，可构建以下二元选择模型：

$$\begin{cases} Y_{nit} = 1 & if \quad U_{nit} > 0 \\ Y_{nit} = 0 & if \quad U_{nit} \leqslant 0 \end{cases} \tag{2}$$

（2）式的含义是，如果 $U_{nit} > 0$，则消费者 n 将在 t 期选择第 i 个属性（$Y_{nit} = 1$），反之，则相反。根据（1）式与（2）式，消费者选择属性的相应条件概率可以表示为：

$$P(Y_{nit}=1 \mid X_{nit})=P(\varepsilon_{nit}>-\alpha_{ni}-\beta'_{ni}X_{nit})=$$
$$F(-\alpha_{ni}-\beta'_{ni}X_{nit})=1-F(\alpha_{ni}+\beta'_{ni}X_{nit}) \quad (3)$$

然而，对于有多个属性的实验而言，参与者 n 需要对 i 个类型的属性连续做出是否选择的决策，故 Y_{nit} 为 i 维的列向量矩阵，即 $Y_{nit}=(Y_{n1t}, Y_{n2t}, \cdots, Y_{nit})'$。正如上文理论框架部分所分析的，消费者会基于自身需求同时选择多个可追溯猪肉的信息属性，而且所构建的可追溯猪肉信息属性并不完全相互排斥。故某些不可观测变量可能会导致消费者同时选择不同的可追溯猪肉信息属性，也就是说上述简单二元 Probit 模型的误差项之间应该是相关的。如果不考虑模型之间存在的这种内生性问题，而仅仅利用四个简单的二元 Probit 模型来研究消费者购买决策的影响因素，则结果可能会产生偏误。据此，本研究采用允许不同方程的误差项之间存在相关性的多变量 Probit 模型（Greene，2008；潘丹，2015），来分析影响消费者对可追溯猪肉信息属性选择的主要因素（Greene，2008）。此外，基于 Wang（2014），Wu（2015，2016）等的研究成果，消费者对食品属性的选择受到该属性的价格、其他属性的价格以及参与者个体特征、家庭特征、认知态度、过去经历等因素的影响，因此（3）式也可以表示为：

$$Y_{nit}=\alpha X_n+\varepsilon_n \quad (4)$$

其中 $X_n\begin{bmatrix} X_{n11}, & X_{n12}, & \cdots, & X_{n1k} \\ X_{n21}, & X_{n22}, & \cdots, & X_{n2k} \\ \vdots & \vdots & & \\ X_{ni1}, & X_{ni2}, & \cdots, & X_{nik} \end{bmatrix}$为 $i\times$（$i\times k$）维度的准对角矩阵，X_{nik} 表示第 i 类型的食品属性，影响第 n 个参与者选择该属性的第 k 个自变量。（4）式中的 α 是待估计的参数矩阵，即：

$$\alpha=(\alpha_{11},\alpha_{12},\cdots,\alpha_{1k};\alpha_{21},\alpha_{22},\cdots,\alpha_{2k};\cdots;\alpha_{n1},\alpha_{n2},\cdots,\alpha_{nk},)' \qquad \varepsilon_n(\varepsilon_{n1},\varepsilon_{n2},\cdots,\varepsilon_{nk})'$$

ε_n是随机扰动项，如果 ε_{ni}满足遵循零条件均值与变异值的多元正态分

布 MVN（0，Ψ），即满足多变量 Probit 模型的假设（李想等，2013；潘丹等，2015），则：

$$\mathrm{Prob}(Y_{ni}=1)=1-\Phi(-X_{ni}\beta)=\Phi(X_{ni}\beta)$$

协方差矩阵 Ψ 如下：

$$\begin{bmatrix} 1 & \rho_{12} & \rho_{13} & \rho_{14} \\ \rho_{12} & 1 & \rho_{23} & \rho_{24} \\ \rho_{13} & \rho_{23} & 1 & \rho_{34} \\ \rho_{14} & \rho_{24} & \rho_{34} & 1 \end{bmatrix} \tag{5}$$

（5）式中，非对角线上的元素代表消费者对可追溯猪肉的不同信息属性做出选择决策方程的随机扰动项之间存在无法观测的联系，$\rho\neq0$ 表明各潜变量随机扰动项之间存在关联，应该采用多变量 Probit 模型进行估计（潘丹等，2015）。若 $\rho>0$ 且通过显著性检验，则说明消费者选择可追溯猪肉不同信息属性之间呈现互补效应；若 $\rho<0$ 且通过显著性检验，则说明消费者选择可追溯猪肉不同信息属性之间呈现替代效应。

经典的微观理论表明，需求函数分为希克斯需求函数与马歇尔需求函数两种。如果符合希克斯需求函数的特征，则属性之间的替代关系必对称（Mas-Colell，1995）。正如上文分析，（1）式和（2）式从理论上判断应更接近于马歇尔需求函数的特征。

二 模型估计

（一）变量设置

本研究将实验参与者是否选择“供应链追溯”、“供应链＋内部追溯”、“猪肉品质检测”及“质量管理体系认证”四种信息属性分别定义为因变量 Y_1、Y_2、Y_3、Y_4，自变量的设置如表 7－8 所示。采用多变量 Probit 模型的分析方法，研究属性价格、参与者个体和家庭特征、食源性疾病经历、食品安全关注度与对安全信息标识的信任等自变量对参与者信息属性选择的影响。

表 7－8　变量的定义与赋值

变量	定义
供应链追溯属性（Y_1）	选择该属性 =1，否则 =0
供应链 + 内部追溯属性（Y_2）	选择该属性 =1，否则 =0
猪肉品质检测属性（Y_3）	选择该属性 =1，否则 =0
质量管理体系认证属性（Y_4）	选择该属性 =1，否则 =0
供应链追溯属性的价格（X_1）	实际价格层次
供应链 + 内部追溯属性的价格（X_2）	实际价格层次
猪肉品质检测属性的价格（X_3）	实际价格层次
质量管理体系认证属性的价格（X_4）	实际价格层次
性别（X_5）	男性 =1，女性 =0
年龄（X_6）	实际周岁
学历（X_7）	小学及以下 =1；初中 =2；高中 =3；大专 =4；本科 =5；硕士及以上 =6
家庭月收入（X_8）	3000 元以下 =1；3000～4999 元 =2；5000～6999 元 =3；7000～8999 元 =4；9000～10999 元 =5；11000～12999 元 =6；13000～14999 元 =7；15000～17999 元 =8；18000 元及以上 =9
对食品安全的关注度（X_9）	完全不关心 =1；不太关心 =2；一般 =3；比较关心 =4；非常关心 =5
食用不安全食品而患食源性疾病的经历（X_{10}）	有 =1，否 =0
对食品安全标识的信任度（X_{11}）	非常信任 =1；比较信任 =2；一般 =3；不太信任 =4；完全不信任 =5

（二）结果分析

借助 Stata12.0 分析工具进行多变量 Probit 模型拟合，回归方程的协方差矩阵见表 7－9。表 7－9 的数据显示，模型卡方值等于 497.893，且通过 1% 显著性水平检验，表明各方程随机扰动项之间存在相关性，因此使用多变量 Probit 模型是合适的。在协方差矩阵中，六个系数均通过显著性检验，这意味着参与者做出选择可追溯猪肉某一信息属性的决策会受到其是否选择可追溯猪肉其他信息属性的影响。

具体而言，选择“供应链追溯”属性与选择“供应链 + 内部追溯”属性、“猪肉品质检测”属性、“质量管理体系认证”属性之间存在替代效应，选择“供应链+内部追溯”属性与选择“猪肉品质检测”属性、“质量管理体系认证”属性之间存在替代效应，选择“猪肉品质检测”属性与选择“质量管理体系认证”属性之间存在替代效应。

表 7-9 多变量 Probit 回归方程的协方差矩阵

	类型Ⅰ	类型Ⅱ	类型Ⅲ	类型Ⅳ
类型Ⅰ				
类型Ⅱ	-0.412*** (0.030)			
类型Ⅲ	-0.201*** (0.031)	-0.192*** (0.029)		
类型Ⅳ	-0.225*** (0.032)	-0.158*** (0.031)	-0.198*** (0.030)	
卡方值	501.666			
显著性水平	0.000			
似然比检验	$\rho_{21}=\rho_{31}=\rho_{41}=\rho_{32}=\rho_{42}=\rho_{43}=0$			

注：*** 表示在1%水平上通过显著性检验。

参与者可追溯猪肉信息属性选择行为的多变量 Probit 模型回归结果见表 7-10。从总体上看，多变量 Probit 模型的拟合程度较好。

表 7-10 消费者信息属性选择的多变量 Probit 模型回归结果

自变量	因变量			
	选择供应链追溯属性	选择供应链+内部追溯属性	选择猪肉品质检测属性	选择质量管理体系认证属性
关键解释变量				
供应链追溯属性的价格（X_1）	-0.313*** (0.037)	0.089** (0.036)	0.040 (0.033)	0.116*** (0.035)
供应链+内部追溯属性的价格（X_2）	0.205*** (0.035)	-0.344*** (0.035)	0.016 (0.033)	0.085*** (0.035)
猪肉品质检测属性的价格（X_3）	0.009 (0.020)	0.011 (0.017)	-0.301*** (0.018)	0.046*** (0.017)
质量管理体系认证属性的价格（X_4）	0.030 (0.020)	0.037** (0.017)	0.041** (0.017)	-0.275*** (0.018)
控制变量				
性别（X_5）	0.257*** (0.055)	-0.127*** (0.049)	-0.124*** (0.048)	0.018 (0.048)

续表

自变量	因变量			
	选择供应链追溯属性	选择供应链+内部追溯属性	选择猪肉品质检测属性	选择质量管理体系认证属性
控制变量				
年龄（X_6）	0.007** (0.003)	-0.014*** (0.002)	-0.001 (0.002)	-0.013*** (0.003)
学历（X_7）	-0.006 (0.024)	0.017 (0.021)	-0.043** (0.020)	0.062*** (0.020)
家庭月收入（X_8）	-0.027* (0.015)	0.033** (0.014)	0.134*** (0.014)	-0.005 (0.014)
对食品安全的关注度（X_9）	-0.010 (0.033)	-0.104*** (0.030)	-0.023 (0.030)	0.042 (0.031)
食用不安全食品而患食源性疾病的经历（X_{10}）	-0.167*** (0.057)	0.115** (0.050)	-0.196*** (0.049)	-0.062 (0.050)
对食品安全标识的信任度（X_{11}）	0.097*** (0.036)	-0.185*** (0.030)	-0.040 (0.030)	-0.069** (0.031)
常数项	-1.276*** (0.271)	1.020*** (0.238)	0.103 (0.230)	0.325 (0.237)

注：① 括号中的数字为标准误；② *、**、*** 分别表示在10%、5%和1%水平上通过显著性检验；③ Log likelihood = -6565.7754，Wald chi2（44） =1169.80，Prob > chi2 = 0.0000；④所有结果均为稳健回归结果（利用Stata12.0中的mvprobit命令进行多变量Probit模型估计，在该命令后加入robust选项可得到稳健性回归结果）。

1. 属性价格对参与者可追溯猪肉信息属性选择的影响

（1）对于具有事后追溯功能的“供应链追溯”属性以及“供应链+内部追溯”属性而言，“供应链追溯”属性的价格显著负向影响消费者对“供应链追溯”属性的选择，而显著正向影响消费者对“供应链+内部追溯”属性以及“质量管理体系认证”属性的选择。这说明随着“供应链追溯”属性价格的上升，参与者选择“供应链追溯”属性的概率逐渐降低，而倾向于用“供应链+内部追溯”属性以及“质量管理体系认证”属性替代“供应链追溯”属性。相较于仅可查询到养殖、屠宰分割、运输销售环节的责任人基本信息的“供应链追溯”属性而言，“供应链+内部追溯”属性不仅可以查询到猪肉供应链各环节的基本安全信息，而且可查询到养殖、屠宰分割、运输销售各环节内部（生产）过程的关键历史信息，信息量远多于“供应链追溯”属性，价格也会高于“供应链追溯”属性。虽然在菜单任务设置中“供应链 + 内部追溯”属性的价格高于“供应链追溯”属性的价格，但是“供应链 + 内部追溯”属性价格的增长幅度并不必然大于“供应链追溯”属性价格的增长幅度。随着供应链属性价格的上升，“供应链追溯”属性的价值和价格之比在降低，对于偏好事后追溯功能的参与者而言，在一定的价格范围内，参与者认为较高的价格反映了大规模信息量的价值，其真实度也更可信（尹世久，2013），从而选择价值和价格之比更优的“供应链 + 内部追溯”属性替代“供应链追溯”属性的可能性在增加。另外，随着“供应链追溯”属性价格的上升，“供应链追溯”属性的价值和价格之比在降低，对于偏好事前质量保证功能的参与者而言，其对反映猪肉质量的保证措施与生产过程的控制能力及在我国实施多年的“质量管理体系认证”（如 HACCP 认证）较为熟悉，从而选择“质量管理体系认证”属性替代供应链属性的可能性也在增加。

此外，“供应链 + 内部追溯”属性的价格显著负向影响参与者对“供应链 + 内部追溯”属性的选择，而显著正向影响消费者对“供应链追溯”属性以及“质量管理体系认证”属性的选择。这表明随着“供应链 + 内部追溯”属性价格的上升，参与者选择“供应链 + 内部追溯”属性的概率逐渐降低，而倾向于用“供应链追溯”属性以及“质量管理体系认证”属性替代“供应链 + 内部追溯”属性，不难理解，若参与者偏好具有事后追溯功能的“供应链 + 内部追溯”属性，但是在预算约束下，随着该属性价格的上升，参与者会转而选择低追溯水平但是仍然具有事后追溯功能的“供应链追溯”属性作为替代属性以保障食品安全。值得注意的是，当“供应链 + 内部追溯”属性价格上升时，参与者选择“供应链 + 内部追溯”属性可能性下降的同时，选择“质量管理体系认证”属性的可能性上升，即事后追溯功能的“供应链 + 内部追溯”属性与事前质量保证功能的“质量管理体系认证”属性之间呈现替代关系。如前所述，事后追溯功能主要是在食品安全事件发生后便于问题食品的召回、确定问题源和责任方，这是食品可追溯体系的基本功能。“供应链 + 内部追溯”属性就是扫描可追溯标签后，消费者可以看到猪肉供应链各环节及其关键生产过程的信息。而当前消费者对食品安全非常关注，在做出购买决策之前就希望确认食品的质量安全级别，所以食品质量保证功能就是为了降低消费者的质量安全信息搜寻成本，以标签的形式将食品信任属性转变为消费者易于辨别的搜寻属性。“质量管理体系认证”属性就是对猪肉产品加贴质量管理体系认证标签，向消费者传递生产者在生产猪肉的过程中采取了质量控制和质量保证措施。两个属性在猪肉生产过程的质量管理方面具有一定的替代性，所以，随着“供应链 + 内部追溯”属性价格的上升，消费者在预算约束下会选择“质量管理体系认证”属性。

（2）对于具有事前质量保证功能的“猪肉品质检测”属性以及“质量管理体系认证”属性而言，“猪肉品质检测”属性的价格显著负向影响参与者对“猪肉品质检测”属性的选择，而显著正向影响参与者对质量管理体系认证属性的选择。这说明随着“猪肉品质检测”属性价格的上升，参与者选择“猪肉品质检测”属性的概率逐渐降低，而倾向于用“质量管理体系认证”属性替代“猪肉品质检测”属性。可追溯食品的事前质量保证功能是为了降低消费者的质量信息搜寻成本，因为是以标签的形式将质量检测、动物福利、质量管理体系认证、环境友好型生产操作等食品信任属性转变为消费者易于辨别的搜寻属性。基于我国实际，本研究将“猪肉品质检测”与“质量管理体系认证”作为事前质量保证的两个属性。在我国日常的猪肉检验检疫并不强制检测理化与微生物指标，故本研究设置“猪肉品质检测”属性，并通过加贴由第三方机构颁发的猪肉品质检测合格标签，为消费者提供猪肉中水分、农药、瘦肉精、抗生素等残留信息，大肠杆菌数等理化与微生物指标安全质量信息（Reid 等，2006）。在质量保证措施中，除了对猪肉进行检验检疫外，企业还加贴由第三方机构颁发的质量管理体系认证标识作为“质量管理体系认证”属性，反映的是猪肉质量的保证措施与生产过程的控制能力（Sterling 等，2015）。所以这两个属性都具有事前质量保证功能，在预算约束下，随着“猪肉品质检测”属性价格的上升，参与者将以“质量管理体系认证”属性替代“猪肉品质检测”属性。

此外，“质量管理体系认证”属性的价格显著负向影响参与者对“质量管理体系认证”属性的选择，而显著正向影响参与者对“猪肉品质检测”属性和“供应链＋内部追溯”属性的选择。这意味着随着“质量管理体系认证”属性价格的上升，参与者选择“质量管理体系认证”属性的概率逐渐下降，而倾向于选择“猪肉品质检测”属性和“供应链＋内部追溯”属性替代“质量管理体系认证”属性。由前文分析可知，本研究设定的“猪肉品质检测”属性与“质量管理体系认证”属性都具有事前质量保证功能，在预算约束下，随着其中一个属性价格的上升，参与者将选择另一个属性替代本属性。值得注意的是，多变量 Probit 模型中“质量管理体系认证”属性选择模型的结果显示，当“质量管理体系认证”属性价格上升时，参与者选择“供应链＋内部追溯”属性的可能性增大，即“质量管理体系认证”属性与“供应链＋内部追溯”属性之间呈现替代关系。这与多变量 Probit 模型回归结果中“供应链＋内部追溯”属性选择模型的结果是一致的，说明具有事前质量保证功能的“质量管理体系认证”属性与具有事后追溯功能的“供应链＋内部追溯”属性之间呈现出双向替代关系。

（3）研究四个属性价格和属性选择之间的交叉关系后进一步发现，事前质量保证属性之间以及事后追溯属性之间均存在显著的双向替代关系（Two-way Substitution）。在“供应链＋内部追溯”模型中，“供应链追溯”属性的价格对同为事后追溯属性的“供应链＋内部追溯”属性的选择具有显著正向影响；在“供应链追溯”属性模型中，“供应链＋内部追溯”属性价格对供应链属性的选择也具有显著正向影响。表明两个属性之间具有双向替代关系。“猪肉品质检测”属性模型与“质量管理体系认证”属性模型表明，同为事前质量保证属性的“猪肉品质检测”属性与“质量管理体系认证”属性亦具有双向替代关系。

但是事前质量保证属性与事后追溯属性之间的关系较为复杂。

首先，事前质量保证功能中的“质量管理体系认证”属性与事后追溯功能的属性之间可能存在单向替代关系（One-way Substitution）。“质量管理体系认证”属性模型显示，“供应链追溯”属性价格对“质量管理体系认证”的选择具有显著正向影响，但“质量管理体系认证”属性价格对“供应链追溯”属性的选择并没有显著正向影响。这种单向替代关系表明，随着“供应链追溯”属性的价格上升，参与者会选择“质量管理体系认证”属性替代“供应链追溯”属性，但当“质量管理体系认证”属性价格上升时，参与者未必会用“供应链追溯”属性替代“质量管理体系认证”属性，根据“供应链+内部追溯”属性模型，参与者更有可能用“供应链+内部追溯”属性替代“质量管理体系认证”属性。而且事前质量保证属性与事后追溯属性之间的单向替代关系表明，（1）式和（2）式并不满足希克斯需求函数的特征。根据马歇尔需求函数的特征，“质量管理体系认证”属性价格上升时，总价格效应可以分为替代效应与收入效应，替代效应将导致消费者用“供应链追溯”属性替代“质量管理体系认证”属性，但收入效应使得消费者同时减少对“质量管理体系认证”属性与“供应链追溯”属性的选择。如果收入效应抵消了替代效应，则总价格效应没有显示出“供应链追溯”属性对“质量管理体系认证”属性的替代关系。

其次，事前质量保证功能中的“猪肉品质检测”属性无法直接用事后追溯功能的属性替代，而当事前质量保证功能中的“质量管理体系认证”属性价格上升时，可以用事后追溯功能的“供应链+内部追溯”属性进行替代。此外，当事后追溯功能的“供应链追溯”属性和“供应链+内部追溯”属性的价格上升时，参与者会选择事前质量保证功能中的“质量管理体系认证”属性分别替代“供应链追溯”属性和“供应链+内部追溯”属性。

所以基于具有事前质量保证功能两个属性之间、具有事后追溯功能两个属性之间以及具有事前质量保证功能的“质量管理体系认证”属性和具有事后追溯功能的“供应链+内部追溯”属性之间各自存在双向替代关系，在预算约束条件下，应无须向消费者提供完整包含四个属性的可追溯猪肉。如果个性化定制无法实现，那么立足于降低食品安全风险，可以选择的思路有三个。第一，根据计数分析，“猪肉品质检测”和“供应链+内部追溯”分别是事前质量保证与事后追溯属性中消费者更偏好的属性，同时具有上述两个属性的可追溯猪肉轮廓理应成为市场首选的类型。第二，当“猪肉品质检测”属性的价格上升时，则可以用“质量管理体系认证”属性替代“猪肉品质检测”属性，并与“供应链+内部追溯”属性组成可追溯猪肉替代轮廓。第三，当“供应链+内部追溯”属性的价格上升时，“猪肉品质检测”属性与“供应链追溯”属性也可组成另一个替代的可追溯猪肉属性轮廓。

2. 个体和家庭特征对参与者可追溯猪肉信息属性选择的影响

（1）性别对参与者“供应链追溯”属性的选择具有显著正向影响，对“供应链+内部追溯”属性和“猪肉品质检测”属性选择具有显著的负向影响。这表明女性参与者选择事后追溯功能中的“供应链+内部追溯”属性以及事前质量保证功能中的“猪肉品质检测”属性的概率较大，而男性参与者选择事后追溯功能中的“供应链追溯”属性的概率较大。

（2）年龄对参与者“供应链追溯”属性的选择具有显著正向影响，对“供应链+内部追溯”属性和“质量管理体系认证”属性选择具有显著的负向影响。这表明，年轻的参与者选择事后追溯功能中的“供应链+内部追溯”属性以及事前质量保证功能中的“质量管理体系认证”属性的概率较大，而年长的参与者选择事后追溯功能中的“供应链追溯”属性的概率较大。

（3）学历对参与者事前质量保证功能的属性选择具有显著影响，其中对“质量管理体系认证”属性的选择产生显著正向影响，对“猪肉品质检测”属性的选择产生显著负向影响。这表明，学历越高的参与者选择能够进行过程控制的“质量管理体系认证”属性的概率越大，而学历较低的参与者选择终端检验的“猪肉品质检测”属性的概率较大。

（4）家庭月收入对参与者“供应链追溯”属性的选择产生显著负向影响，对“供应链+内部追溯”属性和“猪肉品质检测”属性选择产生显著的正向影响。这表明，家庭月收入越高的参与者选择事后追溯功能中追溯程度更高的“供应链+内部追溯”属性以及事前质量保证功能中能够对猪肉进行理化指标和微生物指标检测的“猪肉品质检测”属性的概率越大，而家庭收入较低的参与者选择事后追溯功能中追溯程度较低的“供应链追溯”属性的概率较大。

3. 其他因素对参与者可追溯猪肉信息属性选择的影响

（1）食品安全关注度对参与者“供应链+内部追溯”属性的选择具有显著的负向影响，这表明对食品安全关注度越高的参与者选择“供应链+

内部追溯”属性的概率越小，这可能与当前食品安全事件频发有关。对食品安全关注度越高的消费者对食品安全的信心越低，导致参与者对事后追溯功能中追溯程度更高的“供应链+内部追溯”属性的选择概率越小。

（2）食源性疾病经历对参与者“供应链追溯”属性和“猪肉品质检测”属性的选择产生显著负向影响，对“供应链+内部追溯”属性选择产生显著的正向影响。这表明食用不安全食品患食源性疾病的参与者更有可能选择事后追溯功能中具有更高追溯水平的“供应链+内部追溯”属性，可能是由于有过食源性疾病经历的参与者对不安全食品的危害有更深的认知，更迫切地想了解猪肉生产的整个供应链各节点环节以及内部生产过程，以确保猪肉的质量安全。而没有食源性疾病经历的参与者，选择具有事后追溯功能的“供应链追溯”属性和具有事前质量保证功能的“猪肉品质检测”属性的概率较大。

（3）对食品安全标识的信任度显著正向影响参与者对“供应链追溯”属性的选择，显著负向影响参与者对“供应链+内部追溯”属性和“猪肉品质检测”属性的选择。这表明，对食品安全标识越信任的参与者越有可能选择事后追溯功能中具有高追溯水平的“供应链+内部追溯”属性，以及事前质量保证功能中的“猪肉品质检测”属性，而对食品安全标识信任度较低的参与者选择事后追溯功能中具有低追溯水平的“供应链追溯”属性的概率较大。可能由于食品可追溯体系是政府为了消除信息不对称、提高消费者对食品安全信心而大力推行的，食品安全标识信任度较低的参与者认为追溯到猪肉生产供应链各环节的责任人信息是可行的；但是如果对供应链上每个节点环节的内部关键生产过程都进行实时记录并上传数据库，且对每头猪都进行理化指标和微生物指标的检测，则是不太现实的。

第五节　本章小结

可追溯食品的信息属性含义丰富，但很少有学者甄别不同含义对消费者的意义。本研究以中国消费量最大且食品安全风险较高的猪肉为例，设定含有“猪肉品质检测”“质量管理体系认证”“供应链追溯”“供应链+内部追溯”四个类型的信息属性。具体化了具有事前质量保证功能（前两类）与事后追溯功能（后两类）的可追溯猪后腿肉信息，并对这四类信息之间的相互影响进行研究，这在文献中很少见。基于对江苏省无锡市604位消费者的调查，引入序列估计法，首先用实验拍卖法得到目前市场上不存在的单个可追溯信息属性的消费者支付意愿，并在此基础上用菜单选择实验法结合多变量Probit模型，研究了消费者对可追溯猪肉信息属性的消费偏好和属性间的交互关系。本研究运用非假想性实验方法激励参与者更精确更真实地表达自己的支付意愿，较好地克服了假想性实验偏差与社会期望偏差，同时引入菜单选择实验方法研究了多重属性价格变动时消费者的反应，克服了非假想性实验中样本量不足以及属性间的交互作用研究的局限。主要结论包括以下几点。

（1）消费者愿意为可追溯猪肉信息属性支付溢价。值得注意的是，实验拍卖机制显示消费者最偏好的是“猪肉品质检测”属性，其次是“供应链+内部追溯”属性、“质量管理体系认证”属性以及“供应链追溯”属性，但是在引入实验拍卖法，考虑属性之间的交互关系之后，选择频率的排序从高到低依次是“猪肉品质检测”属性、“质量管理体系认证”属性、“供应链+内部追溯”属性以及“供应链追溯”属性。

（2）“猪肉品质检测”属性是消费者最偏好的具有事前质量保证功能的属性，“供应链+内部追溯”属性是消费者最偏好的具有事后追溯功能的属性。在预算约束条件下，“猪肉品质检测”属性和“供应链+内部追溯”属性组成的可追溯属性轮廓可以成为市场的首选。“质量管理体系认证”属性和“供应链+内部追溯”属性组成的可追溯属性轮廓以及“猪肉品质检测”属性和“供应链追溯”属性组成的可追溯属性轮廓将成为消费者的两个替代选择。

（3）不同信息属性之间具有较强的替代关系。具体而言，选择“供应链追溯”属性与选择“供应链+内部追溯”属性、“猪肉品质检测”属性、“质量管理体系认证”属性之间存在替代效应；选择“供应链+内部追溯”属性与选择“猪肉品质检测”属性、“质量管理体系认证”属性之间存在替代效应；选择“猪肉品质检测”属性与选择“质量管理体系认证”属性之间存在替代效应。

（4）价格、个体和家庭特征、食源性疾病经历、食品安全关注度与对安全信息标识的信任是影响消费者信息属性选择的重要因素。具体而言，“供应链追溯”属性的价格显著负向影响消费者对“供应链追溯”属性的选择，而显著正向影响消费者对“供应链+内部追溯”属性以及“质量管理体系认证”属性的选择。“供应链+内部追溯”属性的价格显著负向影响参与者对“供应链+内部追溯”属性以及“质量管理体系认证”属性的选择，而显著正向影响消费者对“供应链追溯”属性的选择。“猪肉品质检测”属性的价格显著负向影响参与者对“猪肉品质检测”属性的选择，而显著正向影响参与者对质量管理体系认证属性的选择，“质量管理体系认证”属性的价格显著负向影响参与者对“质量管理体系认证”属性的选择，而显著正向影响参与者对“猪肉品质检测”属性和“供应链+内部追溯”属性的选择。

此外，男性、年龄较大以及学历和家庭月收入较低的消费者选择“供应链追溯”属性的概率较高；女性和家庭月收入较高的消费者选择“供应链+内部追溯”属性和“猪肉品质检测”属性的可能性较大；年轻的消费者选择“供应链+内部追溯”属性和“质量管理体系认证”属性的概率较高。此外，对食品安全关注度较低的消费者选择“供应链+内部追溯”属性的可能性较大；有过食源性疾病经历的消费者选择“供应链追溯”属性和“猪肉品质检测”属性的概率较高，而没有食源性疾病经历的消费者选择“供应链+内部追溯”属性的可能性较大；对食品安全标识越信任的消费者选择“供应链+内部追溯”属性和“猪肉品质检测”属性的概率越高，而对食品安全标识信任度越低的消费者选择“供应链追溯”属性的可能性越大。

第八章
不同类型猪肉轮廓的市场份额估计

四种信息属性组合成了12种类型的猪肉轮廓，这些猪肉轮廓带给消费者效用的差异性导致消费者对不同可追溯猪肉属性轮廓偏好的异质性。但是仅仅研究消费者对可追溯猪肉信息属性的总体支付意愿对于生产者市场方案设定的实际价值有限，而基于消费者的个体偏好进行的可追溯猪肉市场份额估计才具有实际的市场意义。因此本章首先基于多项Logit模型研究消费者对12种类型的猪肉轮廓的效用评价，然后基于第六章实验拍卖法的结果，引入第七章菜单法价格设置的依据，在个体消费者异质性偏好的假设下，结合分层贝叶斯估计和随机首选方法评估不同类型可追溯猪肉和普通猪肉在不同市场方案中的市场份额。

第一节　属性轮廓及其选择统计

一　属性轮廓

如前所述，本研究设置了“猪肉品质检测”、“供应链＋内部追溯”、“质量管理体系认证”和“供应链追溯”四个信息属性，所以理论上消费者做出的菜单选择共有16种可能的属性组合，即16种猪肉轮廓，但由于在事后追溯功能的属性内涵设置中，“供应链＋内部追溯”属性包含“供应链追溯”属性，所以消费者实际选择的属性组合即猪肉轮廓共有12种，分别是轮廓 1，表示含有“供应链追溯”属性的猪肉；轮廓 2，表示含有“供应链 + 内部追溯”属性的猪肉；轮廓 3，表示含有“猪肉品质检测”属性的猪肉；轮廓 4，表示含有“质量管理体系认证”属性的猪肉；轮廓 5，表示含有“供应链追溯”和“猪肉品质检测”属性的猪肉；轮廓 6，表示含有“供应链追溯”和“质量管理体系认证”属性的猪肉；轮廓 7，表示含有“供应链 + 内部追溯”和“猪肉品质检测”属性的猪肉；轮廓 8，表示含有“供应链 + 内部追溯”和“质量管理体系认证属性”的猪肉；轮廓 9，表示含有“猪肉品质检测”和“质量管理体系认证”属性的猪肉；轮廓 10，表示含有“供应链追溯”、“猪肉品质检测”和“质量管理体系认证”属性的猪肉；轮廓 11，表示含有“供应链 + 内部追溯”、“猪肉品质检测”和“质量管理体系认证”属性的猪肉；轮廓 12，表示任何额外属性都不选择，消费者只购买普通猪肉。

二 各属性轮廓选择的统计性分析

本研究构建了 100 个菜单选择场景（10 个版本 ×10 个任务）共有 345 个实验参与者在这 100 个场景中进行菜单选择，每个场景中消费者都可以选择“所有额外属性都不选择”项，即只购买普通猪肉，表 8 - 1 显示了本研究中所有可能选择的属性框架组合及其选择频率。结果显示，参与者选择最多的是“猪肉品质检测”属性，在所有可能的选择组合中占 20.5%，参与者选择第二多的属性组合是所有额外属性都不选择（只购买普通猪肉），占 19.9%，排在第三、第四、第五的属性分别是“供应链 + 内部追溯”属性、“质量管理体系认证”属性和“供应链追溯”属性，分别占总选择组合数的 17.3%、16.4%、10.0%。总的来说，同时选择两个或两个以上属性组合的频率较低，在所有可能的选择组合中占 15.9%。从表 8 - 1 可看出，在菜单选择实验框架下，消费者多数不会选择属性的组合。相比而言，在选择实验框架下，消费者更有可能被动选择多属性组合。为使可追溯猪肉获得更大的市场份额，个性化定制可追溯信息属性是一个较优的选择。

表 8－1　实验参与者对 12 种猪肉轮廓的选择频率

单位：%

供应链追溯属性	供应链 + 内部追溯属性	猪肉品质检测属性	质量管理体系认证属性	选择频率
		√		20.46
				19.88
	√			17.25
			√	16.41
√				10.03
		√	√	4.20
	√	√		4.03
	√		√	3.80
√		√		1.36
	√	√	√	1.28
√			√	1.16
√		√	√	0.14

第二节　不同类型猪肉轮廓的市场份额估计

一　理论框架和模型选择

传统的选择实验法或联合分析法是预先设定不同属性及层次所构成的轮廓，菜单选择实验方法则是由受访者选择属性，不仅可以形成远多于选择实验法或联合分析方法下的轮廓数，而且可以有效避免属性之间的替代效应，也能更精确地模拟消费者在现实市场背景下大规模定制情形中的任务，以及通过对菜单中潜在选项的选择，更精确地度量消费者所需要的产品或服务的效用水平（Liechty 等，2001）。菜单选择实验的主要元素如表 8－2 所示。

在本书的研究中，可追溯猪肉被视为事后可追溯属性和事前质量保证属性的组合。具体而言，本书研究的可追溯猪肉类型来自“猪肉品质检测属性”、“质量管理体系认证属性”、“供应链追溯属性”、“供应链 + 内部追溯”属性这四个不同形式的属性组合。基于 Thurstone（1927），McFadden（1974）提出的随机效用框架，本书认为消费者的行为是理性的，消费者将在其预算约束下选择可追溯猪肉的信息属性，组合成自身偏好的猪肉轮廓以获得最大效用。因效用是随机的，更准确的表达是，选择概率最大的猪肉轮廓是因消费者可获得最大效用。

表 8－2　菜单选择实验的主要元素

元素术语	作用
选择集（Choice Sets）	实验参与者需要在这个选择框架中做出是否选择的决策
轮廓（Alternatives）	实验参与者从可选择的类型中最终选择出其中的一种类型
属性（Attributes）	本研究所描述的变量，使得轮廓离散且相互之间有差异
层次（Levels）	属性具有不同的数值以表明属性的不同层次

相关研究通常以可追溯猪肉信息属性所构成的猪肉轮廓作为建立效用函数的依据。由于存在多个猪肉轮廓，所以多元 Logit 模型成为主流估计工具。菜单选择实验基于随机效用理论框架，假定消费者 n 在 C（离散选择集）选择集中进行选择使自己的效用最大化。依据 Luce（1959）不相关独立选择（Independence from Irrelevant Alternatives，IIA）的假设，令 U_{nit} 为消费者 n 在 t 情景中从菜单选择集 C 中选择第 i 轮廓信息属性的直接效用。包括两个部分（Ben-Akiva & Gershenfeld，1998）：第一是确定部分 V_{nit}；第二是不可观测的随机项 ε_{nit}，即：

$$
\begin{aligned}
U_{nit} &= V_{nit} + \varepsilon_{nit} \\
V_{nit} &= \beta_i X_{nit}
\end{aligned} \tag{1}
$$

V_{nit}是效用函数的系统部分，是可测效用，由第 i 类型信息属性决定，β_i为消费者 i 的分值（Part Worth）向量，X_{nit}为第 i 类型可追溯猪肉信息轮廓的属性向量。如果 $U_{nit} > U_{njt}$，$\forall j \neq i$，消费者 n 将会在情景 t 中选择包含在选项卡 C 中第 i 轮廓的猪肉。因此消费者 n 选择第 i 轮廓猪肉的概率为：

$$
\begin{aligned}
P_{nit} &= Prob(V_{nit} + \varepsilon_{nit} > V_{njt} + \varepsilon_{njt}; \forall j \in C, \forall j \neq i) \\
&= Prob(\varepsilon_{njt} < V_{nit} - V_{njt} + \varepsilon_{nit}; \forall j \in C, \forall j \neq i)
\end{aligned} \tag{2}
$$

菜单选择实验的随机项被证明相互独立且均服从类型 I 的极值分布（Maddala，1997），即：

$$F(\varepsilon_{nit}) = \exp[-\exp(-\varepsilon_{nit})] \tag{3}$$

其概率分布函数为：

$$f(\varepsilon_{nit}) = \exp(-\varepsilon_{nit})\exp[-\exp(-\varepsilon_{nit})] = \exp(-\varepsilon_{nit})F(\varepsilon_{nit}) \tag{4}$$

这种分布可转化为一般的多项 Logit 模型：

$$\mathrm{Logit}(y) = \ln\frac{P(y=i)}{P(y=I)} = \alpha_i + \sum_{k=1}^{k} U_{ik}x_k \tag{5}$$

本研究中消费者实际选择的属性组合轮廓共有 12 种。由于每个信息属性有 5 个价格层次，所以每个菜单选择任务都需要消费者对不同价格下的属性进行选择。因此本书对效用函数的研究采用多项 Logit 模型是合适的。

对于因变量有 I 种类型的猪肉，多项 Logit 模型共有 I-1 个 Logit 模型，对于每个属性的 n_i 个层次，我们需要选定一个层次作参照，即将其系数限制为 0，估计其余的 n_i-1 个系数。这样估计的属性层次系数表示的是与参照层次的差异。因为：

$$P(y=1) + P(y=2) + ,\cdots, + P(y+I) = P(y+I)(1 + \sum_{i=1}^{I-1} e\alpha_i + \sum_{k=1}^{k} U_{ik}x_k) = 1$$

那么消费者选择某种属性轮廓的猪肉类型的概率可通过下列公式预测出来：

$$P(y=I) = \frac{1}{1 + \sum_{i=1}^{I-1} e\alpha_i + \sum_{k=1}^{k} U_{ik}x_k} \tag{6}$$

$$P(y=I-1) = \frac{e\alpha_{I-1} + \sum_{k=1}^{k} U_{i-1}kx_k}{1 + \sum_{i=1}^{I-1} e\alpha_i + \sum_{k=1}^{k} U_{ik}x_k} \tag{7}$$

……

$$P(y=1)=\frac{e\alpha_1+\sum_{k=1}^{k}U_{1k}x_k}{1+\sum_{i=1}^{1-1}e\alpha_i+\sum_{k=1}^{k}U_{ik}x_k} \tag{8}$$

进一步的，令 Y_{nit} 为消费者 n 在 t 情景中从菜单选择集 C 中选择了第 i 可追溯猪肉属性轮廓，即 Y'_{nit} = （Y_{n1t}，Y_{n2t}，…，Y_{nit}）。本研究的实验机制下，每个消费者需要完成 10 次选择任务，每个任务情形中共有 10 个类型的可追溯猪肉属性轮廓可供消费者选择。假设消费者偏好短时期内是稳定的，则消费者选择第 i 可追溯猪肉属性轮廓 Y_{nit} 的条件概率为：

$$P(Y_{nit} \mid X_{nit},\beta_{nit}) = \prod_{t=1}^{10}\frac{\exp(\beta_{nit},X_{nijt})}{\sum_{j=1}^{12}\exp(\beta_{nit},X_{nijt})} \tag{9}$$

无条件选择概率是上述（9）式有关全部 β 值的积分，表现形式为非线性，具体公式如下：

$$P(Y_{nit} \mid X_{nit}) = \int(Y_{nit} \mid X_{nit},\beta)f(\beta)d\beta \tag{10}$$

非线性估计的常用方法有最大似然估计法和贝叶斯估计方法，然而需要注意的是，最大似然估计法方法只能用于估算固定参数 Logit 模型（Fixed Parameters Logit，FPL），不仅模型在迭代过程中的收敛结果会受到参数初始值的影响，而且估计结果是全局最优还是局部最优皆难以判断（Train，2009）。由于贝叶斯估计能够基于个体样本估计出消费者的偏好特征，且推断的过程无须解出全局最优还是局部最优，估计结果的准确性和有效性均比最大似然估计法更优（Train，2009）。为规避最大似然估计法的相关缺陷，本书采用分层贝叶斯方法进行模型估计。

令 a_i 表示满足随机效应分布属性 i 的分值效用（Part-worth）值向量，期望为协变量 ω_i 的函数（Rossi 等，1996），即：

$$\begin{aligned} a_i &= \Gamma\omega_i+\varepsilon_i \\ \varepsilon_i &\sim MVN(0,V_a) \end{aligned} \tag{11}$$

其中，Γ 是回归系数矩阵。若无协变量，则 $\Gamma=0$，此时 $a_i \sim MVN$（0，V_a）（McCulloch 等，2000）。本书假设（V_a）$^{-1} \sim W$（υ_0，V_0）分布，基于

贝叶斯法则，a_i 的后验分布为：

$$h(a_i \mid Y_i, X_i, \bar{a}, V_\beta) \propto P(Y_i \mid X_i, a_i)\pi(a_i) \quad (12)$$

其中，π（a_i）为 a_i 的先验分布。

分层贝叶斯估计的形式可以表示为：

$$Y \mid X, a \quad (13)$$

$$a \mid \omega, \Gamma, V_a \quad (14)$$

$$\Gamma \mid \delta, A \quad (15)$$

$$V_a \mid V_0, V_0 \quad (16)$$

其中，（15）式和（16）式为先验分布的超参数形式。上述分层贝叶斯估计的马尔可夫链（Markov Chain）的迭代过程可描述为：首先在每一个情境任务中对于每一个个体样本，在给定的因变量 Y 和自变量 X 之后抽取 a，这个抽取过程覆盖所有样本的所有情境任务；其次给定个体层次的 a 与 V_a，抽取 Γ；再次给定 a 与 Γ，抽取 V_a。一直重复以上三个步骤直至迭代完成。

二　模型结果分析

本研究选择虚拟代码对实验数据进行编码，首先基于多项 Logit 模型研究属性价格对消费者属性轮廓选择的影响，估计消费者选择每种属性轮廓的整体概率；其次基于分层贝叶斯方法进行模型估计获得个体样本效用值，为市场份额估计提供基础数据；最后构建市场方案，基于分层贝叶斯模型估计结果，采用随机首选法对每种市场方案下各类型猪肉的市场份额进行估计。

（一）多项 Logit 模型估计

在多项 Logit 模型估计之前，首先要选取参照系，本模型将所有属性都不选择（即选择普通猪肉）为 0 参考点，基于表 8－3 显示的模型估计结果可得到每个 Logit 模型的具体表达形式。

表 8-3 多项 Logit 模型估计结果

属性价格	因变量			
	选择轮廓 1	选择轮廓 2	选择轮廓 3	选择轮廓 4
“供应链追溯”属性价格	-0.504*** (0.087)	0.076 (0.087)	0.026 (0.077)	0.173** (0.085)
“供应链+内部追溯”属性价格	0.052 (0.083)	-0.601*** (0.084)	-0.108 (0.079)	-0.286*** (0.087)
“猪肉品质检测”属性价格	-0.190*** (0.050)	-0.169*** (0.043)	-0.587*** (0.419)	-0.138*** (0.042)
“质量管理体系认证”属性价格	0.004 (0.050)	-0.017 (0.042)	-0.025 (0.041)	-0.451*** (0.044)
常数项	1.110*** (0.288)	2.182*** (0.253)	2.124*** (0.247)	2.020*** (0.254)
属性价格	因变量			
	选择轮廓 5	选择轮廓 6	选择轮廓 7	选择轮廓 8
“供应链追溯”属性价格	-0.493*** (0.190)	-0.367* (0.217)	0.217 (0.171)	0.204 (0.168)
“供应链+内部追溯”属性价格	0.216 (0.197)	0.072 (0.217)	-0.877*** (0.167)	-0.708*** (0.161)
“猪肉品质检测”属性价格	-0.817*** (0.126)	0.079 (0.126)	-0.728*** (0.081)	-0.078 (0.072)
“质量管理体系认证”属性价格	-0.029 (0.117)	-0.732*** (0.146)	0.095 (0.071)	-0.454*** (0.074)
常数项	0.297 (0.615)	-0.443 (0.668)	2.264*** (0.391)	1.566*** (0.385)
属性价格	因变量			
	选择轮廓 9	选择轮廓 10	选择轮廓 11	选择轮廓 12
“供应链追溯”属性价格	0.227 (0.145)	-1.938** (0.857)	0.005 (0.260)	0.000
“供应链+内部追溯”属性价格	-0.306** (0.149)	0.790 (0.607)	-0.584** (0.249)	0.000
“猪肉品质检测”属性价格	-0.545*** (0.069)	-1.156** (0.483)	-0.494*** (0.120)	0.000
“质量管理体系认证”属性价格	-0.397*** (0.070)	-2.166** (1.025)	-0.448*** (0.119)	0.000
常数项	1.578*** (0.377)	4.061* (2.249)	1.824*** (0.564)	0.000

同理可得另外10个Logit模型的具体表达式，然后在多项Logit模型结果的基础上对消费者选择每个属性轮廓的概率进行预测，如表8-4所示，12种属性轮廓猪肉类型的选择概率之和等于1。

表8-4　不同属性轮廓的选择概率估计结果

选择类型	概率	选择类型	概率	选择类型	概率
轮廓1	0.104	轮廓5	0.011	轮廓9	0.041
轮廓2	0.180	轮廓6	0.009	轮廓10	0.000
轮廓3	0.206	轮廓7	0.031	轮廓11	0.011
轮廓4	0.168	轮廓8	0.035	轮廓12	0.204

注：选择轮廓10的概率实际为0.00003525，由于保留三位小数，故四舍五入后的数值为0.000。

（二）HB模型估计

Orem（2013）认为分层贝叶斯估计的初始迭代次数不少于20000，每次迭代都会使得每个个体样本产生一个效用集，Orem（2013）的研究还发现当个体效用集的烧录（burn-in）图不少于200帧时才能出现持久稳定的市场份额估计，所以本研究烧录过程设定初始迭代次数为40000，且每个个体样本使用的图像数量为200，最终HB模型估计的烧录过程如图8-1所示，其中灰色区域是初始40000次的迭代过程，白色区域是印证迭代20000次的烧录过程，可以看出，虽然整个烧录过程有一些震荡，但是最

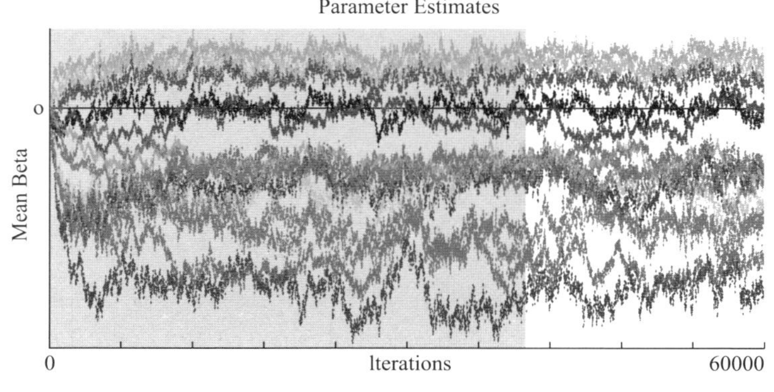

图8-1　个体效用分值烧录过程

终收敛的趋势表明了本次迭代过程没有残留。

表8-5的模型整体拟合度指标显示，百分比、方根似然、均方差、均方根四个关键指标的最终值都在其平均值附近，表明迭代过程的平稳性。其中Pct. Cert. 代表失效模型（Null Model，假设平坦效用赋值为零）和完美模型（Perfect Model）之间的百分比，RLH表示方根似然（Root Likelihood），这两个指标值大于0.5说明本模型在预测消费者选择行为上是有效的。

前文的研究结果表明消费者偏好具有异质性，所以仅仅研究消费者对可追溯猪肉信息属性的总体支付意愿对于生产者市场方案设定的实际价值有限，而基于消费者的个体偏好进行的可追溯猪肉市场份额的估计，不仅成为消费者总体支付意愿研究的重要补充，而且具有实际的市场意义。

表8-5 HB模型估计的整体拟合结果

拟合度指标	最终值	平均值
百分比（Pct. Cert）	0.596	0.595
方根似然（RLH）	0.666	0.666
均方差（Avg Variance）	13.701	15.307
均方根（RMS）	4.521	4.751

（三）RFCM方法估计

基于HB模型估计结果对实验方案中的12种类型的猪肉轮廓的市场份额进行模拟预测，借鉴黄璋如等（2009）、吴林海等（2013）学者的研究，本部分采用随机首选方法进行市场模拟，该方法假设人们都是选择效用最大的属性组合（轮廓）。

基于菜单法实验方案中可追溯猪肉属性的价格设置为5个价格层次，由此形成了本部分的5个市场方案，其中市场方案1对应“供应链追溯”、“供应链+内部追溯”、“猪肉品质检测”和“质量管理体系认证”四个属性第一层次的价格（1.3元、1.6元、1.8元、1.3元），市场方案2对应四个属性第二层次的价格（2.1元、2.5元、2.9元、2.4元），以此类推，市场方案3对应四个属性第三层次的价格（2.9元、3.4元、3.9元、3.2

元），市场方案4对应四个属性的第四层次的价格（3.7元、4.3元、5.0元、4.2元），市场方案5对应四个属性第五层次的价格（4.5元、5.2元、6.0元、5.1元）。基于HB模型估计结果，采用随机首选法对5种市场方案下的12种类型猪肉的市场份额进行估计。RFCM方法结合个体偏好的市场占有率模型与一般首选法规则，在成分效用值中增加基于特定随机误差的权重后按照与一般首选法同样的规则计算产品的市场占有率（Huber等，1999），如表8－6所示。

表8－6 5种市场方案中12种猪肉轮廓的市场份额估计

猪肉轮廓	市场方案1		市场方案2		市场方案3		市场方案4		市场方案5	
	市场份额	标准差	市场份额	标准差	市场份额	标准差	市场份额	标准差	市场份额	标准差
轮廓1	12.09%	0.0117	11.03%	0.0112	9.72%	0.0107	8.16%	0.0100	6.65%	0.0092
轮廓2	20.42%	0.0155	19.62%	0.0151	17.96%	0.0145	15.69%	0.0142	13.77%	0.0140
轮廓3	27.19%	0.0153	24.87%	0.0147	22.06%	0.0142	18.30%	0.0136	15.12%	0.0131
轮廓4	20.65%	0.0134	19.21%	0.0131	17.24%	0.0127	14.28%	0.0118	11.48%	0.0109
轮廓5	0.25%	0.0007	0.42%	0.0012	0.68%	0.0019	1.11%	0.0027	1.74%	0.0036
轮廓6	0.73%	0.0025	0.67%	0.0020	0.65%	0.0015	0.65%	0.0012	0.66%	0.0011
轮廓7	4.06%	0.0065	4.05%	0.0065	3.96%	0.0064	3.71%	0.0063	3.39%	0.0062
轮廓8	4.15%	0.0068	4.00%	0.0067	3.79%	0.0065	3.39%	0.0062	2.93%	0.0058
轮廓9	4.32%	0.0066	4.22%	0.0066	4.06%	0.0066	3.77%	0.0065	3.46%	0.0064
轮廓10	0.06%	0.0003	0.04%	0.0002	0.03%	0.0001	0.02%	0.0001	0.02%	0.0001
轮廓11	1.35%	0.0042	1.22%	0.0039	1.13%	0.0037	1.03%	0.0035	0.95%	0.0033
轮廓12	4.73%	0.0082	10.64%	0.0127	18.72%	0.0168	29.87%	0.0204	39.81%	0.0228

估计结果表明，总体来看，随着市场方案1到市场方案5“供应链追溯”、“供应链＋内部追溯”、“猪肉品质检测”和“质量管理体系认证”四种信息属性价格的上升，11种类型的可追溯猪肉的市场份额都在降低，而普通猪肉的市场份额则大幅上升，由4.73%增长到39.81%。此外，研究结果还表明，在每一种市场方案下，不同类型可追溯猪肉共同组成的市场份额远超当前热销的普通猪肉的市场份额，即使市场份额较小的具有利基产品特征的类型Ⅴ、类型Ⅺ的可追溯猪肉，其共同组成的市场份额也至

少与当前热销的普通猪肉的市场份额相匹敌。

第七章的研究结果表明，“猪肉品质检测”属性是消费者最偏好的具有事前质量保证功能的属性，“供应链 + 内部追溯”属性是消费者最偏好的具有事后追溯功能的属性。如果政府能够对这两个属性所构成的可追溯猪肉进行补贴以降低价格，则可以提高消费者的市场需求。所以本部分以“供应链追溯”和“质量管理体系认证”的平均价格（第三层次价格）分别与“猪肉品质检测”属性和“供应链 + 内部追溯”属性的第一层次价格和第二层次价格组成了 4 个新的市场方案。

其中市场方案 6 对应“供应链追溯”、“猪肉品质检测”和“质量管理体系认证”属性的第三层次价格，以及“供应链 + 内部追溯”属性的第一层次价格（2.9 元、1.6 元、3.9 元、3.2 元），也就是说，如果其他三种属性的市场价格为消费者平均支付意愿，政府对“供应链 + 内部追溯”属性补贴 3.6 元/千克。市场方案 7 对应“供应链追溯”、“猪肉品质检测”和“质量管理体系认证”属性的第三层次价格，以及“供应链 + 内部追溯”属性的第二层次价格（2.9 元、2.5 元、3.9 元、3.2 元），也就是说，如果其他三种属性的市场价格为消费者平均支付意愿，政府对“供应链 + 内部追溯”属性补贴 1.8 元/千克。市场方案 8 对应“供应链追溯”、“供应链 + 内部追溯”和“质量管理体系认证”属性的第三层次价格，以及“猪肉品质检测”属性的第一层次价格（2.9 元、3.4 元、1.8 元、3.2 元），也就是说，如果其他三种属性的市场价格为消费者平均支付意愿，政府对“猪肉品质检测”属性补贴 4.2 元/千克。市场方案 9 对应“供应链追溯”、“供应链 + 内部追溯”和“质量管理体系认证”属性的第三层次价格，以及“猪肉品质检测”属性的第二层次价格（2.9 元、3.4 元、2.9 元、3.2 元），也就是说，如果其他三种属性的市场价格为消费者平均支付意愿，政府对“猪肉品质检测”属性补贴 2.0 元/千克。然后基于 HB 模型估计结果，采用随机首选规则对 4 种市场方案下的 12 种类型猪肉的市场份额进行估计。

表 8 - 7 的估计结果表明以下几点。首先，如果对富有弹性的“猪肉品质检测”属性和“供应链 + 内部追溯”属性进行价格补贴，那么包含“猪肉

品质检测”属性和/或“供应链+内部追溯”属性的可追溯猪肉的市场份额便会明显上升，而普通猪肉的市场份额则明显下降。其次，研究结果还表明，同样的政府补贴幅度下，对“猪肉品质检测”属性补贴所提高的市场份额要高于对“供应链+内部追溯”属性补贴的市场份额，这在一定程度上也再次表明了“猪肉品质检测”属性对消费者的重要性。再次，从表8-7中可以发现，政府对“猪肉品质检测”属性和“供应链+内部追溯”属性的补贴力度越大，包含“猪肉品质检测”属性和/或“供应链+内部追溯”属性的可追溯猪肉的市场份额提升越多，相应的普通猪肉的市场份额也就下降越多。

表8-7　4种新的市场方案中12种类型猪肉的市场份额估计

猪肉轮廓	市场方案3		市场方案6		市场方案7		市场方案8		市场方案9	
	市场份额	标准差	市场份额	标准差	市场份额	标准差	市场份额	标准差	市场份额	标准差
轮廓1	9.72%	0.0107	9.78%	0.0106	9.76%	0.0107	10.43%	0.0108	10.05%	0.0107
轮廓2	17.96%	0.0145	19.47%	0.0152	18.85%	0.0148	18.99%	0.0148	18.51%	0.0146
轮廓3	22.06%	0.0142	23.30%	0.0146	22.79%	0.0145	25.45%	0.0151	23.75%	0.0146
轮廓4	17.24%	0.0127	17.47%	0.0126	17.40%	0.0126	19.01%	0.0131	18.15%	0.0129
轮廓5	0.68%	0.0019	0.40%	0.0016	0.49%	0.0016	0.66%	0.0017	0.67%	0.0018
轮廓6	0.65%	0.0015	0.45%	0.0016	0.52%	0.0015	0.64%	0.0015	0.65%	0.0015
轮廓7	3.96%	0.0064	4.12%	0.0066	4.07%	0.0065	3.98%	0.0064	3.99%	0.0064
轮廓8	3.79%	0.0065	4.03%	0.0067	3.94%	0.0067	3.94%	0.0066	3.87%	0.0066
轮廓9	4.06%	0.0066	4.19%	0.0067	4.14%	0.0066	4.18%	0.0066	4.13%	0.0066
轮廓10	0.03%	0.0001	0.03%	0.0001	0.03%	0.0001	0.06%	0.0003	0.04%	0.0002
轮廓11	1.13%	0.0037	1.16%	0.0037	1.15%	0.0037	1.25%	0.0040	1.17%	0.0038
轮廓12	18.72%	0.0168	15.59%	0.0159	16.86%	0.0163	11.40%	0.0128	15.02%	0.0150

注：市场方案3是基准方案，是四个属性的平均价格所组成的12种猪肉轮廓的市场份额。

第三节　本章小结

本章考察了消费者对可追溯猪肉属性轮廓的效用评价，并基于消费者个体偏好对不同属性轮廓可追溯猪肉的市场份额进行了估计，主要结论有以下两点。

（1）就消费者整体层面而言，基于价格约束，单个信息属性带给消费者的效用高于复合信息属性组合带给消费者的效用。特别的，如果市场供给的是包含完整的事后追溯属性和事前质量保证的全部属性的完备型可追溯猪肉，这种“凯迪拉克”式的可追溯猪肉产品将由于价格较高，超出一部分消费者的价格承受范围而导致整体市场的效用为负。此外，研究结果也表明，在菜单选择实验框架下，多数消费者不会选择属性的组合。相比而言，在选择实验框架下，消费者更有可能被迫选择多属性组合，所以菜单法下这种定制化的调查方式由于再现了消费者每天购物和选择的情形，而比选择实验等方法更有效、更精确地度量消费者所需要的产品或服务的水平。

（2）基于消费者个体偏好估计的市场份额结果进一步验证了本研究第七章的结论，即消费者愿意为具有信息属性的可追溯猪肉支付溢价，此外研究结果也表明若把不同信息属性的可追溯猪肉类型全部投放到市场中，那么普通猪肉当前的市场份额将受到很大冲击，不同信息属性的可追溯猪肉将在猪肉市场上占有绝对的竞争优势，其共同组成的市场份额将远超普通猪肉。当然在预算约束下，信息属性的价格越高，其对不同信息属性的可追溯猪肉的市场份额影响越大，所以信息属性的适度定价是非常重要的。此外，鉴于“猪肉品质检测”和“供应链＋内部追溯”是富有弹性的属性，如果政府对这两个信息属性进行补贴，将大幅扩大可追溯猪肉的市场份额。

第九章
主要研究结论与政策含义

第一节　主要研究结论

本研究针对多年来我国可追溯食品市场未有实质性发展的现实问题，以可追溯猪肉为例，从消费者异质性偏好视角研究消费者对可追溯食品信息属性的需求，构建了可追溯食品信息属性消费者偏好研究的分析框架，在理性层面系统剖析了我国食品安全的基本态势、消费者溢价支付对食品可追溯体系建设的激励以及大规模定制对可追溯食品推广的促进作用。进而以猪肉为例进行实证检验，设定含有事前质量保证功能的“猪肉品质检测”“质量管理体系认证”与事后追溯功能的“供应链追溯”“供应链+内部追溯”四种信息属性的可追溯猪肉，基于对江苏省682位消费者的问卷调查和604位实验参与者的实验数据，采用融合实验拍卖法和菜单选择实验法的序列估计方法，研究了中国消费者对可追溯猪肉信息属性的支付意愿、消费偏好以及属性间的交互关系，采用分层贝叶斯推断法和随机首选法估计个体异质性偏好下不同类型猪肉的市场份额，得到的主要结论包括以下几点。

（1）对我国食品安全基本态势的分析可知，我国的食品安全形势依然较为严峻，公众对食品安全较为不满，我国食品安全的整体水平亟待进一步提升。虽然从例行监测数据的结果来看，我国整体食品安全水平呈现“总体稳定、趋势向好”的基本态势，但是从媒体曝光的食品安全事件数上来看，近十年来食品安全事件数总体呈上升趋势，年均增长率超过20%。从消费者的评价来看，消费者对我国的食品安全现状较为担忧，10分制的评价标准下受访者的平均食品安全满意度评分仅为4.45分。此外，食品安全问题发生的区域性特征明显，西部地区相对较少，中东部地区发生事件数较多。更为重要的发现是，人为因素是中国食品安全事件频发的最主要原因，我国中小食品生产经营主体众多，规模较小且分散，食品产业链复杂且各环节均存在食品安全风险威胁，但我国食品安全监管的资源极其有限，因此在这种相对无限的风险因子和有限的监管资源的现实下，单纯依靠政府的监管这一种治理手段难以完全实现对从农田到餐桌的全程监管，消费者是食品安全的受益者，基于消费者激励视角对我国食品安全进行协同治理具有重要意义。

（2）消费者愿意为可追溯猪肉不同类型的信息属性支付溢价。与普通猪后腿肉相比，消费者愿意为具有“猪肉品质检测”信息属性的猪后腿肉多支付7.8元/千克，愿意为具有“质量管理体系认证”信息属性的猪后腿肉多支付6.4元/千克。此外，消费者愿意为具有“供应链追溯”以及“供应链+内部追溯”信息属性的可追溯猪后腿肉分别多支付5.8元/千克和6.8元/千克。值得注意的是，实验拍卖机制显示消费者最偏好的是“猪肉品质检测”属性，其次是“供应链+内部追溯”属性、“质量管理体系认证”属性以及“供应链追溯”属性，但是在引入菜单选择实验，考虑属性之间的交互关系之后，选择频率的排序从高到低依次是“猪肉品质检测”属性、“质量管理体系认证”属性、“供应链+内部追溯”属性以及“供应链追溯”属性。

（3）消费者对可追溯猪肉不同类型信息属性的偏好具有明显的异质性。相对于中青年消费者，老年消费者不愿意为具有“猪肉品质检测”信息属性支付溢价；高收入的消费者愿意为四种类型的信息支付额外溢价；高学历消费者相对于低学历者对“猪肉品质检测”“质量管理体系认证”信息属性均有较高的支付意愿；消费者对自身健康状况的评价显著正向影响其对“质量管理体系认证”信息属性的支付意愿；有过食源性疾病经历的消费者更偏好“猪肉品质检测”信息属性；对食品安全关注度较低的消费者不愿意为“质量管理体系认证”信息属性支付溢价；对当前食品安全满意度越高的消费者越偏好“质量管理体系认证”、“供应链追溯”以及“供应链+内部追溯”信息属性；对食品安全标识信任度高的消费者对“猪肉品质检测”、“供应链追溯”以及“供应链+内部追溯”属性均有较高的支付意愿。消费者对可追溯猪肉不同类型信息偏好的差异，为生产厂商细分可追溯猪肉市场提供了依据。

（4）在事前质量保证功能和事后追溯功能的信息属性中，“猪肉品质检测”属性是消费者最偏好的具有事前质量保证功能的属性，“供应链+内部追溯”属性是消费者最偏好的具有事后追溯功能的属性。在消费者预算约束下，单个信息属性带给消费者的效用高于复合信息属性带给消费者的效用。而在复合信息属性框架下，由“猪肉品质检测”属性和“供应链+内部追溯”属性组成的可追溯属性轮廓成为市场的首选；由“质量管理体系认证”属性和“供应链+内部追溯”属性组成的可追溯属性轮廓以及“猪肉品质检测”属性和“供应链追溯”属性组成的可追溯食品属性轮廓成为消费者的两个替代选择。

（5）不同类型可追溯猪肉共同占据的市场份额更大。若把不同信息属性的可追溯猪肉类型全部投放到市场中，那么普通猪肉当前的市场份额将受到很大冲击，不同信息属性的可追溯猪肉将在猪肉市场上占据绝对的竞争优势，其共同组成的市场份额将远超普通猪肉。当然在预算约束下，信息属性的价格越高，对不同信息属性的可追溯猪肉的市场份额影响越大，所以信息属性的适度定价是非常重要的。此外，“猪肉品质检测”属性和“供应链+内部追溯”属性分别是消费者最偏好的具有事前质量保证功能的属性和具有事后追溯功能的属性，如果政府对这两个信息属性进行补贴，将能大幅扩大可追溯猪肉的市场份额。

第二节　政策含义

本研究虽然以可追溯猪后腿肉为例，但是上述研究结论对完善可追溯食品市场的消费政策具有重要的参考价值。

第一，加强可追溯理念宣传，提高公众对食品可追溯体系以及可追溯食品的认知度。借助电视、广播、报纸和网络等媒体进行宣传使食品可追溯理念深入人心，通过食品可追溯努力改变公众对食品质量和安全的态度，引导公众关注并购买可追溯食品以及养成查询食品追溯信息的习惯。

第二，供应链追溯是消费者对猪肉可追溯体系事后追溯功能最基本的要求，由于目前我国市场上可追溯猪肉所包含的信息属性不全，特别是缺少源头养殖环节的追溯信息，所以政府应该综合运用政策工具将养殖环节纳入猪肉可追溯体系建设范围，提高生猪养殖者的安全生产意愿，引导养殖户做好生猪打耳标、生猪免疫、养殖记录等工作，使生猪养殖环节的信息可追溯，从而使猪肉可追溯体系事后追溯功能属性的设置完整地覆盖全程猪肉供应链的风险环节。

第三，通过定制化的方式为可追溯猪肉提供猪肉品质检测属性是可行的。消费者对事前质量保证功能的猪肉品质检测属性具有最高的支付意愿，但由于目前我国市场上可追溯猪肉所包含的信息属性并不具备事前质量保证功能，所以在猪肉可追溯体系建设和发展的初期，政府鼓励猪肉生产商在可追溯猪肉的信息属性设置中引入猪肉品质检测属性是可行的，既可以与事后追溯功能的信息属性在一定程度上相互替代与补充，又有助于保护高质量安全猪肉生产者的利益，激发猪肉生产商生产安全猪肉的内在动力。

第四，支持生产者生产具有不同属性层次组合的可追溯食品。消费者对食品质量安全的要求日益提高，并且对不同质量安全属性的偏好存在异质性，但是目前我国市场上可追溯猪肉品种存在明显的结构性失调。生产者应抓住机遇，准确把握消费者的偏好与需求，及早确定、适时调整不同层次可追溯食品的生产以及市场策略。政府应鼓励生产者生产多样的可追溯猪肉，与此同时必须充分发挥市场的决定性作用，满足不同收入消费群体的不同需求，扩大可追溯猪肉的市场份额，通过需求侧来进一步促进供给侧的结构性改革。

第五，政府制定科学合理的财政支持政策助推可追溯食品的市场推广。本研究的实证结果表明，对可追溯猪肉信息属性的价格补贴可有效促进可追溯猪肉市场份额的提升。由于我国猪肉生产企业以及猪肉供应链环节众多，政府部门难以对所有的可追溯猪肉生产商和销售商给予普惠性的财政资金支持，因此需要科学合理地设定财政资金补贴方案，以实现既能保证可追溯猪肉生产商的基本收益，又能兼顾政策效率最高以及社会福利最大的目标。“猪肉品质检测”属性和“供应链 + 内部追溯”属性是富有弹性的信息属性，如果政府能够通过实施精准减税等政策对可追溯猪肉的信息属性进行补贴以降低包含这两个信息属性的可追溯猪肉的价格，不仅可以提高消费者的需求，而且能提高相关可追溯猪肉供给商的收益，这可能会激励可追溯猪肉供给商主动提供相关质量安全信息。尤为重要的是，政府部门必须在全国范围内统一可追溯猪肉基本信息属性的标准，同时加强可追溯信息真实性的监管以保证猪肉追溯信息是有效且准确的。

当然，我国各地区的情况具有差异性，地方政府发展可追溯食品市场需要从各自的实际情况出发，实施不同的支持政策。本研究虽然是基于无锡市区的消费者样本，但我们期待把这一研究经验和基于研究获得的相关信息推广到全国，在国家层面起到引领作用。

参考文献

[1] 程明才:《HACCP在冷冻猪肉加工储运过程中的应用》,《食品与机械》2012年第2期。

[2] 董汉芳:《消费者对可追溯食品支付意愿建模及分析:潜类别模型及计算机模拟》,江南大学硕士学位论文,2014。

[3] 韩杨、乔娟:《消费者对可追溯食品的态度、购买意愿及影响因素——基于北京市调查的检验与分析》,《技术经济》2009年第4期。

[4] 何丛薇、李亚丽、高文惠:《高效液相色谱法同时检测饲料中6种农药残留》,《中国饲料》2015年第15期。

[5] 何翔等:《加拿大食品安全监管概况》,《中国卫生监督杂志》2008年第3期。

[6] 黄璋如:《消费者对蔬菜安全偏好之联合分析》,《农业技术半年刊》2009年第86期。

[7] 黄璋如、周孟萱:《以联合分析法评估有机农产品之验证政策》,《应用经济论丛》1999年第66期 。

[8] 姜利红等:《HACCP的猪肉安全生产可追溯系统溯源信息的确定》,《中国食品学报》2009年第2期。

[9] 李想、穆月英:《农户可持续生产技术采用的关联效应及影响因素——基于辽宁设施蔬菜种植户的实证分析》,《南京农业大学学报》(社会科学版)2013年第4期。

[10] 林学贵:《日本食品可追溯制度》,《世界农业》2012年第2期。

[11] 刘增金、乔娟、李秉龙:《消费者对可追溯食品购买意愿的实证分

析——基于消费者购买决策过程模型的分析》,《消费经济》2013年第29期。

[12] 马琳、顾海英:《转基因食品信息、标识政策对消费者偏好影响的实验研究》,《农业技术经济》2011年第9期。

[13] 潘丹、孔凡斌:《养殖户环境友好型畜禽粪便处理方式选择行为分析——以生猪养殖为例》,《中国农村经济》2015年第9期。

[14] 孙剑、李崇光、黄宗煌:《绿色食品信息、价值属性对绿色购买行为影响实证研究》,《管理学报》2010年第7期。

[15] 孙世民、张媛媛、张健如:《基于Logit-ISM模型的养猪场(户)良好质量安全行为实施意愿影响因素的实证分析》,《中国农村经济》2012年第10期。

[16] 王怀明:《费者对食品质量安全标识支付意愿实证研究——以南京市猪肉消费为例》,《南京农业大学学报》(社会科学版)2011年第1期。

[17] 王磊、梁开、戴更新:《 产品替代度与分销渠道的价格竞争》,《科研管理》2005年第11期。

[18] 王立方、陆昌华、谢菊芳:《家畜和畜产品可追溯系统研究进展》,《农业工程学报》2005年第21期。

[19] 王一舟、王瑞梅、修文彦:《消费者对蔬菜可追溯标签的认知及支付意愿研究——以北京市为例》,《中国农业大学学报》2013年第3期。

[20] 魏益民、刘为军:《澳大利亚、新西兰食品召回体系及其借鉴》,《中国食物与营养》2015年第4期。

[21] 吴林海、卜凡、朱淀:《消费者对含有不同质量安全信息可追溯猪肉的消费偏好分析》,《中国农村经济》2012年第10期。

[22] 吴林海、刘晓琳、卜凡:《中国食品安全监管机制改革的思考:安全信息不对称的视角》,《江南大学学报》(人文社会科学版)2011年第5期。

[23] 吴林海、秦沙沙、朱淀、李清光:《可追溯猪肉原产地属性与可追溯信息属性的消费者偏好分析》,《中国农村经济》2015年第6期。

[24] 吴林海、王红纱、刘晓琳:《可追溯猪肉:信息组合与消费者支付意

愿》，《中国人口·资源与环境》2014年第24期。
[25] 吴林海、王红纱、朱淀等：《消费者对不同层次安全信息可追溯猪肉的支付意愿研究》，《中国人口·资源与环境》2013年第8期。
[26] 吴林海、王淑娴：《消费者对可追溯食品属性的偏好和支付意愿：猪肉的案例》，《中国农村经济》2014年第8期。
[27] 吴林海、王淑娴、徐玲玲：《可追溯食品市场消费需求研究：以可追溯猪肉为例》，《公共管理学报》2013年第3期。
[28] 吴林海、王淑娴、朱淀：《消费者对可追溯食品属性偏好研究：基于选择的联合分析方法》，《农业技术经济》2015年第4期。
[29] 吴林海、徐玲玲、尹世久：《中国食品安全发展报告（2015）》，北京大学出版社，2015。
[30] 吴林海、钟颖琦、洪巍、吴治海：《基于随机n价实验拍卖的消费者食品安全风险感知与补偿意愿研究》，《中国农村观察》2014年第2期。
[31] 吴林海等：《影响消费者对可追溯食品额外价格支付意愿与支付水平的主要因素——基于Logistic、Interval Censored的回归分析》，《中国农村经济》2010年第1期。
[32] 谢康、赖金天、肖静华：《食品安全社会共治下供应链质量协同特征与制度需求》，《管理评论》2015年第2期。
[33] 徐玲玲：《食品可追溯体系中消费者行为研究》，江南大学硕士学位论文，2010。
[34] 徐玲玲、刘晓琳、应瑞瑶：《可追溯猪肉：生产与消费政策》，《中国人口·资源与环境》2014年第4期。
[35] 闫海、徐岑：《我国食品安全认证制度构建：以信息规制为视角》，《长白学刊》2013年第1期。
[36] 尹世久：《信息不对称、认证有效性与消费者偏好：以有机食品为例》，中国社会科学出版社，2013。
[37] 尹世久、陈默、徐迎军：《食品安全认证标识如何影响消费者偏好？》，《华中农业大学学报》（社会科学版）2015年第2期。
[38] 张彩萍、白军飞、蒋竞：《认证对消费者支付意愿的影响：以可追溯

牛奶为例》,《农村经济》2014 年第 8 期。

[39] 张漪、章平:《基于贝叶品质量安全追溯体系中的农户行为分析》,《浙江大学学报》(人文社会科学版) 2007 年第 3 期。

[40] 张振、乔娟、黄圣男:《基于异质性的消费者食品安全属性偏好行为研究》,《农业技术经济》2013 年第 5 期。

[41] 赵荣、乔娟:《农户参与蔬菜追溯体系行为、认知和利益变化分析》,《中国农业大学学报》2011 年第 3 期。

[42] 赵卫红、刘秀娟:《消费者对可追溯性蔬菜的购买意愿的实证研究》,《农村经济》2013 年第 1 期。

[43] 周洁红、李凯:《农产品可追溯体系建设中农户生产档案记录行为的实证分析》,《中国农村经济》2013 年第 5 期。

[44] 周应恒、王晓晴、耿献辉:《消费者对加贴信息可追溯标签牛肉的购买行为分析——基于上海市家乐福超市的调查》,《中国农村经济》2008 年第 5 期。

[45] 朱淀、蔡杰、王红纱:《消费者食品安全信息需求与支付意愿研究:基于可追溯猪肉不同层次安全信息的 BDM 机制研究》,《公共管理学报》2013 年第 3 期。

[46] Abidoye, B. O., Bulut, H., Lawrence, J. D., Mennecke, B. and Townsend, A. M., "US Consumers' Valuation of Quality Attributes in Beef Products," *Journal of Agricultural and Applied Economics*, 2011 (1): 544 – 560.

[47] Adelman, I. and Griliches, Z., "On an Index of Quality Change," *Journal of the American Statistical Association*, 1961, 56: 535 – 548.

[48] Adrian, J. and Daniel, R., "Impacts of Socioeconomic Factors on Consumption of Selected Food nutrients in the United States," *American Journal of Agricultural Economics*, 1976, 58: 31 – 38.

[49] Alfnes, F. and Rickertsen, K., "European Consumers Willingness to Pay for U. S. Beef in Experimental Auction Markets," *American Journal of Agricultural Economics*, 2003, 85 (2): 396 – 405.

[50] Allenby, G. M. and Rossi, P. E., "Marketing Models of Consumer Heterogeneity," *Journal of Econometrics*, 1998, 89: 57-78.

[51] Anderson, *Long Tail: Why the Future of Business is Selling Less of More*, New York: Hyperion Books, 2008.

[52] Angulo, A. M. and Gil, J. M., "Risk Perception and Consumer Willingness to Pay for Certified Beef in Spain," *Food Quality and Preference*, 2007, 18 (8): 1106-1117.

[53] Angulo, A. M., Gil, J. M. and Tamburo, L., "Food Safety and Consumers' Willingness to Pay for Labelled Beef in Spain," *Journal of Food Products Marketing*, 2005, 11 (3): 89-105.

[54] Arrow, K., "Rational Choice Functions and Orderings," *Economica, n. s.*, 1959, 26: 121-127.

[55] Aung, M., Chang, Y. S., "Traceability in a Food Supply Chain: Safety and Quality Perspectives," *Food Control*. 2014, 39: 172-184.

[56] Aung, M. M. and Chang, Y. S., "Traceability in a Food Supply Chain: Safety and Quality Perspectives," *Food Control*, 2014, 39 (5): 172-184.

[57] Ausubel, L. M., Milgrom, P., "Combinatorial Auctions: The Lovely but Lonely Vickrey Auction," MIT Press, 2006, 17-40.

[58] Avery, R. J., "Determinants of Search for Nondurable Goods: An Empirical Assessment of the Economics of Information Theory," *Journal of Consumer Affairs*, 1996, 30 (2): 390-420.

[59] Bai, J., Zhang, C. and Jiang, J., "The Role of Certificate Issuer on Consumers' Willingness to Pay for Milk Traceability in China," *Agricultural Economics*, 2013, 44 (4): 537-544.

[60] Bandyopadhyay, T., Dasgupta, I. and Pattanaik, K., "A General Revealed Preference Theorem for Stochastic Demand," *Economic Theory*, 2004, 23: 589-599.

[61] Banterle, A. and Stranieri, S., "Information, Labelling, and Vertical

Coordination: An Analysis of the Italia Meat Supply Networks," *Agribusiness*, 2008b, 24 (3): 320 - 331.

[62] Banterle, A. and Stranieri, S., "The Consequences of Voluntary Traceability System for Supply Chain Relationships: An Application of Transaction Cost Economics," *Food Policy*, 2008a, 33, 560 - 569.

[63] Ben-Akiva, M., Gershenfeld, S., "Multi-featured Products and Services: Analysing Pricing and Bundling Strategies," *Journal of Forecasting*, 1998, 17 (3 - 4): 175 - 196.

[64] Binmore, K., *Interpersonal Comparison of Utility*, In The Oxford Handbook of Philosophy of Economics, edited by Kincaid, H. and Ross, D., Oxford: Oxford University Press.

[65] Blend, J. R. and Ravenswaay, E. O., "Measuring Consumer Demand for Ecolabeled Apples," *American Journal of Agricultural Economics*, 1999, 81: 1072 - 1077.

[66] Brester, G. W. and Schroeder, T. C., "The Impacts of Brand and Generic Advertising on Meat Demand," *American Journal of Agricultural Economics*, 1995, 77: 969 - 979.

[67] Brown, D. J. and Schrader, L. F., "Cholesterol Information and Shell Egg Consumption," *American Journal of Agricultural Economics*, 1990, 72: 548 - 555.

[68] Brown, J. D., "Effect of a Health Hazard "Scare" on Consumer Demand," *American Journal of Agricultural Economics*, 1969, 51: 676 - 678.

[69] Brynjolfsson, E., Hu, Y. and Smith, M. D., "Research Commentary-long Tails vs. Superstars: The Effect of Information Technology on Product Variety and Sales Concentration Patterns," *Information Systems Research*, 2010a, 21 (4): 736 - 747.

[70] Brynjolfsson, E., Jeffrey, Y. and Smith, M. D., "From Niches to Riches: The Anatomy of the Long Tail," *MIT Sloan Management Review*, 2006, 47: 67 - 71.

[71] Buhr, B. L., "Traceability and Information Technology in the Meat Supply Chain: Implications for Firm Organization and Market Structure," *Journal of Food Distribution Research*, 2003, 34 (3): 13 - 26.

[72] Burk, M. C., *Influences of Economic and Social Factors on U. S. Food Consumption*, Burk Marguerite C. 1961.

[73] Campbell, D. and Doherty, E., "Combining Discrete and Continuous Mixing Distributions to Identify Niche Markets for Food," *European Review of Agricultural Economics*, 2013, 40 (2): 287 - 312.

[74] Capps, O., and Schimtz, J. D., "A Recognition of Health and Nutrition Factors in Food DemandAnalysis," *Western Journal of Agricultural Economics*, 1991, 16: 21 - 35.

[75] Caswell, J. A. and Mojduszka, E. M., "Using Informational Labeling to Influence the Market for Quality in Food Products," *American Journal of Agricultural Economics*, 1996, 78: 1248 - 1253.

[76] Caswell, J. A. and Padberg, D. I., "Toward a More Comprehensive Theory for Food Labels," *American Journal of Agricultural Economics*, 1992, 74: 460 - 468.

[77] Caswell, J. A., ed., *Economics of Food Safety*, New York: Elsevier, 1991.

[78] Caswell, J. A., ed., *Valuing Food Safety and Nutrition*, Boulder, CO: Westview Press, 1995.

[79] Caswell, J. A., Mojduszka, E. M., "Using Informational Labeling to Influence the Market for Quality in Food Products," *American Journal of Agricultural Economics*, 1996, 78: 1248 - 1253.

[80] Chang, C., Chen, H., "I Want Products My Own Way, But Which Way? The Effects of Different Product Categories and Cues on Customer Responses to Web-based Customizations," *Cyberpsychology & Behavior*, 2009, 12 (1): 7 - 14.

[81] Chang, J. B., Lusk, J. L. and Norwood, F. B., "How Closely Do Hy-

pothetical Surveys and Laboratory Experiments Predict Field Behavior?" *American Journal of Agricultural Economics*, 2009, 91 (2): 518 - 534.

[82] Charlier, C., Valceschini, E., "Coordination for Traceability in the Food Chain: A Critical Appraisal of European Regulation," *European Journal of Law and Economics*, 2008, 25: 1 - 15.

[83] Chern, W. S., Loehman, E. T. and Yen, S. T., "Information, Health Risk Beliefs and the Demand for Fats and Oils," *Review of Economics and Statistics*, 1995, 77 (3): 555 - 564.

[84] Choi, T. M., Li, D. and Yan, H., "Mean-variance Analysis of a Single Supplier and Retailer Supply Chain under a Returns Policy," *European Journal of Operational Research*, 2008, 184 (1): 356 - 376.

[85] Chul, W. Y., Srikanth, P. and Rajiv, K., "Knowing about Your Food from the Farm to the Table: Using Information Systems that Reduce Information Asymmetry and Health Risks in Retail Contexts," *Information & Management*, 2015, 52 : 692 - 709.

[86] Clemens, R., Meat Traceability and Consumer Assurance in Japan, MATRIC Briefing Paper, Midwest Agribusiness Trade Research and Information Center, Iowa StateUniversity, 2003.

[87] Combris, P., Lecoq, S. and Visser, M., "Estimation of a Hedonic Price Equation for Bordeaux Wine: Does Quality Matter?" *The Economic Journal*, 1997, 107: 309 - 402.

[88] Darby, K., Batte, T. M., Ernst, S. and Roe, B. E., "Decomposing Local: A Conjoint Analysis of Locally Produced Foods," *American Journal of Agricultural Economics*, 2008, 90 (2): 476 - 486.

[89] Darby, M. R. and Karni, E., "Free Competition and the Optimal Amount of Fraud," *Journal of Law and Economics*, 1973, 16 (1): 67 - 88.

[90] Darby, M. R. and Karni, E., "Free Competition and the Optimal Amount of Fraud," *Journal of Law and Economics*, 1973, 16: 67 - 86.

[91] David, L., Laping, W., Olynk, N. J., "Modeling Heterogeneity in

Consumer Preferences for Select food Safety Attributes in China," *Food Policy*, 2011, 36 : 318 – 324.

[92] David, L., Wang, H., Nicole, J., "Olynk Widmar: Welfare and Market Impacts of Food Safety Measures in China: Results from Urban Consumers' Valuation of Product Attributes," *Journal of Integrative Agriculture*, 2014, 13 (6): 1404 – 1411.

[93] Dawes, R. M. and Corrigan, B., "Linear Models in Decision Making," *Psychological Bulletin*, 1974, 81: 95 – 100.

[94] Diamond, P. A., Hausman, J. A., "Contingent Valuation: Is Some Number Better than No Number?" *The Journal of Economic Perspectives*, 1994, 8 (4): 45 – 64.

[95] Dickinson, D. L. and Bailey, D. V., "Meat Traceability: Are U. S. Consumers Willing to Pay For It?" *Journal of Agricultural & Resource Economics*, 2002, 27 (02): 348 – 364.

[96] Ding, M. and Huber, J., "When Is Hypothetical Bias a Problem in Choice Tasks and What Can We Do About It?" *Sawtooth Software Conference Proceedings*, 2009: 263 – 272.

[97] Dixon, H., "The General Theory of Household and Market Contingent Demand ," *Manchester School of Economic & Social Studies*, 1987, 55 (3): 287 – 304.

[98] Fabrizio, D., Paolo, G., Cristina, T., "Traceability Issues in Food Supply Chain Management: A Review," *Biosystems Engineering*, 2014 (120): 65 – 80.

[99] Foster, W. and Just, R. E., "Measuring Welfare Effects of Product Contamination with Consumer Uncertainty," *Journal of Environmental Economics and Management*, 1989, 17: 266 – 283.

[100] Freebairn, J. W., "Grading as a Market Innovation," *Review of Marketing and Agricultural Economics*, 1967, 35: 147 – 162.

[101] Ginon, E., Combris, P., Loheac, Y., "What Do We Learn From

Comparing Hedonic Scores and Willingness-to-pay Data?" *Food Quality and Preference*, 2014, 33: 54 –63.

[102] Ginon, E. C., Chabanet, P. and Combris, S. I., "Are Decisions in a Real Choice Experiment Consistent With Reservation Prices Elicited with BDM 'Auction'? The Case of French Baguettes," *Food Quality and Preference*, 2014 31: 173 –180.

[103] Golan, E. and Unnevehr, L. J., "Food Product Composition, Consumer Health, and Public Policy," *Food Policy*, 2008, 33 (6): 465 –469.

[104] Golan, E., Krissoff, B., Kuchler, F., Calvin, L., Nelson, K. and Price, G., "Traceability in the U. S. Food Supply: Economic Theory and Industrial Studies," *Agricultural Economic Report*, 2004: 830.

[105] Golan, E., Krissoff, B., Kuchler, F., et al., "Traceability in the US Food Supply: Dead End or Superhighway?" *The Magazine of Food, Farm & Resource Issues*, 2003, 18 (2): 17 –20.

[106] Golan, E., Kuchler, L., Mitchell, C., and Jessup, A., "Economics of Food Labeling," *Journal of Consumer Policy*, 2001, 24: 117 –184.

[107] Greene, W. H., *Econometric Analysis*, Granite Hill Publishers, 2008.

[108] Gruere, P., Carter, A., Farzin, Y. H., "What Labelling Policy for Consumer Choice? The Case of Genetically Modified Food in Canada and Europe," *Canadian Economics Association*, 2008, 41 (4): 1472 –1497.

[109] Hanemann, M. M., Kanninen, B., "The Statistical Analysis of Discrete-response CV Data," *American Journal of Agricultural Economics*, 1998, 80 (1): 64 –75.

[110] Hayes, D. J., Shogren, J. F., Shin, S. Y. and Kliebenstein, J. B., "Valuing Food Safety in Experimental Auction Markets," *American Journal of Agricultural Economics*, 1995, 77: 40 –53.

[111] Hensher, D. A., Rose, M., William, H., *Applied Choice Analysis: A Primer*, Cambridge University Press, 2005.

[112] Hobbs, J. E., Sanderson, K. and Haghiri, M., "Evaluating Willing-

ness to Pay for Bison Attributes: an Experimental Auction Approach," *Canadian Journal of Agricultural*, 2006, 54 (2): 269 -287.

[113] Hobbs, J. E., "Information Asymmetry and the Role of Traceability Systems," *Agribusiness*, 2004, 20 (4): 397 -415.

[114] Hoffman, E., Menkhaus, D., Chakravarti, D., Field, R. and Whipple, G., "Using Laboratory Experimental Auctions in Marketing Research: A Case Study of New Packaging for Fresh Beef," *Marketing Science*, 1993, 12: 318 -338.

[115] Huffman, W. E., Rousu, J. F. and Shogren, E., "The Effects of Prior Beliefs and Learning on Consumers' Acceptance of Genetically Modified Foods," *Journal of Economic Behavior & Organization*, 2007, 63 (1): 193 -206.

[116] Ippolito, P. M. and Mathios, A. D., "Information, Advertising and Health Choices: A Study of the Cereal Market," *Rand Journal of Economics*, 1993, 21 (3): 459 -480.

[117] Jaeger, S. R., Lusk, J. L., House, L. O., "The Use of Non-hypothetical Experimental Markets for Measuring the Acceptance of Genetically Modified Foods," *Food Quality and Preference*, 2004, 15 (7): 701 -714.

[118] Jehle, G. A. and Reny, P. J., *Advanced Microeconomic Theory (Third Edition)*, Financial Times/ Prentice Hall, 2013.

[119] Jill, E., Deevon, B., Dickinson, D. L. and Haghiri, M., "Traceability in the Canadian Red Meat Sector: Do Consumers Care?" *Canadian Journal of Agricultural Economics*, 2005, 53 (1): 47 -65.

[120] Jin, S., Zhou, L., "Consumer Interest in Information Provided by Food Traceability Systems in Japan," *Food Quality and Preference*, 2014, 36: 144 -152.

[121] Judith, H. W., Brian, D. T., Randi, P. and Paul, D. B., "The Effect of Co-branding on Search, Experience and Credence Attribute

Performance Ratings Before and After Product Trial Chicago," *American Marketing AssociationConference Proceedings*, 2000, 11: 117.

[122] Kher, S. V., Frewer, L. J., Jonge, J. D., Wentholt, M., Davies, O. H. and Luijckx, N. B. L., "Experts' Perspectives on the Implementation of Traceability in Europe," *British Food Journal*, 2010, 112 (3): 261-274.

[123] Kinsey, J., "Working Wives and the Marginal Propensity to Consume Food Away from Home," *American Journal of Agricultural Economics*, 1983, 65: 10-19.

[124] Kokoski, M. F., "An Empirical Analysis of Intertemporal and DemographicVariations in Consumer Preferences," *American Journal of Agricultural Economics*, 1986, 68: 894-907.

[125] Kumar, A., Smith, M. D., Telang, R., "Information Discovery and the Long Tail of Motion Picture Content," Mis Quarterly, 2014, 38 (4): 1057-1078.

[126] Ladd, G. W. and Suvannunt, V., "A Model of Consumer Goods Characteristics," *American Journal of Agricultural Economics*, 1976, 58: 504-510.

[127] Lancaster, K. J., *Consumer Demand: A New Approach*, NewYork: Columbia University Press, 1971.

[128] Lancaster, K. J., "A New Approach to Consumer Theory," *Journal of Political Economy*, 1996, 4 (2): 132-157.

[129] Lee, J., Lee, J.-N. and Shin, H., "The Long Tail or the Short Tail: The Category-specific Impact of eWOM on Sales Distribution," *Decision Support Systems*, 2011, 51 (3): 466-479.

[130] Liddell, S. and Bailey., D. V., "Market Opportunities and Threats to the U. S. Pork Industry Posed by Traceability Systems," *International Food and Agribusiness Management Review*, 2001, 3: 287-302.

[131] Liechty, J., Ramaswamy, V. and Cohen, S. H., "Choice Menus for

Mass Customization: An Experimental Approach for Analyzing Customer Demand with an Application to a Web-based Information Service," *Journal of Marketing research*, 2001, 38 (2): 183 - 196.

[132] Lijenstolpe, C., "Evaluating Animal Welfare with Choice Experiments: An Application to Swedish Pig Production," *Agribusiness*, 2008, 24 (1): 67 - 84.

[133] Lim, K. H., Hu, W., Maynard, L. J., Goddard, E., "A Taste for Safer Beef? How Much Does Consumers' Perceived Risk Influence Willingness to Pay for Country of Origin Labeled Beef," *Agribusiness*, 2014, 30 (1): 17 - 30.

[134] Lim, K. H., Hu, W. Y., Maynard, L. J. and Goddard, E. U. S., "Consumers' Preference and Willingness to Pay for Country-of-Origin-Labeled Beef Steak and Food Safety Enhancements," *Canadian Journal of Agricultural Economics*, 2013, 61: 93 - 118.

[135] Liu, L., Dukes, A., "Consumer Search with Limited Product Evaluation," *Journal of Economics & Management Strategy*, 2016, 25 (1): 32 - 55

[136] Loebnitz, N., Loose, S. M., Grunert, K. G., "Impacts of Situational Factors on Process Attribute Uses for Food Purchases," *Food Quality and Preference*, 2015, 44: 84 - 91.

[137] Loureiro, M. L. and Lotabe, J., "Do Fair Trade and Eco-Labels in Coffee Wake Up the Consumer Conscience?" *Ecological Economics*, 2005, 53: 129 - 138.

[138] Loureiro, M. L. and Umberger, W. J., "A Choice Experiment Model for Beef: What US Consumer Responses Tell Us about Relative Preferences for Food Safety, Country-of-origin Labeling and Traceability," *Food Policy*, 2007, 32 (4): 496 - 514.

[139] Louviere, J., Flynn, T. and Carson, R., "Discrete Choice Experiments are not Conjoint Analysis," *Journal of Choice Modelling*, 2010,

3: 57 -72.

[140] Louviere, J., Flynn, T. N., Carson, R., "Discrete Choice Experiments are not Conjoint Analysis," *Journal of Choice Modelling*, 2010 (3): 57 -72.

[141] Louviere, J., Hensher, D. A. and Swait, J. D., *Stated Choice Methods: Analysis and Applications*, Cambridge University Press, 2000.

[142] Louviere, J. J. and Woodworth, G., "Design and Analysis of Simulated Consumer Choice or Allocation Experiments: An Approach Based on Aggregate Data," *Journal of Marketing Research*, 1983, 20: 350 -367.

[143] Lusk, J. L. and Coble, K. H., "Risk Perceptions, Risk Preference, and Acceptance of Risky Food," *American Journal of Agricultural Economics*, 2005, 87 (2): 393 -405.

[144] Lusk, J. L., Feldkamp, T. and Schroeder, T. C., "Experimental Auction Procedure: Impact on Valuation of Quality Differentiated Goods," *American Journal of Agricultural Economics*, 2004, 86 (2): 389 -405.

[145] Lusk, J. L., Jamal, M., Kurlander, L., Roucan, M. and Taulman, L., "A Meta Analysis of Genetically Modified Food Valuation Studies," *Journal of Agricultural and Resource Economics*, 2005, 30: 28 -44.

[146] Mahanti, A., Carlsson, N., Arlitt, M. and Williamson, C., "A Tale of the Tails: Power-laws in Internet Measurements," *IEEE Network*, 2013, 27 (1): 59 -64.

[147] Marsh, T. L., Schroeder, T. C. and Mintert, J., "Impacts of Meat Product Recalls on Consumer Demand in the USA," *Applied Economics*, 2004, 36: 897 -909.

[148] Maslow, A. H., "A Theory of Human Motivation," *Psych Rev.*, 1943, 50: 370 -396.

[149] Mas-Colell, A., *Microeconomic Theory*, Oxford University Press, 1995.

[150] Mazzocchi, M., Stefani, G. and Henson, S. J., "Consumer Welfare and the Loss Induced by Withholding Information: The Case of BSE in

Italy," *Journal of Agricultural Economics*, 2004, 55: 41 –58.

[151] McCluskey, J. J. and Costanigro, M., *Hedonic Analysis and Product Characteristic Models. In Oxford Handbook on the Economics of Food Consumption and Policy*, Oxford, UK: Oxford University Press, 2010.

[152] McCluskey, J. J., "A Game Theoretic Approach to Organic Foods: An Analysis of Asymmetric Information and Policy," *Agricultural and Resource Economics Review*, 2000, 29: 1 –9.

[153] McFadden, D., "Conditional Logit Analysis of Qualitative Choice Behavior," *In Frontiers in Econometrics*, ed. P. Zarembka, New York: Academic Press, 1974.

[154] Mead, P. S., Slutsker, L., Dietz, V., McCaig, L. F., Bresee, J. S., Shapiro, C., Griffin, P. M. and Tauxe, R. V., "Food-Related Illness and Death in the United States," *Emerging Infectious Diseases*, 1999, 5 (5): 607 –625.

[155] Meenakshi, J. V., Banerji, A., Victor, M., Keith, T., Nitya, M. and Pricilla, H., "Using a Discrete Choice Experiment to Elicit the Demand for a Nutritious Food: Willingness-to-pay for Orange Maize in Rural Zambia," *Journal of Health Economics*, 2012 (31): 62 –71.

[156] Mennecke, B. E., Townsend, A. M., Hayes, D. J. and Lonergan, S. M, "A Study of the Factors that Influence Consumer Attitudes Toward Beef Products Using the Conjoint Market Analysis Tool," *Journal of animal science*, 2007, 85 (10) : 2639 –2659.

[157] Menozzi, D., Halawany-Darson, R., Mora, C. and Giraud, G., "Motives Towards Traceable Food Choice: A Comparison between French and Italian Consumers," *Food Control*, 2015, 49: 40 –48.

[158] Michiel, P. M., Krom, D., "Understanding Consumer Rationalities: Consumer Involvement in European Food Safety Governance of Avian Influenza," *Sociologia Ruralis*, 2009, 49 (1): 1 –19.

[159] Misra, S. K., Huang, C. L. and Ott, S. L., "Consumer Willingness

to Pay for Pesticide Free Fresh Produce," *Western Journal of Agricultural Economics*, 1991, 16: 218 - 227.

[160] Mitchell, L., "Impact of Consumer Demand for Animal Welfare on Global Trade," In *Changing Structure of Global Food Consumption and Trade*, Washington DC: Economic Research Service, USDA, 2001.

[161] Moe, T., "Perspectives on Traceability in Food Manufacture," *Trends in Food Science & Technology*, 1998, 9 (5), 211 - 214.

[162] Morteza, H., "An Evaluation of Consumers' Preferences for Certified Farmed Atlantic Salmon," *British Food Journal*, 2014, 116 (7): 1092 - 1105.

[163] Nelson, P., "Advertising as Information," *Journal of Political Economy*, 1974, 78 (3): 311 - 329.

[164] Nelson, P., "Information and Consumer Behavior," *Journal of Political Economy*, 1970, 78 (2): 311 - 329.

[165] Nelson, P., "Information and Consumer Behavior," *Journal of Political Economy*, 1970, 78 (2): 311 - 329.

[166] Nerlove, M. and Waugh, F. V., "Advertising Without Supply Control: Some Implications of a Study of the Advertising of Oranges," *Journal of Farm Economics*, 1961, 43: 813 - 837.

[167] Olesen, I., Alfnes, F. and Røra, M. B., "Eliciting Consumers' Willingness to Pay for Organic and Welfare-labelled Salmon in a Non-hypothetical Choice Experiment," *Livestock Science*, 2010, 127 (2): 218 - 226.

[168] Olmedilla, M., Martinez-Torres, M. R., Toral, S. L., "Examining the Power-law Distribution among eWOM Communities: a Characterisation Approach of the Long Tail," *Technology Analysis & Strategic Management*, 2016, 28 (5): 601 - 613.

[169] Olmstead, A. and Rhode, P., "Hog Round Marketing, Mongrelized Seed, and Government Policy: Institutional Change in U. S. Cotton Production, 1920 - 1960," *Journal of Economic History*, 2003, 63: 447 - 488.

[170] Olsen, P. and Borit, M., "How to Define Traceability," *Trends Food Sci Technol*, 2013, 29: 142 – 150.

[171] Olynk, N. J., Tonsor, G. T. and Wolf, C. A., "Consumer Willingness to Pay for Livestock Credence Attribute Claim Verification," *Journal of Agricultural and Resource Economics*, 2010, 35 (2), 261 – 280.

[172] Opara, L. U., "Traceability in Agriculture and Food Supply Chain: A Review of Basic Concepts, Technological Implications and Future Prospects," *Journal of Food Agriculture and Environment*, 2003, 1 (1): 101 – 106.

[173] Orme, B. K., *Menu-Based Choice Modeling Using Traditional Tools*, Sawtooth Software Conference Proceedings, Sequim, WA, 2010a.

[174] Orme, B. K., *Software for Menu-Based Choice Analysis*, Sawtooth Software Conference Proceedings, Sequim, WA, 2012.

[175] Orme, B. K., *Task Order Effects in Menu-Based Choice*, Sawtooth Software, 2010b.

[176] Orme, U. T., *Software for Menu-Based Choice Analysis*, Sawtooth Software Conference Proceedings, Sequim, WA, 2013.

[177] Ortega, D. L., Wang, H. H., Wu, L. and Olynk, N. J., "Modeling Heterogeneity in Consumer Preferences for Select Food Safety Attributes in China," *Food Policy*, 2011, 36: 318 – 324.

[178] Pang, Z., Chen, Q., Han, W., Zheng, L., "Value-centric Design of the Internet-of-things Solution for Food Supply Chain: Value Creation, Sensor Portfolio and Information Fusion," *Inf Syst Front*, 2012, 17: 289 – 319.

[179] Patterson, P. M., Olofsson, H., Richards, T. J. and Sass, S., "An Empirical Analysis of State Agricultural Product Promotions: A Case Study on Arizona Grown," *Agribusiness*, 1999, 15 (2): 179 – 196.

[180] Pizzuti T., Mirabelli, G., "The Global Track&Trace System for food: General Framework and Functioning Principles," *Journal of Food Engi-*

neering, 2015 (159): 16 – 35.

[181] Pouliot, S. and Sumner, D. A., "Traceability, Recalls, Industry Reputation and Product Safety," *European Review of Agricultural Economics*, 2013, 40: 121 – 142.

[182] Randall, A. and Stoll, J. R., "Consumer's Surplus in Commodity Space," *American Economic Review*, 1980, 71: 449 – 457.

[183] Reid, L. M., O'Donnell, C. P., Downey, G., "Recent Technological Advances Forthe Determination of Food Authenticity," *Trends in Food Science & Technology*, 2006, 17, 344 – 353.

[184] Resende-Filho, M. A. and Buhr, B. L., "A Principal-agent Model for Evaluating the Ecomomic Value of a Traceability System: a Case Study with Injection-site Lesion Control in Fed Cattle," *American Journal Agricultural Economics*, 2008, 90 (4): 1091 – 1102.

[185] Rijswijk, W., Frewer, L. J., Menozzi, D. and Faioli, G., "Consumer Perceptions of Traceability: A Cross-national Comparison of the Associated Benefits," *Food Quality and Preference*, 2008, 19: 295 – 301.

[186] Roe, B. and Sheldon, I., "Credence Good Labeling: The Efficiency and Distributional Implications of Several Policy Approaches," *American Journal of Agricultural Economics*, 2007, 89 (4): 1020 – 1033.

[187] Rousu, M., Huffman, W., Shogren, J. F. and Tegene, A., "Effects and Value of Verifiable Information in a Controversial Market: Evidence from Lab Auctions of Genetically Modified Food," *Economics Inquiry*, 2007, 45: 409 – 432.

[188] Ruviaro, C. F., Barcellos, J. O., Dewes, H., "Market-oriented Cattle Traceability in the Brazilian Legal Amazon," *Land Use Policy*, 2014, 38: 104 – 110.

[189] Sarig, Y., "Traceability of Food Products. Agricultural Engineering International: the CIGR Journal of Scientific Research and Development," Invited Overview Paper, 2003.

[190] Schnettler, B., Vidal, R., Silva, R., Vallejos, L. and Sepulveda, N., "Consumer Willingness to Pay for Beef Meat in a Developing Country: The Effect of Information Regarding Country of Origin, Price and Animal Handling Prior to Slaughter," *Food Quality and Preference*, 2009, 20: 156-165.

[191] Sterling, B., Gooch, M., Dent, B., et al., "Assessing the Value and Role of Seafood Traceability from an Entire Value-Chain Perspective," *Comprehensive Reviews in Food Science and Food Safety*, 2015 (14): 205-243.

[192] Stigler, G. J., "The Economies of Information," *Journal of Political Economy*, 1961, 69: 213 - 225.

[193] Sánchez, M., Beriain, M. J. and Carr, T. R., "Socio-economic Factors Affecting Consumer Behaviour for United States and Spanish Beef under Different Information Scenarios," *Food Quality and Preference*, 2012, 24: 30-39.

[194] Teisl, M. F., Bockstael, N. E. and Levy, A., "Measuring the Welfare Effects of Nutrition Information," *American Journal of Agricultural Economic*, 2001, 83: 133-149.

[195] Teresa, P. and Giovanni, M., "The Global Track&Trace System for Food: General Framework and Functioning Principles," *Journal of Food Engineering*, 2015, 159: 16-35.

[196] Thompson, G. D., "Consumer Demand for Organic Foods: What We Know and What We Need to Know," *American Journal of Agricultural Economics*, 1998, 80: 1113-1118.

[197] Tonsor, G. and Marsh, T. L., "Comparing Heterogeneous Consumption in U. S. and Japanese Meat and Fish Demand," *Agricultural Economics*, 2007, 37: 81-91.

[198] Tonsor, G. T., Olynk, N. and Wolf, C., "Consumer Preferences for Animal Welfare Attributes: the Case of Gestation Crates," *Journal of*

Agricultural and Applied Economics, 2009, 41: 713 - 730.

[199] Toubia, O., Simester, D. I., Hauser, J. R., et al., "Fast Polyhedral Adaptive Conjoint Estimation," *Marketing Science*, 2003, 22 (3): 273 - 303.

[200] Train, K. E., *Discrete Choice Methods With Simulation* (Second Edition), Cambridge University Press, 2009.

[201] Tsakiridou, E., Mattas, K., Tsakiridou, H. and Tsiamparli, E., "Purchasing Fresh Produce on the Basis of Food Safety, Origin, and Traceability Labels," *Journal of Food Products Marketing*, 2011, 17 (2): 211 - 226.

[202] Ubilava D., Foster, K., "Quality Certification vs. Product Traceability: Consumer Preferences for Informational Attributes of Pork in Georgia," *Food Policy*, 2009, 34 (3): 305 - 310.

[203] Ubilava, D. and Foster, K., "Quality Certification vs. Product Traceability: Consumer Preferences for Informational Attributes of Pork in Georgia," *Food Policy*, 2009, 34 (3): 305 - 310.

[204] Ubilava, D., Kenneth, A. F., Lusk, J. L. and Nilsson, T., "Effects of Income and Social Awareness on Consumer WTP for Social Product Attributes," *Technological Forecasting & Social Change*, 2010, 77: 587 - 593.

[205] Umberger, W. J., McFadden, D. D. and Smith, A. R., "Does Altruism Play A Role in Determining US Consumer Preferences and Willingness to Pay for Natural and Regionally Produced Beef?" *Agribusiness*, 2009, 2: 268 - 285.

[206] Unnevehr, L., Eales, J., Jensen, H., et al., "Food and Consumer Economic, Amer," *J. Agr. Ecom*, 2009, 92 (2): 506 - 521.

[207] Van, E. J., Caputo, V., Nayga, R. M., Meullenet, J. F. and Ricke, S. C., "Consumers' Willingness to Pay for Organic Chicken Breast: Evidence from Choice Experiment," *Food Quality and Preference*, 2011, 22 (7): 603 - 613.

[208] Verbeke, W. and Roosen, J., "Market Differentiation Potential of Country-of-origin, Quality and Traceability Labeling," *The Estey Centre Journal of International Law and Trade Policy*, 2009, 10 (1): 20 – 35.

[209] Verbeke, W. and Ward, R. W., "Consumer Interest in Information Cues Denoting Quality, Traceability and Origin: An Application of Ordered Probit Models to Beef Labels," *Food Quality and Preference*, 2006, 17: 453 – 467.

[210] Verbeke, W., Ward, R. W. and Viaene, J., "Probit Analysis of Fresh Meat Consumption in Belgium: Exploring BSE and Television Communication Impact," *Agribusiness*, 2000, 16: 215 – 234.

[211] Waugh, F. V., "Quality Factors Influencing Vegetable Prices," *Journal of Farm Economics*, 1928, 19: 185 – 196.

[212] Winfree, J. A. and McCluskey, J. J., "Collective Reputation and Quality," *American Journal of Agricultural Economics*, 2005, 87: 206 – 213.

[213] Wu, L., Wang, H., Zhu, D., "Analysis of Consumer Demand for Traceable Pork in China Based on a Real Choice Experiment," *China Agricultural Economic Review*, 2015, 7 (2): 303 – 321.

[214] Wu, L., Wang, H., Zhu, D., "Chinese Consumers' Willingness to Pay for Pork Traceability Information: the Case of Wuxi," *Agricultural Economics*, 2016, 47, (1): 71 – 79.

[215] Wu, L. H., Wang, S. X., Zhu, D., Hu, W. Y. and Wang, H. S., "Chinese Consumers' Preferences and Willingness to Pay for Traceable Food Quality and Safety Attributes: The Case of Pork," *China Economic Review*, 2015a, 35: 121 – 136.

[216] Wu, L. H., Xu, L. L., Zhu, D. and Wang, X. L., "Factors Affecting Consumer Willingness to Pay for Certified Traceable Food in Jiangsu Province of China," *Canadian Journal of Agricultural Economics*, 2012, 60 (3): 317 – 333.

[217] Xie J, Gao Z., The Comparison of Three Non-hypothetical Valuation Methods: Choice Experiments, Contingent Valuation, and Experimental Auction, Orlando, Florida. Southern Agricultural Economics Association. 2013 Annual Meeting, February 2 – 5.

[218] Xue, H., Denise M., You, W., Rodolfo, M. and Nayga J., "Consumer Preferences and Willingness to Pay for Grass-fed Beef: Empirical Evidence from In-store Experiments," *Food Quality and Preference*, 2010, 21: 857 – 866.

[219] Yue, C. and Tong, C., "Organic or Local? Investigating Consumer Preference for Fresh Produce Using a Choice Experiment with Real Economic Incentives," *Hort Science*, 2009, 44 (2): 366 – 371.

[220] Zhang, C., Bai, J. and Wahl, T. I., "Consumers' Willingness to Pay for Traceable Pork, Milk, and Cooking Oil in Nanjing, China," *Food Control*, 2012, 27 (1): 21 – 28.

后　记

本书是在我的博士学位论文的基础上修改完善而成的，是我学术生涯中第一部专著。从选题、构思框架、撰写到一遍遍修改完善直至定稿，历时4年。在本书出版之际，我要向所有关心、支持和帮助过我的老师、同事和家人表示衷心的感谢！

首先我要感谢我的博士生导师应瑞瑶教授。无论是在学术上，还是在生活上，导师都给予了我无微不至的关心和帮助，并时刻鼓励我不断进取。应老师是一位富有学识和涵养的老师，他敏锐的才思、深邃的洞察力、严谨的治学态度和高尚的品格都深深地影响并感化着我，老师是我一生的楷模！在我困惑迷茫时，导师的耐心指点不仅让我的思路拨云见日般豁然开朗，其谆谆教诲更是让我遭受挫败的心重新树立起自信。值此专著完成之际，谨向恩师致以最诚挚的谢意，感谢您多年的栽培与教诲，学生会永生铭记！

我还要特别感谢江南大学的吴林海教授。吴老师是我的硕士生导师，是我学术上的引路人，我从研一开始到现在一直跟随其团队做研究、学知识。吴老师是一位学养深厚的学者，其严谨治学的态度、呕心沥血毫无保留传授论文写作知识和写作技巧的精神，以及敏锐的洞察力都令我深受启迪、受益终身。多少个深夜里，吴老师在办公室给学生逐字逐句地修改论文；多少次生病住院期间，吴老师仍然在给学生打电话或者发邮件交代论文修改的问题。老师孜孜不倦、一丝不苟对待学术的精神带给我们的是深深的震撼与感动！能够跟随吴老师读书和做学问是我的荣幸！由衷感谢吴老师对我的专著框架设计、资料收集、问卷和实验机制设计、实地调查和现场实验、模型构建、数据分析的耐心、悉心的指导和无私的帮助！

感谢吴林海教授研究团队的各位成员和我的同门师兄师姐师弟师妹，你们的陪伴、帮助和鼓励让我的博士生涯如此绚丽。特别感谢团队成员——苏州大学的朱淀副教授。在实验机制的设计、实验具体实施、数据和模型的构建、对结果解释的完善等方面，朱老师都给予了我极大的帮助！朱老师平易近人，对我总是有求必应。能与朱老师相识，我感到十分荣幸，感谢您的指导和关照！此外，我还要感谢研究团队王建华教授、洪巍副教授，我的师兄尹世久博士、牛亮云博士，我的师姐山丽杰博士、徐玲玲博士、王晓莉博士、廖小静博士以及郑旭媛、高蓉蓉、陈秀娟、陆姣、裘光倩、龚晓茹、蔡杰、胡其鹏、王淑娴、王红纱等诸位师姐（师弟、师妹）在实验实施、问卷调查等研究方面给予我的大力支持和无私帮助，以及在生活中给予我的关心。感谢你们的一路相随与大力支持！

感谢江苏师范大学哲学与公共管理学院的诸位领导与同事。学校和学院良好的学术氛围以及和谐的同事关系都给予了我极大的鼓舞和实实在在的支持和帮助，使我得以全身心投入本书写作及教学科研工作中。在此对诸位领导和同事表示衷心的感谢！

最后，特别向我的家人表示深深的敬意和由衷的感谢。正是他们默默无闻的奉献和一贯的理解、支持和鼓励，才使我有信心和毅力完成博士学业并继续在学术的道路上砥砺奋进！谨以此书献给我的至亲，你们永远是我不断前进的精神动力！

还有许多帮助过我的老师、同事、同学、亲人、朋友未能一一提及，在此一并表示感谢。怀着感恩之心，未来任重道远，我将继续前行！

侯 博

2017 年 10 月 1 日

图书在版编目(CIP)数据

可追溯食品消费偏好与公共政策研究 / 侯博著. --
北京 : 社会科学文献出版社, 2018.2
ISBN 978 - 7 - 5201 - 2009 - 8

Ⅰ. ①可… Ⅱ. ①侯… Ⅲ. ①食品 - 消费习惯 - 研究
- 中国 Ⅳ. ①F768.2

中国版本图书馆 CIP 数据核字 (2017) 第 314579 号

可追溯食品消费偏好与公共政策研究

著 者 / 侯 博

出 版 人 / 谢寿光
项目统筹 / 颜林柯
责任编辑 / 颜林柯 刘 翠

出 版 / 社会科学文献出版社 · 经济与管理分社 (010) 59367226
地址: 北京市北三环中路甲 29 号院华龙大厦 邮编: 100029
网址: www.ssap.com.cn
发 行 / 市场营销中心 (010) 59367081 59367018
印 装 / 三河市尚艺印装有限公司

规 格 / 开 本: 787mm × 1092mm 1/16
印 张: 16.75 字 数: 257 千字
版 次 / 2018 年 2 月第 1 版 2018 年 2 月第 1 次印刷
书 号 / ISBN 978 - 7 - 5201 - 2009 - 8
定 价 / 79.00 元